F 34161

CRIMES CÉLÈBRES.

IMPRIMERIE DE Ve DONDEY-DUPRÉ,
Rue Saint-Louis, 46, au Marais.

CRIMES CÉLÈBRES

PAR

MM. ALEX. DUMAS, ARNOULD, FOURNIER,

FIORENTINO ET MALLEFILLE.

TOME HUITIÈME.

PARIS.

ADMINISTRATION DE LIBRAIRIE,

RUE LOUIS-LE-GRAND, 18.

1840

ALI-PACHA.

ALI-PACHA.

Après avoir gouverné la Thessalie de cette sorte pendant plusieurs années, il se vit en état de marchander le sangiak de Janina, dont la possession, en lui livrant l'Épire, le mettait à même d'écraser tous ses ennemis et de régner en maître sur les trois Albanies.

Mais, pour arriver à s'en rendre maître, il fallait se débarrasser du pacha qui en était investi. Heureusement c'était un homme faible et inactif, incapable de toutes façons de lutter contre un rival aussi redoutable qu'Ali. Celui-ci eut bientôt conçu et commencé à exécuter le plan qui devait le conduire au but de ses désirs. Il s'aboucha avec ces mêmes ormatolis qu'il avait naguère si rudement maltraités, et les lâcha, munis d'armes et de munitions, sur le gouvernement dont il voulait se rendre maître. Bientôt on n'y entendit plus parler que de dévastations et de brigandages. Le pacha, impuissant à repousser les incursions des montagnards, employait le peu de forces dont il disposait à pressurer les populations de la plaine, qui, doublement en proie à l'impôt et au pillage, faisaient vainement entendre leurs cris de désespoir. Ali se flattait que le divan, qui a coutume de ne juger que d'après les événemens, voyant l'Épire livrée à la désolation, tandis que la Thessalie florissait sous son administration, ne tarderait pas à réunir dans ses mains les deux gouvernemens, quand un incident particulier vint déranger pour un instant le cours de ses manœuvres politiques.

Kamco était atteinte depuis long-temps d'un cancer utérin, fruit honteux de sa dépravation. Quand elle sentit les approches de la mort, elle expédia courrier sur courrier à son fils, pour l'appeler près d'elle. Il partit aussitôt, mais arriva trop tard, et ne trouva que sa sœur Chaïnitza pleurant sur un cadavre. Kamco était morte, il y avait une heure, dans les bras de sa fille, livrée à des transports de rage, et, en vomissant contre le ciel d'horribles imprécations, elle avait recommandé à ses enfans, sous peine de sa malédiction, d'exécuter fidèlement ses dernières volontés. Ali et Chaïnitza lurent ensemble, après s'être long-temps livrés à leur douleur, le testament qui les contenait. Il commandait quelques assassinats particuliers, désignait des villages qu'on devait brûler un jour, et prescrivait surtout d'exterminer, dès que cela serait possible, les habitans de Kormorvo et de Kardiki, dont elle avait été esclave. Puis, après avoir conseillé à ses enfans de rester unis, d'enrichir leurs soldats, et de ne compter pour rien ceux dont ils n'auraient pas besoin, elle finissait par leur ordonner d'envoyer en son nom un pèlerin à la Mecque, et de faire déposer, pour

ALI-PACHA.

le repos de son âme, une offrande sur le tombeau du prophète. Quand ils eurent achevé cette lecture, Ali et Chaïnitza joignirent leurs mains et jurèrent, sur les restes inanimés de leur digne mère, d'accomplir ses volontés suprêmes.

Ils s'occupèrent d'abord du pèlerinage. Comme on ne peut envoyer de pèlerin à la Mecque, ni offrir de présens à Médine, qu'avec l'argent d'un bien-fonds légitimement acquis, que l'on doit vendre à cet effet, le frère et la sœur soumirent à un examen sévère les propriétés de leur famille. Après bien des recherches inutiles, ils crurent avoir trouvé leur affaire dans une propriété rapportant environ quinze cents francs de rentes, qui leur venait de leur arrière-grand-père, fondateur de la dynastie tébélénienne. Mais, en vérifiant de plus près l'origine de cette propriété, ils reconnurent qu'elle avait été volée à un chrétien. Force leur fut donc d'abandonner l'idée du pieux pèlerinage et de l'offrande sainte. Alors ils se promirent de compenser l'impossibilité de l'expiation par la grandeur de la vengeance, et ils firent ensemble serment de poursuivre sans relâche et d'anéantir sans pitié tous les ennemis de leur famille.

Le meilleur moyen pour Ali de tenir cette terrible parole qu'il s'était donnée à lui-même était de reprendre où il les avait laissés ses plans d'agrandissement. Il réussit à obtenir l'investiture du sangiak de Janina, qui lui fut accordée par la Porte au titre onéreux d'*arpalik* ou conquête. — C'était une vieille habitude, bien conforme au génie belliqueux des Osmanlis, d'adjuger à qui pourrait s'en emparer les gouvernemens ou les villes qui méconnaissaient l'autorité du grand-seigneur. Janina était dans ce cas. Peuplée en grande partie d'Albanais, elle professait un amour enthousiaste pour l'anarchie, qu'on y décorait du nom de liberté. Les habitans se croyaient très-indépendans parce qu'ils faisaient beaucoup de bruit. Chacun vivait retranché chez soi comme dans les montagnes, et ne sortait que pour aller sur le forum prendre part aux luttes de sa faction. Quant aux pachas, on les reléguait dans le vieux château du Lac, puis on les faisait révoquer à volonté.

Aussi n'y eut-il qu'un cri contre Ali-pacha quand on apprit sa nomination; et l'on déclara unanimement qu'on ne recevrait pas dans les murs de la ville un homme dont on redoutait également le caractère et la puissance. Celui-ci, ne voulant pas compromettre toutes ses forces dans une attaque ouverte contre une population belliqueuse, et préférant à une route courte, mais dangereuse, un chemin plus long, mais plus sûr, se mit à piller les villages et les fermes qui appartenaient à ses adversaires les plus influens. Cette tactique lui réussit. Ceux qui avaient les premiers juré haine au fils de la prostituée, qui avaient juré le plus haut de mourir plutôt que de se soumettre au tyran, voyant leurs biens mis chaque jour à exécution militaire, craignirent de se voir bientôt réduits à une ruine complète si les hostilités continuaient, et se concertèrent ensemble pour les faire cesser. Ils envoyèrent secrètement des députés à Ali, pour lui proposer de le recevoir dans Janina, s'il voulait s'engager à respecter la vie et les propriétés de ses nouveaux alliés. Il promit tout ce qu'on voulut, et fit pendant la nuit son entrée dans la ville. Son premier soin fut de se rendre au tribunal du cadi, qu'il força à enregistrer et à publier ses firmans d'investiture.

La même année qui le vit parvenir à cette dignité, qui avait été le désir et le but de toute son existence, vit aussi mourir le sultan Abdulhamid, dont les deux fils, Moustapha et Mahmoud, furent enfermés dans le vieux sérail. Mais Ali ne perdit rien à ce changement de souverain : le pacifique Sélim, tiré de la prison où entraient ses neveux, pour monter sur le trône de son frère, confirma le pacha de Janina dans les titres, charges et priviléges qui lui avaient été conférés.

Consolidé dans son poste par cette double investiture, Ali travailla à s'y asseoir d'une manière définitive. Il avait alors cinquante ans et avait acquis tout son développement intellectuel ; l'expérience lui avait servi de maître, et pas un événement ne s'était passé pour lui sans enseignement; son esprit inculte, mais juste et pénétrant, lui faisait comprendre les faits, analyser les causes, prévoir les résultats, et comme aucun sentiment tendre ne venait troubler ses calculs, comme le cœur n'intervenait jamais dans le travail de sa rude intelligence, il était arrivé, de déduction en déduction, à se faire un inflexible système de conduite. Cet homme, qui ignorait de l'Europe non pas seulement l'histoire et les idées, mais encore les hommes, parvint à deviner et, par une conséquence forcée de sa nature essentiellement active et pratique, à réaliser Machiavel. Nous allons le voir dans le développement de sa grandeur et dans l'exercice de sa puissance. Ne croyant pas en Dieu, méprisant les hommes, n'aimant que lui, ne songeant qu'à lui, se défiant de tout ce qui l'entoure, audacieux dans les desseins, inébranlable dans les résolutions, inexorable dans l'exécution, impitoyable dans la vengeance, tour à tour insolent, humble, violent, souple, varié comme les circonstances, toujours et quand même logique dans l'égoïsme, c'est César Borgia devenu musulman; c'est l'idéal du politique florentin incarné, c'est le prince mis à l'œuvre dans une satrapie.

L'âge ne lui avait du reste rien fait perdre de ses forces et de son activité, et rien ne l'empêchait d'user des avantages de sa position. Il possédait déjà de grandes richesses, qu'il s'occupait chaque jour d'augmenter, tenait à ses ordres une nombreuse troupe de soldats aguerris et dévoués, et réunissait dans ses mains les charges de pacha à deux queues de Janina, de toparque de Thessalie et de grand-prévôt des routes; et, comme instrumens de l'influence que lui assuraient et sa réputation d'habileté et la terreur de ses armes, et son pouvoir gouvernemental, il avait à ses côtés les deux fils que sa femme Éminch lui avait donnés, Mouktar et Véli, déjà hommes tous deux, et tous deux élevés dans les principes de leur père.

Son premier soin, quand il fut maître de Janina, fut de réduire à l'impuissance les beys qui en formaient comme l'aristocratie, et dont il connaissait la haine et

ALI-PACHA.

redoutait les manœuvres. Il les ruina tous, en exila bon nombre et en fit mourir quelques-uns. Avec leurs dépouilles, sachant bien qu'en même temps qu'on se défaisait de ses ennemis il fallait se créer des amis, il enrichissait les montagnards albanais qu'il avait à sa solde, et que l'on désigne sous le nom de Schypetars. C'est à eux qu'il conféra la plus grande partie des emplois. Mais, trop prudent pour mettre tout le pouvoir aux mains d'une seule caste, bien qu'elle fût étrangère à la capitale, il leur adjoignit et leur mêla, par une innovation singulière, des Grecs catholiques, gens habiles, mais méprisés, dont il utilisait les talens sans avoir à craindre leur influence. Pendant qu'il travaillait ainsi, d'un côté, à abattre la puissance de ses ennemis en leur enlevant leurs places et leurs richesses, et, de l'autre, à consolider la sienne, en installant une bonne administration, il ne négligeait aucun moyen de se rendre populaire. Fervent sectateur de Mahomet pour les musulmans fanatiques, matérialiste devant les Bektagis qui professent un panthéisme grossier, chrétien vis-à-vis des Grecs, avec lesquels il buvait à la santé de la bonne Vierge, il se créait partout des partisans en flattant les idées de tout le monde. Mais, s'il changeait perpétuellement d'opinions et de langage en face de ceux de ses subordonnés qu'il voulait s'attacher, il avait adopté envers ses supérieurs une règle de conduite dont il ne se départit jamais. Obséquieux envers la Sublime-Porte, toutes les fois qu'elle n'attaqua pas son autorité particulière, non seulement il payait exactement ses redevances au sultan, auquel même il fit souvent des

CRIMES CÉLÈBRES.

avances de fonds, mais encore il pensionnait tous les membres influens du ministère. Il tenait à n'avoir jamais d'adversaires parmi ceux qui auraient pu nuire à sa puissance, et savait que, dans un gouvernement absolu, il n'est pas de conviction qui tienne contre l'or.

Après avoir anéanti les grands, trompé la multitude par ses paroles artificieuses et endormi la vigilance du divan, Ali résolut de porter ses armes contre Kormorvo. C'était au pied de ses rochers qu'il avait dans sa jeunesse essuyé la honte d'une défaite ; c'était dans les bras de ses guerriers que Kamco et Chaïnitza avaient subi, pendant trente nuits, les horreurs de la prostitution, et l'implacable pacha avait un double ressentiment, une double vengeance à satisfaire.

Mais, cette fois, mieux avisé que la première, il appela la trahison à l'aide de ses armes. Arrivé devant la bourgade, il parlementa, promit amnistie, oubli du passé pour tous, récompenses même pour quelques-uns. Les habitans, se trouvant trop heureux de conclure la paix avec un si redoutable ennemi, demandèrent et obtinrent une trêve pour en régler les conditions. C'était ce qu'attendait Ali: Kormorvo, qui dormait sur la foi des traités, fut attaqué et emporté à l'improviste. Tous ceux à qui la brusquerie de l'assaut ne laissa pas le temps de s'enfuir périrent, dans la nuit, sous le sabre des soldats, ou, le lendemain, sous la main des bourreaux. On rechercha soigneusement ceux qui avaient fait autrefois violence à la mère ou à la sœur d'Ali ; et tous ceux qui en furent non pas convaincus, mais seulement accusés, furent mis à la

ALI-PACHA.

broche, tenaillés et rôtis à petit feu entre deux brasiers ; les femmes furent rasées et fouettées en place publique, et ensuite vendues comme esclaves.

Cette vengeance, à laquelle avaient été obligés de concourir tous les beys de la province qui n'étaient pas entièrement ruinés, valut au pacha tous les fruits d'une victoire : des villes, des cantons, des districts entiers, frappés de terreur, se soumirent sans coup férir à son autorité, et son nom, mêlé au récit d'un massacre qui passa parmi ces populations sauvages pour un exploit glorieux, roula, comme l'écho du tonnerre, de vallée en vallée et de montagne en montagne. Voulant faire partager à tous ceux qui l'entouraient la joie de ses succès, Ali donna à son armée une fête magnifique. Comme il était le plus agile Albanais de son temps, et qu'il n'avait de mahométan que le nom, il conduisit lui-même les chœurs de la Pyrrhique et de la Klephtique, danses des guerriers et des voleurs. On se régala de vin, de moutons, de chèvres et d'agneaux, rôtis devant d'énormes bûchers faits avec les débris de la bourgade ; on célébra les jeux antiques de la cible et de la lutte, et les vainqueurs reçurent les prix des mains de leur chef. On partagea le butin, les esclaves, les troupeaux ; et les Iapiges, considérés comme la dernière des quatre tribus qui composent la race des Schypetars, et traités comme le rebut de l'armée, emportèrent dans les montagnes de l'Acrocéraunie les portes, les fenêtres, les clous, et jusqu'aux tuiles des maisons, qui furent toutes livrées aux flammes.

Cependant Ibrahim, gendre et successeur de Kourd-pacha, pacha de Bérat, ne pouvait voir avec indifférence une partie de son sangiac envahie par son ambitieux voisin. Il réclama, il négocia, et, n'ayant pu obtenir satisfaction, il fit marcher un corps d'armée composé de Schypetars Toxides, tous islamites, dont il donna le commandement à son frère Sépher, bey d'Avlone. Ali, qui avait adopté pour règle politique d'opposer tour à tour la croix au croissant et le croissant à la croix, appela à son aide les capitaines chrétiens des montagnes, qui descendirent dans la plaine à la tête de leurs bandes indomptées. Comme il arrive presque toujours en Albanie, où la guerre n'est qu'un prétexte pour le brigandage, au lieu de vider la querelle en bataille rangée, on se contenta, de part et d'autre, de brûler des villages, de pendre des paysans, et de voler des troupeaux.

Selon la coutume du pays, les femmes intervinrent entre les deux partis, et la bonne et douce Emineh alla porter des propositions de paix à Ibrahim-pacha, à qui sa nonchalance ne permettait pas de rester long-temps dans une situation violente, et qui se trouva trop heureux de pouvoir conclure une négociation à peu près satisfaisante. Une alliance fut arrêtée entre les deux familles, et il fut stipulé qu'Ali garderait ses conquêtes, que l'on considérerait comme ayant été apportées en dot à son fils aîné Mouktar par la fille aînée d'Ibrahim.

On espérait voir la paix rétablie pour long-temps; mais les noces qui scellèrent le traité étaient à peine finies, que la discorde éclata de nouveau entre les deux pachas. Ali, qui venait d'arracher à la faiblesse de son voisin de

ALI-PACHA.

si importantes concessions, espérait bien en obtenir d'autres. Mais il y avait auprès de celui-ci deux personnes douées d'une grande intelligence et d'une rare fermeté, et à qui leur position près d'Ibrahim donnait une grande influence. C'étaient sa femme Zadé, et son frère Sépher, qu'on a déjà vu figurer dans la guerre qui venait de se terminer. Comme tous deux portaient ombrage à Ali, qui ne pouvait espérer de les corrompre, il résolut de s'en défaire.

Admis au temps de sa jeunesse dans l'intimité de Kourd-pacha, Ali avait essayé de séduire sa fille, déjà mariée à Ibrahim. Surpris par celui-ci au moment où il escaladait le mur de son harem, il avait été obligé de s'enfuir loin de la cour du pacha. Décidé maintenant à perdre la femme qu'il avait autrefois tenté de souiller, il cherche à tirer parti de son attentat d'autrefois pour en faire réussir un nouveau. Des lettres anonymes, mystérieusement remises à Ibrahim, l'avertissent que sa femme veut l'empoisonner, pour se marier ensuite à Ali-pacha, qu'elle n'avait jamais cessé d'aimer. Dans un pays comme la Turquie, où une femme est aussitôt accusée que soupçonnée, et aussitôt condamnée qu'accusée, une pareille calomnie devait causer la mort de l'innocente Zadé. Mais, si Ibrahim était faible et indolent, il était confiant et généreux. Il s'adressa à sa femme elle-même, qui se justifia sans peine, et le mit en garde contre son délateur, dont elle devina rapidement les projets et le plan. Cette odieuse tentative tourna donc entièrement à la honte d'Ali. Mais il n'était homme ni à s'inquiéter de ce qu'on pouvait dire et penser de lui, ni à se décourager pour un mauvais succès. Il tourna donc toutes ses machinations vers celui de ses deux ennemis qu'il n'avait pas encore attaqué, et s'arrangea cette fois de façon à ne pas manquer son coup.

Il fit venir du Zagori, canton renommé pour ses médecins, un empirique qu'il décida, moyennant la promesse de quarante bourses, à empoisonner Sépher-bey. Quand tout fut convenu, le malfaiteur se mit en route pour Bérat. Aussitôt après son départ, le pacha l'accusa d'évasion, et fit arrêter, comme complices de ce délit, sa femme et ses enfans, qu'il retint en apparence comme otages de sa fidélité, mais en réalité comme gages de sa discrétion, quand il aurait accompli sa mission de crime. Sépher-bey, informé de cet acte de rigueur par les lettres qu'Ali écrivait au pacha de Bérat pour réclamer son transfuge, crut qu'un homme persécuté par son ennemi personnel méritait sa confiance et le prit à son service. L'empirique se servit adroitement des bonnes dispositions de son crédule protecteur, s'insinua dans sa confiance, devint bientôt son confident, son médecin et son apothicaire, et, dès la première fois qu'il le vit indisposé, lui versa le poison comme un remède. A l'apparition des premiers symptômes, avant-coureurs de la mort, il prit la fuite, favorisé par les émissaires d'Ali, qui remplissaient la cour de Bérat, et se présenta à celle de Janina pour recevoir la récompense de son forfait. Le pacha le remercia de son zèle, le félicita sur sa dextérité, et l'adressa à son trésorier. Mais au moment où l'empoi-

ALI-PACHA.

sonneur sortait du sérail pour aller toucher le prix du meurtre, il fut saisi par des bourreaux qui l'attendaient au passage et pendu sur-le-champ. Ali, en punissant l'assassin de Sépher-bey, avait ainsi d'un seul coup payé la dette qu'il avait contractée, fait disparaître le seul témoin qu'il pût redouter, et prouvé l'intérêt qu'il portait à la victime. Non content de ces résultats, il chercha encore à faire attribuer l'empoisonnement à la femme d'Ibrahim-pacha, qu'il disait être jalouse de l'influence que son beau-frère exerçait dans sa maison. Il s'en expliqua de la sorte avec qui voulut l'entendre, et en écrivit en ce sens à ses créatures à Constantinople, et partout où il avait intérêt à décrier une famille dont il voulait la perte pour en avoir la dépouille. Il prit bientôt prétexte du scandale qu'il avait lui-même propagé pour venger, disait-il, son ami Sépher-bey, et il se préparait à de nouveaux envahissemens, quand il fut prévenu par Ibrahim-pacha, qui fit agir contre lui la ligue des chrétiens de la Thesprotie, en tête desquels se présentèrent les Souliotes, fameux dans toute l'Albanie par leur courage et leur amour de l'indépendance.

Après plusieurs combats, où l'avantage resta à ses ennemis, Ali entama des négociations, et finit par conclure avec Ibrahim une alliance offensive et défensive. Ce nouveau rapprochement fut scellé comme le premier par un mariage. La vertueuse Emineh, en voyant son fils Véli uni à la seconde fille d'Ibrahim, espéra que la mésintelligence serait désormais éteinte entre les deux familles, et se crut au comble du bonheur. Mais sa joie ne devait pas être de longue durée; le râle de l'agonie allait encore une fois se mêler aux chants de fête.

La fille que Chaïnitza avait eue de son second mari Soliman avait épousé un certain Mourad, bey de Cleïsoura. Ce seigneur, attaché par les liens du sang et de l'amitié à Ibrahim-pacha, était devenu, depuis la mort de Sépher-bey, l'objet particulier de la haine d'Ali. La véritable raison de cette haine était le dévouement de Mourad pour son patron, sur lequel il exerçait une grande influence, et dont rien n'avait pu le détacher. Mais Ali, toujours habile à cacher la vérité sous des prétextes spécieux, donnait pour prétexte de son antipathie bien connue pour ce jeune homme, que celui-ci, quoique devenu son neveu, avait plusieurs fois combattu contre lui dans les rangs de ses ennemis. Le bon Ibrahim profita du mariage qui allait se conclure pour ménager au bey de Cleïsoura une réconciliation honorable avec son oncle, et le nomma *parrain de la couronne nuptiale*. A ce titre, il était chargé de conduire à Janina et de remettre aux bras du jeune Véli-bey la fille du pacha de Bérat. Il remplit heureusement sa mission, et fut reçu par Ali avec de grandes apparences de bienveillance. Les fêtes commencèrent à son arrivée, vers la fin de novembre 1791.

Elles duraient déjà depuis plusieurs jours : tout-à-coup on apprend qu'un coup de fusil a été tiré sur Ali, qui n'a échappé que par le plus grand des hasards, et que l'assassin s'est soustrait à toutes les recherches. Cette nouvelle jette la terreur dans la ville et dans le palais; chacun tremble d'être pris pour le coupable. Les espions

ALI-PACHA.

s'agitent beaucoup pour le trouver ; enfin ils déclarent que leurs perquisitions sont inutiles, et concluent de là à l'existence d'une conspiration contre la vie du pacha. Celui-ci se plaint alors d'être environné d'ennemis, et fait annoncer qu'il ne recevrait plus qu'une seule personne à la fois ; et l'on devait quitter ses armes avant d'entrer dans la salle qui fut spécialement désignée pour ces sortes d'audiences. C'était une chambre bâtie sur une voûte, qui n'avait pour entrée qu'une chausse-trappe, à laquelle on montait par une échelle.

Après avoir, pendant plusieurs jours, reçu dans cette espèce de colombier tous ses courtisans, Ali y mande son neveu pour lui remettre les cadeaux de noce. Mourad se croit rentré en faveur et reçoit joyeusement les félicitations de ses amis. Au moment indiqué, il arrive au rendez-vous ; les Albanais de garde au pied de l'échelle lui demandent ses armes ; il les remet sans défiance et monte plein d'espoir. Mais à peine a-t-il franchi la chausse-trappe, qui se referme sur lui, qu'un coup de pistolet, parti d'un enfoncement obscur, lui fracasse l'épaule et le renverse ; il se relève et veut s'enfuir ; mais Ali, sortant de sa cachette, fond sur lui pour l'achever. Malgré sa blessure, le jeune bey se défend en poussant des cris terribles. Le pacha, pressé d'en finir, et voyant que ses mains ne suffisent pas à la besogne, saisit dans le foyer un tison brûlant, en frappe son neveu au visage, le terrasse et l'assomme. Le meurtre consommé, Ali se met à pousser des hurlemens en appelant ses gardes à son secours. Dès qu'ils sont entrés, il leur montre les contusions qu'il a reçues dans la lutte et le sang dont il est couvert, et leur dit qu'il vient de tuer à son corps défendant le scélérat qui voulait l'assassiner. Il ordonne que l'on fouille ses vêtemens ; on obéit, et l'on trouve dans une des poches du mort une lettre qui venait d'y être placée par Ali lui-même, et qui donnait les détails d'une prétendue conspiration.

Comme le frère de Mourad y était gravement compromis, on s'empara aussitôt de lui, et on l'étrangla sans autre forme de procès. La joie reparut dans le palais ; on remercia Dieu par un de ces sacrifices d'animaux qui sont encore en usage dans l'Orient pour les circonstances où l'on vient d'échapper à quelque grand danger. Ali mit des prisonniers en liberté, afin, disait-il, de rendre grâce à la Providence qui l'avait sauvé d'un si horrible attentat, reçut des visites de félicitation, et composa son apologie, qui fut sanctionnée par une déclaration juridique du cadi, où la mémoire de Mourad et de son frère était flétrie. Enfin, des commissaires, escortés d'une forte troupe de soldats, furent envoyés pour s'emparer des biens et des meubles des deux frères, parce que, portait le décret, il était juste qu'Ali héritât de ses assassins.

Ainsi fut anéantie la seule famille qui portât encore ombrage au pacha de Janina, et qui pût balancer son influence sur le faible pacha de Bérat. Celui-ci, abandonné de ses plus braves défenseurs, et se sentant à la merci de son ennemi, dut se résigner à ce qu'il ne pouvait plus empêcher, et ne protesta que par des larmes contre ces crimes qui lui présageaient à lui-même un si terrible avenir.

ALI-PACHA.

Quant à Éminch, on assure que, du jour de cette catastrophe, elle se sépara presque entièrement de son homicide époux, et, retirée au fond de son harem, passa sa vie, comme une chrétienne, à prier également pour les victimes et pour le bourreau. On est heureux, au milieu de ces sanglantes saturnales, de rencontrer, comme un oasis dans le désert, cette douce et noble figure, pour y reposer ses yeux fatigués de tant d'atrocités et de trahisons.

Mais Ali avait perdu en elle l'ange gardien qui modérait encore la violence de ses passions. D'abord affligé de l'éloignement de la femme pour laquelle il avait nourri jusque-là un amour exclusif, il fit, pour la ramener à lui, des efforts inutiles : alors il se chercha dans un nouveau vice une compensation au bonheur qu'il venait de perdre, et s'abandonna aux plaisirs des sens ; et, comme il apportait en toute chose une ardeur excessive, il sentit bientôt s'allumer dans ses vieilles veines la fièvre de la volupté, et poussa le libertinage jusqu'à la monstruosité. Il eut des harems peuplés, les uns d'odalisques, les autres d'icoglans ; et, comme si ses palais n'eussent pas suffi à ses désordres, il se couvrait de divers déguisemens, tantôt pour courir, la nuit, dans les rues, après les prostitués des deux sexes, tantôt pour aller, le jour, dans les maisons et les temples, choisir les jeunes hommes et les jeunes filles les plus remarquables par leur beauté, qu'il faisait ensuite enlever pour ses harems.

Ses fils, marchant sur ses traces, ouvrirent à leur tour maison de scandale, et semblèrent vouloir lui disputer, chacun à sa manière, la palme de la débauche. Mouktar, l'aîné, avait adopté pour spécialité l'ivrognerie, et ne connaissait pas de rival parmi les plus rudes buveurs de l'Albanie : il se vantait d'avoir une fois, après un repas copieux, englouti dans sa soirée une outre de vin toute entière. Fidèle, du reste, à la violence héréditaire dans sa famille, il avait, au milieu de l'ivresse, tué plusieurs personnes, entre autres son porte-glaive, qui avait été le compagnon de son enfance et le confident de toute sa vie. Pour Véli, c'était autre chose. Devinant le marquis de Sade comme son père avait deviné Machiavel, il se plaisait à mêler ensemble et à assaisonner l'un par l'autre le libertinage et la cruauté. Le bonheur complet consistait pour lui à ensanglanter par des morsures les lèvres qu'il baisait, à déchirer avec les ongles les formes qu'il venait de caresser. Les habitans de Janina ont vu avec horreur se promener dans leurs rues plus d'une femme à qui il avait fait, au sortir de ses bras, couper le nez ou les oreilles.

Aussi tout le monde tremblait-il à la fois pour sa fortune, pour sa vie, pour son honneur, pour sa famille. Les mères maudissaient leur fécondité, et les femmes leur beauté. Mais bientôt la crainte engendra la corruption, et les sujets se dépravèrent à l'exemple de leurs maîtres. C'était ce que voulait Ali, qui regardait comme plus faciles à gouverner des hommes démoralisés.

Pendant qu'il asseyait ainsi par tous les moyens son autorité au dedans, il ne laissait échapper aucune occasion d'agrandir sa domination au dehors. En 1803, il déclara la guerre aux peuplades de Souli, à qui il avait plusieurs fois essayé en vain d'acheter ou de dérober

ALI-PACHA.

leur indépendance. L'armée qu'il envoya contre elles, quoique forte de dix mille hommes, fut d'abord battue dans presque toutes les rencontres; alors, comme à l'ordinaire, il appela la trahison à l'aide de la violence, et vit l'avantage revenir de son côté. Bientôt il devint évident que les malheureux Souliotes devaient succomber dans un espace de temps plus ou moins long.

La vertueuse Émineh, prévoyant les horreurs qu'entraînerait leur défaite, et touchée de compassion, sort de la retraite où elle se tenait enfermée, et va se jeter aux pieds de son époux. Il la relève, la fait asseoir près de lui, l'interroge sur le sujet de ses alarmes; elle lui parle de générosité, de clémence; il écoute incertain et comme attendri; enfin elle nomme les Souliotes... Aussitôt, plein de fureur, Ali saisit un pistolet et le tire sur Émineh. Elle n'est pas atteinte, mais la frayeur la fait chanceler et tomber; ses femmes accourent et la portent dans son appartement. Pour la première fois peut-être, Ali reste intimidé devant la crainte d'un meurtre. C'est sa femme, c'est la mère de ses enfans qu'il vient d'étendre à ses pieds : cette idée l'afflige et le tourmente. Il veut pendant la nuit revoir Émineh; il frappe à son appartement, il appelle, et, comme on refuse de lui ouvrir, il s'irrite et enfonce la porte de la chambre où elle repose. A ce tumulte, à la vue de son mari encore furieux, elle croit qu'il vient lui arracher un reste de vie; un spasme léthargique glace ses sens; la parole expire sur ses lèvres, et, tombant dans d'horribles convulsions, elle ne tarde pas à expirer. Ainsi finit Émineh, fille de Capelan-pacha, épouse d'Ali Tébélen, mère de Mouktar et de Véli, qui fut toujours bonne, et ne vit autour d'elle que des méchans.

Si sa mort causa un deuil général dans l'Albanie, elle ne produisit pas une impression moins vive sur l'esprit de son meurtrier. Le spectre de sa femme le poursuivit dans ses plaisirs, au milieu de ses conseils et jusque dans son sommeil. Il la voyait, il l'entendait, et il se réveillait parfois en criant : — Ma femme ! ma femme !... c'est elle ! Ses yeux me menacent ; elle est en colère... Sauvez-moi ! Miséricorde ! — Pendant plus de dix ans, il n'osa pas coucher seul dans une chambre.

Au mois de décembre, les Souliotes, décimés par les combats, minés par la famine, découragés par la trahison, furent obligés de capituler. Le traité leur accordait la faculté de s'établir partout où ils le voudraient, excepté dans leurs montagnes. Les infortunés se partagèrent en deux troupes qui se dirigèrent, l'une vers Parga, l'autre vers Prévésa. Ali avait donné l'ordre de les détruire toutes deux, malgré la foi des traités.

La division de Parga est atteinte dans sa marche et chargée par un corps nombreux de Schypetars. Il semblait qu'elle dût infailliblement succomber ; mais tout-à-coup l'instinct révèle à ces guerriers ignorans le mouvement qui doit les sauver ; ils se forment en carré, mettent au centre les vieillards, les femmes, les enfans et les troupeaux, et, sous la protection de cette manœuvre éminemment militaire, font leur entrée à Parga sous les yeux des égorgeurs vainement envoyés à leur poursuite.

ALI-PACHA.

La division de Prévésa n'eut pas le même bonheur. Epouvantée par la brusquerie d'une attaque imprévue, elle s'enfuit en désordre dans un couvent grec, nommé Zalongos. Mais la porte en est bientôt enfoncée, et les malheureux Souliotes sont tous massacrés jusqu'aux derniers.

Les femmes avaient, du haut d'un rocher où leurs tentes étaient posées, vu l'horrible carnage qui venait de leur ravir leurs défenseurs. Désormais elles n'ont plus d'autre avenir que l'esclavage, et leur seul espoir est de passer aux bras de ceux qui viennent d'exterminer leurs maris et leurs frères. Mais une résolution héroïque vient les sauver de l'infamie : elles se saisissent les mains, et, entonnant le chant national, elles se mettent à danser en rond sur la plate-forme du rocher. Au dernier de leurs refrains, elles poussent un cri perçant et prolongé, et se précipitent toutes ensemble avec leurs enfans au fond d'un horrible précipice.

Tous les Souliotes n'avaient pas encore quitté leur patrie quand Ali-pacha s'y rendit. Il fit prendre et conduire à Janina tous ceux qui s'y trouvaient encore. Leur supplice fut le premier ornement des fêtes qu'il donna à son armée. L'imagination de chaque soldat fut mise à contribution pour la découverte de nouvelles tortures, et les plus ingénieux avaient le privilége d'être eux-mêmes les exécuteurs de leurs inventions.

Il y en eut, qui après avoir coupé le nez et les oreilles à des Souliotes, les leur firent ensuite manger crus, mais assaisonnés en salade. Un jeune homme eut toute la peau de la tête enlevée de manière à ce qu'elle lui retombât sur les épaules; dans cet état, on le força à grands coups de fouet de marcher autour de la cour du sérail. Après qu'il eut bien excité le rire du pacha, on lui passa une lance au travers du corps, et on le jeta dans un bûcher. Un grand nombre de prisonniers furent portés vivans et sans blessures dans des chaudières exposées au feu; on les y fit bouillir, et l'on jeta ensuite leurs corps en pâture aux chiens.

Depuis ce temps, la croix a disparu des montagnes de la Selleïde, et les échos de Souli ne répètent plus la douce prière des chrétiens.

Pendant le cours de cette guerre, et peu de temps après la mort d'Emineh, un drame lugubre s'était encore joué dans la famille du pacha, dont rien ne pouvait lasser la criminelle activité. Nous avons dit que le père et les fils, faisant ensemble assaut de débauches et de scandales, avaient tout corrompu autour d'eux comme en eux. Cette démoralisation devait porter pour tous des fruits également amers. Les sujets eurent à supporter une affreuse tyrannie, et les maîtres virent bientôt se glisser entre eux la défiance, la discorde et la haine. Le père devait frapper tour à tour ses deux fils dans leurs plus chères affections, et ceux-ci s'en venger en l'abandonnant au jour du danger.

Il y avait à Janina une femme, nommée Euphrosine, nièce de l'archevêque, mariée à l'un des plus riches négocians grecs de la ville, et très-renommée pour son esprit et sa beauté; elle était déjà mère de deux enfans,

ALI-PACHA.

quand Mouktar s'éprit d'elle. Il lui fit signifier l'ordre de venir dans son palais. La malheureuse Euphrosine, se doutant bien que c'était pour satisfaire la lubricité du pacha, rassembla aussitôt sa famille pour délibérer sur ce qu'il y avait à faire. Tout le monde fut d'avis qu'il fallait obéir; et, comme le mari courait risque de la vie, à cause de la jalousie qu'il pouvait inspirer à son terrible rival, il fut décidé qu'il quitterait la ville le soir même : ce qui fut exécuté en effet. Euphrosine se livra à Mouktar, qui, adouci par ses charmes, ressentit bientôt pour elle un amour sincère, et la combla de présens et de faveurs. Les choses en étaient à ce point, quand une expédition importante nécessita le départ du pacha.

A peine se fut-il éloigné, que ses femmes envoyèrent porter à son père leurs plaintes contre Euphrosine, qui usurpait tous leurs droits et les faisait négliger par leur mari. Ali, qui se plaignait toujours des folles dépenses de ses fils, et regrettait l'argent qu'ils jetaient autour d'eux, ne pouvait manquer de frapper un coup qui devait à la fois l'enrichir et le faire redouter.

Une nuit, il se rend, accompagné de ses satellites, à la maison d'Euphrosine, et se montre devant elle à la lueur des torches. Elle connaît sa cruauté, son avarice; elle essaie de désarmer l'une en assouvissant l'autre; elle rassemble son or et ses bijoux, et les dépose à ses pieds en levant vers lui un regard suppliant.

— Ce n'est que mon bien que tu me restitues, dit-il en s'emparant de la riche offrande; mais peux-tu me rendre le cœur de Mouktar que tu m'as enlevé?

Euphrosine, à ces mots, le conjure, par ses entrailles paternelles, par ce fils dont l'amour a déjà fait son malheur et fait maintenant tout son crime, d'épargner une mère jusque alors irréprochable. Mais ses larmes, ses sanglots ne peuvent fléchir le vieux pacha, qui la fait saisir, enchaîner, et conduire, couverte d'un grossier morceau de toile, dans la prison du sérail.

S'il était évident que la malheureuse Euphrosine était perdue sans ressource, on espérait du moins que le danger ne menaçait qu'elle seule. Mais Ali, feignant d'obtempérer aux conseils de quelques moralistes sévères, qui voulaient ramener les bonnes mœurs, fit arrêter en même temps quinze dames chrétiennes, appartenant aux familles les plus recommandables de Janina. Un Valaque, appelé Nicolas Janco, profita de la circonstance pour lui dénoncer, comme coupable d'adultère et lui livrer sa femme, enceinte de huit mois. Les seize accusées parurent ensemble devant le tribunal du visir, pour subir un jugement dont le résultat, prévu d'avance, fut un arrêt de mort.

Les condamnées furent conduites dans un cachot, où elles passèrent deux jours entiers dans les angoisses de l'agonie. La troisième nuit, les bourreaux vinrent les prendre, pour les conduire au lac où elles devaient périr. La faible Euphrosine ne put supporter jusqu'à la fin les horribles émotions du supplice, elle expira en chemin; et, quand on la précipita dans les flots, avec ses compagnes, son âme était déjà remontée à Dieu. Son corps fut retrouvé le lendemain, et reçut la sépulture dans la

ALI-PACHA.

terre sainte du monastère des SS. Anargyres, où l'on montre encore, sous l'abri d'un olivier sauvage, son tombeau couvert d'iris blancs.

Mouktar revenait de son expédition, quand un courrier de son frère Véli lui remit une lettre qui l'informait de la mort de sa maîtresse. Il l'ouvre : — Euphrosine ! s'écrie-t-il; et, saisissant un de ses pistolets, il le décharge sur le messager, qui tombe mort à ses pieds ; Euphrosine, voilà ta première victime ! — Et, s'élançant sur son cheval, il prend le chemin de Janina. Ses gardes le suivent de loin, attentifs à ses mouvemens, tandis que les habitans des villages où il doit passer, prévenus de sa fureur, s'enfuient à son approche. Il continue sa route sans s'arrêter, sans jeter un regard sur les lieux qu'il traverse, crève son cheval, qui tombe aux bords du lac témoin de la mort d'Euphrosine, et, prenant une barque, il va dans son sérail cacher sa douleur et sa rage.

Ali, peu inquiet d'une colère qui s'exhalait en larmes et en cris, envoie à Mouktar l'ordre de se rendre sur-le-champ à son palais. — Il ne te tuera pas — dit-il avec un sourire amer à celui qu'il chargeait de porter sa volonté suprême. En effet, ce même homme qui s'emportait un instant auparavant en menaces furieuses, étourdi de l'impérieux message de son père, se calme et obéit.

— Approche, Mouktar, dit le visir en lui présentant sa main meurtrière à baiser dès qu'il le voit paraître; je veux ignorer tes emportemens; mais n'oublie jamais dans l'avenir que celui qui brave, comme moi, l'opinion publique, ne craint rien au monde. Tu peux maintenant te retirer;

quand tes troupes seront reposées, tu viendras prendre mes ordres. Va, et souviens-toi de mes paroles.

Mouktar se retira aussi confus que s'il eût reçu le pardon de quelque grande faute ; et, pour se consoler, il ne trouva rien de mieux que de passer avec Véli la nuit dans le vin et la débauche. Mais un jour devait bientôt venir où les deux frères, également outragés par leur père, comploteraient et accompliraient ensemble une terrible vengeance.

Cependant le divan commençait à prendre ombrage de l'agrandissement continuel du pacha de Janina. N'osant pas attaquer en face un vassal aussi redoutable, il chercha, par des moyens détournés, à diminuer sa puissance, et, sous prétexte que la vieillesse d'Ali ne lui permettait pas de suffire aux fatigues que lui imposaient des emplois trop nombreux, il lui retira le gouvernement de la Thessalie ; mais, pour lui faire croire que ce n'était point par inimitié contre lui qu'on en agissait ainsi, on donna le sangiak qu'on lui retirait à son neveu Elmasbey, fils de Suleyman et de Chaïnitza.

Celle-ci, aussi ambitieuse que son frère, ne se posséda pas de joie à l'idée de gouverner sous le nom de son fils, qui était un homme d'un caractère doux et faible, et accoutumé à lui obéir aveuglément. Elle demanda à son frère et en obtint, au grand étonnement de tout le monde, la permission d'aller à Tricala assister à l'installation de son fils. On ne pouvait comprendre qu'Ali renonçât sans peine à un gouvernement aussi important que celui de la Thessalie. Cependant il dissimula avec

ALI-PACHA.

tant d'habileté, que tout le monde finit par se tromper à son air de résignation; et l'on ne parla plus que de sa magnanimité quand on le vit donner lui-même une brillante escorte à sa sœur pour la conduire à la capitale du sangiak dont on venait de le dépouiller en faveur de son neveu. Il envoya même à celui-ci, avec des lettres de félicitation, quantité de riches présens, entre autres une magnifique pelisse de renard noir qui avait coûté plus de cent mille francs de notre monnaie, dont il le priait de se revêtir lorsque l'envoyé du sultan viendrait lui apporter son firman d'investiture. Ce fut Chaïnitza elle-même qui fut chargée de transmettre à son fils les dons et les paroles du vieux pacha.

Elle partit, arriva heureusement à Tricala, et remplit fidèlement le message dont elle était chargée. Quand fut arrivé le moment de la cérémonie que son ambition avait si ardemment désirée, elle veilla elle-même à tous les préparatifs. Elmas, revêtu de la pelisse de renard noir, fut en sa présence proclamé et reconnu gouverneur de la Thessalie. — Mon fils est pacha, s'écria-t-elle dans le délire du triomphe, mon cher fils est pacha! mes neveux en mourront de dépit. — Mais son orgueilleuse joie ne devait pas être de longue durée. Quelques jours après son installation, Elmas se sentit atteint d'une langueur générale. Une propension invincible au sommeil, des éternuemens convulsifs, un éclat fébrile dans les yeux, pronostiquèrent bientôt une maladie grave. Le cadeau d'Ali avait atteint son but. La pelisse de renard noir, imprégnée à dessein des miasmes morbifiques d'une jeune fille atteinte de la petite vérole, avait répandu le poison dans les veines du nouveau pacha, qui, n'ayant point été inoculé, mourut au bout de quelques jours.

La douleur de Chaïnitza, à la vue de son fils qui venait de rendre le dernier soupir, éclata en sanglots, en menaces et en imprécations ; mais, ne sachant à qui s'en prendre de son malheur, elle se hâta de quitter les lieux qui en avaient été témoins, et se rendit à Janina pour répandre ses larmes dans le sein de son frère. Elle le trouva plongé dans un chagrin si profond, que, loin de le soupçonner, elle fut presque tentée de le plaindre. Cette apparente sympathie commença à calmer son désespoir, que les caresses de son second fils, Aden-bey, finirent par endormir. Cependant Ali, toujours attentif à ses intérêts, s'étant empressé d'envoyer un de ses officiers à Tricala, pour y administrer à la place de son neveu défunt, obtint facilement de la Porte, qui vit bien que toute tentative faite contre lui n'amènerait que des malheurs, sa réintégration dans le gouvernement de la Thessalie.

Ce dénouement commença à éveiller les soupçons de bien des gens. Mais la voix publique, qui discutait déjà les causes de la mort d'Elmas, fut étouffée par le bruit des canons, qui, du haut de la forteresse de Janina, annonçaient à l'Épire la naissance d'un nouvel héritier d'Ali. C'était Salik-bey, qu'une esclave géorgienne venait de lui donner.

La fortune, qui paraissait à la fois attentive à couronner ses crimes et à accomplir ses désirs, lui réservait encore un don plus précieux que tous les autres, celui d'une

ALI-PACHA.

femme belle et bonne, destinée à remplacer près de lui et à lui faire oublier Éminch.

Le divan, en envoyant à Ali-pacha les lettres patentes qui le réintégraient dans le sangiak de Thessalie, lui avait enjoint de rechercher et d'anéantir une société de faux monnayeurs qui s'était organisée de ce côté. Ali, enchanté de pouvoir faire preuve de zèle pour le service du sultan sans qu'il lui en coûtât autre chose que la peine de verser du sang, mit bien vite ses espions en campagne, et, ayant par leur moyen découvert la résidence et les aboutissans de cette société, se rendit sur les lieux, accompagné d'une forte escorte. C'était un village nommé Plichivitza.

Arrivé le soir, il passa la nuit à prendre ses mesures de manière à ce que personne ne puisse s'échapper ; et, au point du jour, il tombe à l'improviste, avec tout son monde, sur les faux monnayeurs, qu'il prend en flagrant délit. Il fait aussitôt pendre le chef devant sa maison, et donne l'ordre de détruire la population entière du village.

Tout-à-coup une jeune fille, merveilleusement belle, arrive vers lui à travers les soldats, et se réfugie entre ses genoux. Ali, étonné, l'interroge. Elle lève sur lui un regard à la fois plein de candeur et d'épouvante, embrasse ses mains qu'elle arrose de larmes, et lui dit :

— Seigneur, je te conjure d'intercéder auprès du redoutable visir Ali pour ma mère et mes frères. Mon père est déjà mort, hélas ! Tu le vois, pendu à la porte de sa chaumière. Nous n'avons rien fait pour mériter la colère du maître terrible qui l'a fait tuer. Ma mère est une pauvre femme qui n'a jamais offensé personne, et nous, nous sommes de faibles enfans. Protége-nous.

Saisi d'un trouble involontaire, le pacha presse contre son sein l'innocente enfant, et lui répond avec un sourire mêlé de larmes :

— Tu t'adresses mal; je suis ce méchant visir.

— Oh! non, non ! vous êtes bon, vous êtes mon bon maître.

— Eh bien! rassure-toi, ma fille, et montre-moi ta mère et tes frères; je veux qu'on les épargne. Tes prières leur ont sauvé la vie.

Et, comme elle s'agenouille, éperdue de joie, pour le remercier, il la relève en lui demandant son nom :

— Vasiliki, répond-elle.

— Vasiliki! Reine ! ce nom est d'un bel augure. Vasiliki, désormais mon palais sera ta demeure.

Et aussitôt il fait réunir la famille à qui il venait de faire grâce, et la confie à son connétable pour être transférée à Janina avec celle qui devait lui payer ce bienfait par un amour sans bornes.

Nous aurons épuisé tous les traits de bonté d'Ali quand nous aurons cité le caprice de reconnaissance qui lui prit au retour de cette expédition. Un orage l'avait forcé de s'arrêter dans un hameau assez misérable. En ayant demandé et appris le nom, il resta un instant surpris et pensif; il semblait chercher à démêler des souvenirs confus. Tout-à-coup il s'informe s'il n'y aurait pas dans le hameau une femme appelée Nouza. On lui

ALI-PACHA.

répond qu'il existe en effet une vieille femme de ce nom, accablée d'infirmités et plongée dans une profonde misère. Il ordonne qu'on la lui amène. La pauvre femme arrive tremblante et se prosterne. Le pacha va à elle et la relève :

— Me connais-tu? lui dit-il.

— Grâce, puissant visir, répond la malheureuse, qui, n'ayant rien à perdre que la vie, s'imagine qu'on va la faire mourir.

— Je vois, reprend le pacha, que, si tu me connais, du moins tu ne me reconnais pas.

La vieille le regarde avec stupeur, ne comprenant pas ses paroles.

— Te rappelles-tu, continue Ali, qu'il y a une quarantaine d'années, un jeune homme vint te demander asile contre ses ennemis qui le poursuivaient? Sans t'informer de son nom ni de sa qualité, tu le cachas dans ton humble maison, tu pansas les blessures dont il était couvert, et tu partageas avec lui ta chétive nourriture ; puis, quand il fut en état de reprendre son chemin, tu vins sur le seuil de ta porte lui souhaiter bon voyage et bonne fortune. Tes souhaits ont été exaucés, bonne femme. Ce jeune homme se nommait Ali Tébélen. Ce jeune homme, c'était moi.

La vieille resta un instant confondue d'étonnement ; puis elle s'en alla en bénissant le pacha, qui venait de lui assurer pour le reste de ses jours un revenu de quinze mille francs.

Mais ces deux bonnes actions ne furent que des éclairs

qui traversèrent pour un instant seulement le sombre horizon de sa vie. De retour à Janina, il reprit sa tyrannie, ses intrigues et ses cruautés. Non content du vaste territoire qu'il avait à gouverner, il recommença à envahir, à toute occasion, celui des pachas ses voisins. Ainsi il fit tour à tour occuper par ses troupes la Phocide, l'Étolie, l'Acarnanie, dont il fit la plupart du temps ravager le sol et décimer les habitans.

En même temps il arrachait des bras d'Ibrahim-pacha la dernière de ses filles, pour la donner en mariage à son neveu, Aden-bey, fils de l'incestueuse Chaïnitza. Cette nouvelle alliance avec une famille qu'il avait déjà frappée et dépouillée tant de fois lui fournissait de nouvelles armes contre elle, soit qu'il voulût faire surveiller de près les fils du pacha, soit qu'il eût besoin de les attirer dans quelque guet-apens.

Pendant qu'il mariait son neveu, il veillait aussi à l'avancement de ses fils. Grâce à l'appui de l'ambassadeur de France, qu'il avait réussi à persuader de son dévouement pour l'empereur Napoléon, il réussit à faire nommer Véli au pachalik de Morée, et Mouktar à celui de Lépante. Mais, comme, en plaçant ses enfans dans ces hautes positions, il n'avait d'autre but que d'agrandir et d'assurer sa propre puissance, il composa lui-même leur suite, et leur donna pour lieutenans des officiers de son choix. Quand ils se mirent en route pour leurs gouvernemens, il retint en otage leurs femmes, leurs enfans et jusqu'à leur mobilier, sous prétexte qu'il ne fallait pas se charger de ces sortes d'objets en temps de guerre;

ALI-PACHA.

la Porte se trouvait alors en hostilité ouverte avec l'Angleterre. Il profita aussi de cette occasion pour se débarrasser des personnes qui lui déplaisaient, entre autres d'un nommé Ismaël Pacho-bey, qui avait été tour à tour son adversaire et son instrument, et qu'il nomma secrétaire de son fils Véli, soi-disant pour lui donner un gage de réconciliation et de faveur, mais en réalité pour le dépouiller plus facilement en son absence des biens considérables qu'il possédait à Janina. Celui-ci ne s'y trompa point, et laissa en partant éclater son ressentiment : — Il m'éloigne, le scélérat, s'écria-t-il en montrant du poing Ali assis à une fenêtre de son palais, il m'éloigne pour me voler; mais je m'en vengerai, quoi qu'il puisse arriver; et je mourrai content si, au prix de ma tête, je parviens à faire tomber celle de ce brigand.

En même temps qu'il réussissait à augmenter sa puissance, Ali tentait de la consolider d'une manière définitive. Il avait entamé tour à tour avec les grandes puissances de l'Europe des négociations secrètes, dans le but de se rendre indépendant, en se faisant reconnaître prince de la Grèce. Un incident mystérieux et inattendu fit parvenir au divan la nouvelle et les preuves matérielles de cette félonie : c'étaient des lettres revêtues de son sceau. Sélim expédia aussitôt à Janina un capidgi-bachi, sorte d'envoyé plénipotentiaire, pour y examiner juridiquement le délit et faire le procès du délinquant.

Arrivé près de lui, le capidgi-bachi mit sous ses yeux les pièces authentiques de ses intelligences avec les ennemis de l'état. Ali ne se sentait pas encore assez fort pour lever le masque, et, d'un autre côté, il ne pouvait, en face d'actes aussi avérés, recourir au mensonge. Il prit le parti de gagner du temps.

— Je suis, dit-il, coupable aux yeux de sa hautesse; ce sceau est le mien, je ne puis le méconnaître; mais l'écriture n'est pas celle de mes secrétaires; on aura surpris mon cachet pour signer ces pièces criminelles, afin de me perdre. Je vous prie de m'accorder quelques jours pour percer le mystère d'iniquité qui me compromet aux yeux de mon maître et de tous les musulmans. Que Dieu veuille me donner les moyens de faire briller mon innocence ! car je suis pur comme la lumière du soleil, quoique tout dépose contre moi.

Après cette conférence, Ali, feignant de procéder à une enquête secrète, avisa aux moyens de sortir d'embarras d'une manière légale. Il passa quelques jours en projets aussitôt abandonnés que formés ; enfin son génie fécond en ressources lui suggéra un moyen de se tirer d'un des plus grands embarras dans lesquels il se fût jamais trouvé : il fit venir un Grec qu'il employait souvent, et lui parla en ces termes :

— Je t'ai toujours aimé, tu le sais, et le moment est arrivé où je veux faire ta fortune. A dater de ce jour, tu es mon fils, tes enfans seront les miens, ma maison sera la tienne, et, pour prix de mes bienfaits, je n'exige de toi qu'un faible service. Ce maudit capidgi-bachi, qui est arrivé dernièrement, a apporté certains papiers souscrits de mon sceau, dont on veut se servir pour m'inquiéter et

ALI-PACHA.

me soutirer ainsi de l'argent ; j'en ai déjà trop donné, et je veux cette fois me tirer d'affaire sans bourse délier, si ce n'est pour un bon serviteur comme toi. Je pense donc, mon fils, qu'il faudrait te rendre au tribunal quand je t'en avertirai, et y déclarer, en présence du capidgi-bachi et du cadi, que tu es l'auteur des lettres que l'on m'attribue, et que tu t'es servi sans autorisation de mon cachet, afin de leur donner un caractère officiel.

A ces mots le Grec pâlit et voulut répliquer.

— Que crains-tu, mon bien-aimé ? reprit Ali ; parle, ne suis-je pas ton bon maître ? tu vas acquérir à jamais ma bienveillance ; et qui pourrais-tu redouter quand je te protégerai ? serait-ce le capidgi-bachi ? mais il n'a ici aucune autorité ; j'ai fait jeter vingt de ses pareils dans le lac, et, s'il faut dire plus pour te rassurer, je te jure par mon prophète, sur ma tête et celle de mes fils, que rien de fâcheux ne t'arrivera de la part de cet officier. Tiens-toi donc prêt à faire ce dont nous venons de convenir ensemble, et garde-toi surtout d'en parler à qui que ce soit, afin que l'affaire réussisse suivant nos communs désirs.

Plus ébranlé par la crainte du pacha, à la colère duquel, en cas de refus, il n'eût pu échapper, que séduit par ses promesses, le Grec s'engagea à porter le faux témoignage qui lui était demandé. Ali, enchanté, le congédia avec mille protestations de bienveillance, et manda aussitôt après le capidgi-bachi, auquel il dit avec l'accent de la plus profonde émotion :

— J'ai enfin découvert la trame infernal ourdie contre

moi ; c'est l'œuvre d'un homme soudoyé par les implacables ennemis de l'empire; c'est un agent de la Russie. Il est en mon pouvoir, et je lui ai fait espérer sa grâce, à condition qu'il révélerait tout devant la justice. Veuillez donc vous rendre au tribunal et y convoquer le cadi, les juges et les primats de la ville, afin qu'ils entendent la déposition du coupable, et que la vérité apparaisse dans tout son jour.

Bientôt le tribunal fut au complet, et le Grec tremblant y comparut au milieu d'un profond silence. — Connais-tu cette écriture? lui demanda le cadi. — C'est la mienne. — Ce sceau? — C'est celui d'Ali-pacha, mon maître. — Comment se trouve-t-il apposé au bas de ces lettres? — C'est de mon chef que je l'y ai mis, en abusant de la confiance du pacha, qui me le laissait parfois pour signer ses ordres. — Il suffit ; retire-toi.

Inquiet du succès de son intrigue, Ali s'était acheminé vers le tribunal : comme il entrait dans la cour, le Grec, qui sortait de l'audience, vint se jeter à ses genoux, en lui annonçant que l'affaire était terminée selon ses désirs. — C'est bien, dit Ali, tu auras ta récompense. — Et, se retournant, il fit signe à ses gardes : ceux-ci, qui avaient le mot d'ordre, se jetèrent sur le Grec, et, couvrant sa voix de leurs cris, le pendirent dans la cour même du tribunal. Aussitôt après cette exécution, le pacha alla se présenter aux juges et leur demander le résultat de leur enquête. On lui répondit par une acclamation. — Eh bien ! dit-il, le criminel auteur de la félonie qui pesait sur ma tête n'est plus; je viens de le faire pendre, avant

ALI-PACHA.

même de connaître votre décision à son égard et au mien ; ainsi puissent être punis et périr tous les ennemis de notre glorieux sultan !

On dressa sans désemparer procès-verbal de ce qui s'était passé, et, à l'appui de cette formalité, Ali fit agréer au capidgi-bachi, sans beaucoup de peine, un don de cinquante bourses ; il intéressa aussi en sa faveur les principaux membres du divan en leur envoyant des présens considérables, et le sultan, cédant aux suggestions de ses conseillers, sembla lui rendre toute sa confiance.

Mais Ali savait bien que cette rentrée en grâce n'était qu'apparente, et que Sélim ne feignait de croire à son innocence qu'en attendant le jour où il pourrait en toute sûreté punir sa félonie : il chercha donc à le prévenir en le renversant, et s'empressa de faire cause commune avec les ennemis intérieurs et extérieurs du sultan. Un complot tramé par les agens des pachas mécontens et les partisans de l'Angleterre ne tarda pas à éclater ; et, un jour qu'Ali assistait au tir de la bombe qu'exécutaient des canonniers français envoyés en Albanie par le gouverneur de l'Illyrie, un Tatar vint lui porter la nouvelle de la déposition de Sélim, auquel avait succédé son neveu Mustapha. Il se leva avec transport, et remercia publiquement Dieu de la bonne fortune qui lui arrivait. Il avait en effet gagné au changement de sultan, mais moins qu'il ne gagna au mouvement qui fit périr à la fois Sélim, qu'on voulait rétablir sur le trône, et Mustapha, qu'on voulait en renverser. Mahmoud II, qui ceignit alors le sabre d'Oman, arrivait au pouvoir suprême dans un moment difficile, après des troubles sanglans, au milieu de grandes secousses politiques, et il n'avait ni la volonté ni le pouvoir de s'attaquer aux plus puissans de ses vassaux. Il reçut avec une satisfaction marquée le million qu'Ali se hâta, au moment de son installation, de lui envoyer comme un témoignage de son dévouement, lui fit porter l'assurance de ses bonnes grâces, et le confirma, ainsi que ses fils, dans ses charges et dignités. Cet heureux changement dans sa fortune porta à son comble l'orgueil et l'audace du pacha, qui, libre de soucis, résolut d'accomplir enfin un projet qui avait été le rêve de toute sa vie.

Après s'être emparé d'Argyro-Castron, qu'il convoitait depuis long-temps, il conduisit son armée victorieuse contre la ville de Kardiki, dont les habitans avaient autrefois partagé avec ceux de Kormovo l'attentat qui avait frappé sa mère et sa sœur. Les assiégés, qui pensaient bien n'avoir pas de grâce à espérer, se défendirent vaillamment ; mais il fallut céder à la famine. Après un mois de blocus rigoureux, le bas peuple, manquant de fourrages pour ses troupeaux, d'alimens pour lui-même, fit entendre dans les rues des cris de merci. Les chefs, intimidés par le découragement général, et ne pouvant rien par eux seuls, se résignèrent à capituler. Ali, dont les idées sur le sort de cette malheureuse ville étaient irrévocablement arrêtées, souscrivit à toutes les demandes des habitans. Un traité fut signé par les deux partis et juré sur le Koran. Il portait en substance que soixante-douze beys, chefs des principales familles de l'Albanie, se rendraient libres et armés à Janina, où ils seraient reçus

ALI-PACHA.

avec les honneurs dus à leur rang de grands tenanciers du sultan, qu'eux et leurs familles auraient la vie sauve et jouiraient de tous leurs biens, et que tous les autres habitans de Kardiki, étant musulmans et par conséquent frères d'Ali, seraient traités par lui en amis, et conserveraient leur liberté et leurs propriétés. A ces conditions, un quartier de la ville devait être livré à l'occupation des troupes victorieuses.

Au moment où, pour commencer l'exécution du traité, les soldats du pacha prenaient possession du quartier désigné, un des principaux chefs de Kardiki, nommé Saleh-bey, et sa femme, prévoyant le sort qui attendait leurs imprudens compagnons, se donnèrent la mort.

Cependant Ali accueillit avec toutes les démonstrations de l'amitié les soixante-douze beys à leur arrivée à Janina. Il leur donna pour logement son palais du lac, et les y traita avec magnificence pendant quelques jours. Mais bientôt, leur ayant enlevé leurs armes sous un prétexte spécieux, il les fit enchaîner et transporter dans un couvent grec situé au milieu du lac, qui fut transformé en prison. Comme le jour de l'extermination n'était pas encore arrivé, il prit la peine de motiver par une prétendue tentative d'évasion l'incarcération des otages.

La crédulité populaire se contenta de cette explication, et aucun doute ne s'éleva sur la bonne foi du pacha quand il annonça qu'il se rendait à Kardiki pour y installer une police, et donner aux habitans les garanties des promesses qu'il leur avait faites. On ne s'étonna même pas de le voir emmener avec lui une grande quantité de soldats, parce qu'il avait coutume de voyager avec une suite nombreuse.

Après trois jours de voyage, il s'arrêta à Libokhovo, où sa sœur résidait depuis la mort de son second fils Aden-bey, que la maladie lui avait enlevé récemment. On ne sut pas ce qui s'était passé dans la longue entrevue qu'ils eurent ensemble; mais on remarqua que les larmes de Chaïnitza, qui n'avaient pas cessé de couler jusque alors, s'arrêtèrent comme par enchantement, et que ses femmes, qui n'avaient pas quitté le deuil, reçurent l'ordre de revêtir des habits de fête. Les festins et les danses, qui avaient commencé à l'arrivée d'Ali, ne discontinuèrent pas après son départ.

Il était allé coucher à Chenderia, château situé au sommet d'un rocher, d'où l'on voyait la ville de Kardiki. Le lendemain, au point du jour, il envoya un de ses huissiers signifier aux Kardikiotes qu'ils eussent à se rendre tous, les femmes exceptées, devant Chenderia, pour y recevoir du visir Ali-pacha l'assurance de son pardon et de son amitié.

Les Kardikiotes virent dans cette injonction le présage d'un grand malheur ; la ville entière retentit de cris et de gémissemens ; on alla dans les mosquées implorer la miséricorde divine. L'heure du départ étant arrivée, on s'embrassa comme si on ne devait plus se revoir, et les hommes, au nombre de six cent soixante-dix, tous désarmés, se mirent en route pour Chenderia. Ils rencontrèrent à la porte de la ville une troupe d'Albanais qui se mit à leur suite, soi-disant pour les escorter, et qui gros-

ALI-PACHA.

sit continuellement à mesure qu'on avançait. Bientôt on arriva en présence d'Ali-pacha.

Il était entouré de plusieurs milliers de soldats groupés en masses imposantes. Ce déploiement de forces acheva d'intimider les malheureux Kardikiotes, qui se voyaient, ainsi que leurs femmes et leurs enfans laissés derrière eux sans défense, à la merci d'un ennemi jusqu'à ce jour implacable. Ils se prosternèrent tous ensemble devant le pacha, et, avec la ferveur qui inspire l'épouvante d'un grand danger, ils le conjurèrent de leur accorder un généreux pardon.

Ali savoura quelque temps en silence le plaisir de voir ses plus anciens ennemis courber devant lui leurs fronts dans la poussière ; puis il les fit relever, les rassura, leur prodigua les noms sacrés de frères, de fils, de favoris de son cœur ; distingua parmi eux ses anciennes connaissances, les appela auprès de lui, leur parla familièrement des jours de leur commune jeunesse, de leurs jeux, de leurs premières affections, et, en montrant les jeunes gens, ajouta, les larmes aux yeux :

— La discorde qui nous a divisés tant d'années a laissé le temps de devenir hommes à des enfans qui n'étaient pas encore nés à l'époque où nous avons été séparés les uns des autres ; cela m'a privé du plaisir de voir croître les enfans de mes voisins, des anciens amis de ma jeunesse, et de répandre sur eux mes bienfaits ; mais j'espère réparer en peu de temps les effets de nos tristes démêlés.

Alors il leur fit à tous de brillantes promesses, et les invita à descendre à un khan voisin, où il voulait leur offrir, en gage de réconciliation, un repas magnifique. Passant de la plus profonde terreur à la joie la plus vive, les Kardikiotes prirent gaiement le chemin du khan, en bénissant Ali-pacha et en se reprochant les uns aux autres d'avoir pu douter de sa bonne foi.

Ali descendit en litière le rocher de Chenderia, escorté de ses courtisans, qui donnaient à sa clémence des louanges pompeuses, auxquelles il répondait par un gracieux sourire. Arrivé au pied du rocher, il monta à cheval, et, se faisant suivre de ses troupes, il s'avança vers le khan. Il en fit deux fois le tour au galop, seul et en silence ; puis, revenu devant la porte qu'on venait de fermer par son ordre, il s'arrêta brusquement, et, faisant signe à ses tchoadars ou gardes-du-corps de pénétrer dans l'enceinte du khan : — Tuez ! cria-t-il d'une voix de tonnerre.

Les tchoadars restent immobiles de surprise et d'horreur ; puis, comme le pacha furieux répète en rugissant son ordre de mort, ils jettent leurs armes avec indignation. En vain il les harangue, les flatte, les menace : les uns continuent à se renfermer dans un morne silence, les autres osent faire entendre le cri de grâce. Alors il les fait retirer, et s'adressant aux chrétiens Mirdites qui servaient sous ses drapeaux :

— C'est à vous, braves Latins, s'écrie-t-il, que je confie maintenant le soin d'exterminer les ennemis de mon nom. Vengez-moi, et je reconnaîtrai ce service par les plus grandes récompenses !

Un murmure confus s'élève des rangs; Ali croit qu'on délibère sur le prix que l'on doit mettre au meurtre :

ALI-PACHA.

— Parlez, reprend-il, je suis prêt à vous entendre et à vous satisfaire.

Alors le chef des Mirdites s'avance, et, après avoir relevé le capuchon de son camail noir :

— Ali-pacha, lui dit-il d'une voix assurée, en le regardant en face, tes paroles nous font injure ; nous ne sommes pas faits pour égorger des hommes désarmés et prisonniers : rends aux Kardikiotes leur liberté et leurs armes, alors nous les combattrons. Nous sommes à ta solde comme soldats et non comme bourreaux.

A ce discours, que tout le bataillon noir couvre d'acclamations, Ali se croit trahi et jette autour de lui des regards pleins d'incertitude et de défiance. La terreur va lui tenir lieu de clémence, il va prononcer le mot de grâce, lorsqu'un certain Athanase Vaya, grec schismatique, et favori du pacha, dont on le disait bâtard, s'avance à la tête des goujats de l'armée, et s'offre avec eux pour exécuter l'arrêt de mort. Ali applaudit à son zèle, lui donne toute autorité pour agir en son nom, et s'élance avec son cheval sur le haut d'une colline voisine, pour jouir de la vue du massacre. Les Mirdites chrétiens, et les tchoadars musulmans, réunis ensemble, s'agenouillent pour implorer l'Éternel en faveur des malheureux Kardikiotes dont l'heure suprême est arrivée.

Le khan où ils étaient renfermés était un enclos carré et découvert, destiné à héberger des troupeaux de buffles. Les malheureux, qui n'ont rien entendu de ce qui se passe au dehors, sont frappés d'étonnement en voyant Athanase Vaya et sa troupe apparaître sur le haut des murailles. Mais ils sont bientôt tirés de leur incertitude. Au signal que donne Ali en tirant un coup de carabine, répond une décharge générale. Des cris horribles retentissent alors dans l'enceinte; les captifs, épouvantés, mutilés par les balles, se précipitent les uns sur les autres pour éviter l'atteinte mortelle. Il en est qui courent comme des insensés dans cette arène sans issue et sans abri, jusqu'à ce qu'ils tombent frappés à leur tour; d'autres tentent l'escalade des murailles, soit pour s'échapper, soit pour se venger en étouffant leurs bourreaux; mais bientôt ils retombent renversés par les cimeterres ou les crosses de fusil. Partout le désespoir, partout la mort!

Après une heure de fusillade, un morne silence s'étendit sur le khan, dont le sol n'était plus couvert que de cadavres.

Ali-Pacha défendit, sous peine de mort, qu'on leur donnât la sépulture. Il fit placer sur la porte une inscription en lettres d'or, destinée à apprendre à la postérité que six cents Kardikiotes avaient été immolés en ce lieu aux mânes de sa mère Kamco.

Quand les cris eurent cessé dans le khan, ils commencèrent dans la ville. Les assassins, y étant entrés, se répandirent dans les maisons, et, après avoir violé les femmes et souillé les enfans des deux sexes, les réunirent en troupeau pour les conduire à Libokhovo. Horrible voyage! A chaque halte, de nouveaux maraudeurs venaient s'abattre sur ces faibles victimes, et prendre leur part de débauche et de cruauté. Enfin elles arrivèrent à leur destination.

ALI-PACHA.

Chaïnitza les attendait, triomphante et implacable. Comme après la prise de Kormovo, elle força les femmes à couper elles-mêmes leurs cheveux et à en remplir un matelas sur lequel elle se coucha. Alors, les ayant fait mettre entièrement nues, elle leur raconta en détail, avec des transports de joie, le massacre de leurs pères, de leurs époux, de leurs frères, de leurs fils; quand elle eut bien joui de leur douleur, elle les livra aux insultes impudiques de ses soldats qu'elle encourageait de la parole et du geste. Elle termina cette scène en ouvrant avec un rasoir le ventre d'une malheureuse qu'elle supposait enceinte. Puis elle fit publier à son de trompe dans la ville la défense de donner ni logement, ni vêtemens, ni nourriture aux femmes et aux enfans de Kardiki, condamnés par elle à errer nus dans les forêts pour y mourir de faim ou y être dévorés par les bêtes féroces.

Quant aux soixante-douze otages, Ali les fit tous mettre à mort au retour de son expédition. Sa vengeance avait été complète.

Mais pendant que, plein d'une horrible joie, il savourait le repos du tigre assouvi, une voix menaçante vint le troubler au milieu de son palais. Le cheïk Jousouf, commandant de la forteresse de Janina, que sa piété faisait regarder comme un saint par les musulmans, que sa bonté et ses vertus faisaient chérir et vénérer par tout le monde, pénétra pour la première fois dans la somptueuse demeure du pacha. A sa vue, les gardes restent d'abord stupéfaits et immobiles; bientôt les plus dévots se prosternent devant lui, pendant que les autres vont avertir Ali de sa venue ; mais personne ne songe à arrêter le vieillard, qui s'avance d'un pas grave et calme au milieu du sérail en rumeur. Pour lui point d'antichambres, point de retards ; supérieur aux formalités ordinaires de l'étiquette, il traverse sans introducteur tous les appartemens, et finit par pénétrer dans celui du pacha. Celui-ci, que son impiété n'empêchait pas d'être superstitieux, se sent pris de frayeur. Se levant avec empressement de son sopha, il s'avance au-devant du saint cheïk, que suit dans un recueillement silencieux la foule des courtisans, et l'aborde avec les dehors du plus profond respect ; il va même jusqu'à lui prendre sa main droite pour la baiser : mais Jousouf la retire vivement, la cache dans son manteau, et, de l'autre, lui fait signe de s'asseoir. Le pacha obéit machinalement et attend dans une morne attitude qu'il plaise à l'anachorète de lui faire connaître le motif de sa visite.

Celui-ci, après lui avoir ordonné de prêter toute son attention aux paroles qu'il allait entendre, se mit à lui reprocher ses injustices, ses rapines, ses perfidies et ses cruautés, avec tant de force et d'éloquence, que tout le monde fondit en larmes. Ali seul, quoique abattu, avait conservé sa tranquillité ; mais, quand il entendit le cheïk lui retracer la mort d'Émineh, dont il l'accusait d'être l'auteur, il se leva en pâlissant et s'écria d'une voix effrayée :

— O mon père ! quel nom venez-vous de prononcer ! Priez pour moi, ou du moins ne me poussez pas dans l'abîme par votre malédiction !

ALI-PACHA.

— Je n'ai pas besoin de te maudire, répondit Jousouf ; tes crimes ont assez crié contre toi ! Dieu a entendu leur voix, il va te rappeler à lui, te juger, et te punir éternellement.... Tremble ! ton heure arrive... elle arrive, elle approche, l'heure !

Et, lançant au pacha un regard terrible, il sortit de l'appartement sans ajouter un mot. Ali, épouvanté, prit mille pièces d'or, les enferma dans une grande bourse de satin blanc, et courut les offrir au cheïk, en le suppliant de rétracter ses menaces. Mais celui-ci continua sa route sans répondre, et, arrivé au seuil du palais, secoua contre la muraille la poussière de sa chaussure.

Ali rentra triste et pensif dans son appartement, et fut plusieurs jours à se remettre de l'impression que lui avait causée cette scène. Mais bientôt il témoigna plus de honte de l'inaction où il venait de se laisser un instant plonger que des reproches qu'il avait entendus, et, à la première occasion qui se présenta, il reprit son train de vie ordinaire.

Ce fut à propos du mariage de Moustaï, pacha de Scodra, avec la fille aînée de Véli-pacha, surnommée la princesse d'Aulide, parce qu'elle apportait en dot des villages entiers situés dans cette contrée. Aussitôt après la publication de ce mariage, Ali fit commencer des saturnales, aux préparatifs desquelles il avait apporté le même mystère qu'à l'exécution d'un assassinat.

Il sembla que tout-à-coup, par une inondation subite, l'écume de la terre se fût répandue dans Janina. Le peuple, cherchant à s'étourdir sur ses malheurs, s'agitait dans une ivresse qu'il tâchait de prendre pour de la joie. Des bandes désordonnées de bateleurs, accourues du fond de la Romélie, battaient les rues, les bazars et les places publiques ; sur les routes passaient sans cesse des troupeaux entiers dont la toison était teinte en écarlate, et des béliers aux cornes dorées, que des paysans, guidés par leurs papas, conduisaient à la cour du visir ; les évêques, les abbés, tous les dignitaires de l'église, étaient contraints de s'enivrer et de danser avec des postures lubriques et ridicules : Ali croyait se rehausser en abaissant les hommes les plus respectables. Jour et nuit, les bacchanales se succédaient avec une activité croissante : les feux, les chants, les cris, la musique, les rugissemens des bêtes féroces offertes en spectacle, se confondaient ensemble dans les airs; des broches énormes, chargées de viandes, fumaient devant d'immenses brasiers, tandis qu'aux tables, dressées dans les cours du palais, le vin coulait à longs flots. Des troupes brutales de soldats arrachaient les artisans à leurs travaux, et les forçaient à coups de fouet de se divertir ; de sales et impudiques bohémiennes envahissaient le domicile des particuliers, et, sous prétexte qu'elles avaient ordre du visir de les amuser, elles escamotaient avec effronterie tout ce qui leur tombait sous la main. Ali regardait avec joie la populace s'abrutir au milieu de ces plaisirs grossiers, d'autant plus que son avidité trouvait à s'y satisfaire : car tout convié était tenu de déposer à la porte du palais un cadeau proportionné à sa fortune, et quatre satellites veillaient à ce que personne ne mît en oubli cette obligation. Enfin, le dix-

ALI-PACHA.

neuvième jour, Ali voulut couronner la fête par une orgie digne de lui. Il fit décorer avec un luxe inouï les galeries et les salles de son château du lac. Quinze cents convives y prirent place autour d'un banquet solennel. Le pacha y parut dans toute sa pompe, entouré de ses esclaves nobles, comme on appelle en Orient les courtisans, et, prenant place sur un siége élevé au-dessus de cette tourbe avilie qu'il stupéfiait par son regard, il donna le signal des jeux. A sa voix, le vice commença ses plus honteux ébats, et la débauche secoua sur les convives ses ailes trempées de vin. Toutes les langues étaient déliées, toutes les imaginations exaltées, toutes les mauvaises passions mises à nu, quand soudain le bruit cesse et les convives se replient avec frayeur les uns sur les autres. A l'entrée de la salle un homme est apparu, pâle, en désordre, les yeux hagards, les vêtemens déchirés et tachés de sang. Comme chacun s'enfuit à son approche, il parvient sans peine jusqu'au visir, et, se prosternant, lui remet une dépêche. Ali l'ouvre, la parcourt rapidement, et aussitôt ses lèvres frémissent, ses sourcils se rapprochent, les muscles de son front se contractent d'une manière effrayante; en vain essaie-t-il de sourire et de faire bonne contenance, son agitation le dément, et il est obligé de se retirer, après avoir fait annoncer par un héraut que l'on ait à continuer les plaisirs et les divertissemens.

Voici maintenant le motif du message et la cause du trouble qu'il avait produit.

Ali nourrissait depuis long-temps pour Zobéide, femme de son fils Véli-pacha, une passion violente, qu'il essaya de satisfaire après le départ de celui-ci. Repoussé avec indignation, il eut recours à la ruse, et fit prendre à sa belle-fille un breuvage soporifique qui la livra à sa discrétion. La malheureuse Zobéide ne connut l'attentat qu'elle avait subi que lorsqu'elle se vit sur le point de devenir mère : alors, des demi-confidences de la part de ses femmes, que la crainte de la mort avait rendues complices du visir, des souvenirs confus, quelques indices, ne permirent plus à Zobéide de douter qu'elle portait dans son sein le fruit de l'inceste. Ne sachant à qui avoir recours dans les transports de son désespoir, elle écrivit à l'auteur de son opprobre, le conjurant de se rendre à l'instant au harem. Lui seul pouvait y entrer : car, en qualité de chef de la famille, il avait le droit de voir et de surveiller les femmes de ses fils, le législateur n'ayant pas eu la pensée qu'entre un père et ses enfans il pût y avoir quelque chose de criminel. Dès qu'Ali parut, Zobéide se jeta à ses pieds, sans pouvoir prononcer une parole, tant elle était accablée par la douleur. Le pacha avoua son crime, s'excusa sur la violence de sa passion, mêla ses larmes à celles de sa victime, et, la conjurant de se tranquilliser et de garder le silence, lui promit de faire disparaître le fruit de son attentat. Ni les prières ni les sanglots de Zobéide ne purent le faire renoncer à l'idée d'effacer les traces de son premier crime par un second plus horrible encore.

Mais déjà le secret avait été divulgué, et Pacho-bey, qui avait des espions à Janina, apprit l'histoire dans tous ses détails. Heureux de pouvoir satisfaire son ressenti-

ALI-PACHA.

ment contre le père, il alla tout révéler au fils. Véli-pacha, furieux, jura de se venger, et demanda son concours à Pacho-bey, qui s'empressa de le lui promettre. Mais Ali avait été averti, et il n'était pas homme à se laisser prévenir. Pacho-bey, que Véli venait d'élever au rang de porte-glaive, fut assailli en plein jour par six satellites envoyés de Janina; mais on le secourut à temps : cinq des assassins, pris sur le fait, furent, sans autre forme de procès, pendus en place publique. Le sixième était le même qui venait de remettre au visir la dépêche contenant le récit de cette expédition manquée.

Comme Ali réfléchissait aux moyens se conjurer l'orage soulevé par cette affaire, on vint l'avertir que le parrain de la couronne, envoyé par Moustaï, pacha de Scodra, pour recevoir l'épouse destinée à régner dans son harem, venait d'arriver dans la plaine de Janina. C'était Jousouf, bey des Dèbres, vieil ennemi d'Ali. Il s'était campé avec huit cents cavaliers guègues au pied du Tomoros de Dodone, et, quelques instances qu'on lui fît, craignant quelque piége, il ne voulut jamais consentir à mettre le pied dans la ville. Ali, voyant qu'il serait inutile d'insister, et que le moment n'était pas encore venu de se défaire de son adversaire, fit partir sur-le-champ sa petite-fille, la princesse d'Aulide.

Libre de ce côté, il ne s'occupa plus que du soin de terminer sa hideuse affaire de famille. Il commença par faire disparaître les femmes du harem dont il avait été obligé de faire ses complices : il les fit coudre par des bohémiens dans des sacs qu'ils jetaient à mesure dans le lac. Aussitôt l'affaire finie, il conduisit lui-même les exécuteurs dans les souterrains du château, où, pour récompense, il leur fit trancher la tête par des nègres muets. Puis, sans perdre de temps, il fit entrer dans l'appartement de Zobéide un médecin qui la fit avorter, et fut à sa sortie étranglé par les mêmes muets qui venaient de décapiter les bohémiens. Après s'être ainsi débarrassé de tous ceux qui auraient pu témoigner de son inceste, il écrivit à son fils Véli qu'il l'autorisait à envoyer reprendre sa femme, ainsi que deux de ses enfans, retenus jusque alors en otage; et que l'innocence de Zobéide confondrait le délateur qui avait osé faire planer sur sa tête le plus injurieux des soupçons.

Quand cette lettre arriva, Pacho-bey, qui se défiait également de la perfidie du père et de la faiblesse du fils, content d'avoir jeté le trouble dans la famille de son ennemi, avait eu le bon esprit de prendre la fuite. Ali, furieux d'apprendre cette nouvelle, jura que sa vengeance le poursuivrait et l'atteindrait au bout du monde. En attendant, il se rabattit sur Jousouf, bey des Débres, qu'il avait à cœur d'avoir manqué lors de son récent voyage à Janina. Comme c'était un homme redoutable par son courage et son influence, Ali aurait craint de l'attaquer ouvertement; il essaya de le faire assassiner. Ceci n'était pas non plus chose facile : sans cesse en butte à mille entreprises de ce genre, les grands se tenaient sur leurs gardes. Le fer et le poison étaient usés; il fallait un moyen nouveau : Ali le trouva.

Janina fourmillait d'aventuriers : un d'entre eux par-

ALI-PACHA.

vint jusqu'au pacha, et offrit de lui vendre le secret d'une poudre dont trois grains suffisaient pour foudroyer un homme avec une explosion terrible. Il s'agissait tout simplement de la poudre fulminante. Ali reçut avec transport cette communication; mais il répondit qu'il voulait essayer avant d'acheter.

Dans les souterrains du château du lac achevait de mourir un pauvre religieux de l'ordre de Saint-Bazile, qui avait courageusement refusé une simonie sacrilége que lui proposait Ali. On le fit venir pour expérimenter la poudre : l'essai réussit. Les membres du religieux furent brûlés et déchirés, à la pleine satisfaction d'Ali, qui conclut son marché et se hâta d'en tirer parti. Il arrangea un prétendu firman qu'il renferma et scella, suivant l'usage, dans un étui cylindrique, et, par un Grec, qui ne se doutait pas du but réel de sa mission, il l'envoya à Jousouf-bey. Celui-ci l'ouvrit sans défiance, eut le bras emporté, et mourut de sa blessure, après avoir fait écrire à Moustaï, pacha de Scodra, pour le prévenir de son malheur et l'engager à se bien tenir sur ses gardes.

La lettre de Jousouf fut remise à Moustaï au moment où une pareille machine infernale venait de lui arriver sous le couvert de sa jeune épouse. On saisit le paquet, on en examina la composition avec des précautions suffisantes, et l'on y reconnut avec certitude les élémens d'un assassinat. La mère de Moustaï, femme jalouse et cruelle, accusa sa bru, et bientôt un poison violent dévora les entrailles de la malheureuse Aïsché, qui n'était coupable que d'avoir été à son insu l'instrument de la perfidie de son grand-père. Elle était alors enceinte de six mois.

La fortune, qui venait de déjouer la tentative d'Ali contre Moustaï-pacha, l'en consola bientôt en lui offrant une occasion d'envahir le territoire de Parga, le seul point de l'Épire qui eût jusque alors échappé à sa domination, et qu'il convoitait ardemment. Agia, bourgade chrétienne du littoral, après s'être révoltée contre lui, s'était réunie aux Parganiotes. Le pacha en prit prétexte pour commencer les hostilités : ses troupes, sous la conduite de son fils aîné Mouktar, s'emparèrent d'abord d'Agia, où elles ne trouvèrent que quelques vieillards à égorger, et marchèrent de là sur Parga, où s'étaient réfugiés les rebelles. Après quelques combats d'avant-postes, elles pénétrèrent dans la ville, dont les habitans, malgré une belle défense, eussent infailliblement succombé, s'ils eussent été livrés à eux-mêmes. Mais les Français, sous la protection desquels Parga s'était volontairement placée, tenaient garnison dans l'acropole. Nos grenadiers descendirent rapidement au secours des Grecs, et chargèrent les Turcs avec tant de furie, qu'après un moment de combat, ceux-ci s'enfuirent de tous côtés, laissant sur le champ de bataille quatre bim-bachis, ou commandans de mille hommes, et un nombre considérable de morts et de blessés.

L'escadrille du pacha ne fut pas plus heureuse que son armée. Sortie du golfe Ambracique, elle venait de s'approcher pour aider au carnage, en coupant aux Parganiotes toute retraite du côté de la mer ; car Ali voulait

ALI-PACHA.

d'abord que tous les habitans au-dessus de douze ans fussent, ainsi que la garnison, passés au fil de l'épée. Mais quelques volées qu'on tira d'un petit fort la dispersèrent. Une barque montée par des Paxinotes se mit à la poursuite des fuyards, et un coup de fusil qui en partit tua sur son banc de quart l'amiral du visir, Athanaso Macrys, Grec de Galaxidi.

Ali, plein d'anxiété, se tenait à Prévésa, attendant des nouvelles. Un courrier, expédié au commencement de l'action, lui avait apporté des oranges cueillies dans les vergers de Parga. Ali lui donna sa bourse pleine d'or, et fit publier par ses crieurs le succès de ses armes. Sa joie redoubla à la vue d'un second messager qui lui présenta deux têtes de Français, en lui annonçant que ses troupes avaient pénétré dans les rues de la ville basse de Parga. Sans plus attendre, le visir fit monter tout son monde à cheval, se jeta dans sa calèche, et marcha triomphalement par la voie romaine qui conduit à Nicopolis. Il dépêchait courriers sur courriers à ses généraux, pour leur mander d'épargner les femmes et les filles de Parga, qu'il destinait aux délices de son harem, et surtout de ne rien laisser distraire du butin, lorsque, près des arènes de Nicopolis, un troisième Tatar lui apprit la déroute de son armée. Le visir, confus, changea de visage, et eut à peine la force d'articuler l'ordre de retourner à Prévésa. Rentré dans son palais, il se livra ouvertement à des transports si furieux, que tout le monde tremblait autour de lui ; il demandait parfois s'il était bien vrai que ses troupes eussent été battues : Que votre malheur retombe sur nous !

CRIMES CÉLÈBRES.

répondaient ses pages en se prosternant. Tout-à-coup, levant les yeux vers la mer, qui s'étendait calme et bleue sous ses fenêtres, il aperçoit sa flottille qui double la pointe du Pancrator, et rentre à pleines voiles dans le golfe Ambracique : elle mouille au pied du sérail ; on hèle la barque capitane, et le son du porte-voix annonce au visir la mort de son navarque Athanase Macrys.

— Mais Parga ! Parga ! s'écrie Ali.

— Qu'Allah vous accorde de longs jours ! Les Parganiotes ont échappé aux coups de votre altesse.

— Le destin le veut ! murmura le visir.

Et il laissa retomber sa tête sur sa poitrine.

Les armes ne lui ayant pas réussi, Ali eut recours, comme d'ordinaire, à la ruse et à la trahison ; mais cette fois, au lieu de corrompre ses adversaires avec l'or, il chercha à les affaiblir par la division.

Le commandant français Nicole, surnommé le Pèlerin, à cause d'un voyage qu'il avait fait à la Mecque, avait séjourné pendant près de six mois à Janina avec un détachement de canonniers que le général Marmont, commandant les provinces Illyriennes, avait momentanément placés au service d'Ali. Le vieil officier avait réussi à s'acquérir l'estime et la bienveillance du pacha, dont il avait souvent charmé les loisirs en lui racontant ses campagnes et ses aventures de tout genre ; et, quoiqu'il ne l'eût plus revu depuis long-temps, il avait encore la réputation d'être resté son ami. Ce fut d'après ces données que le visir dressa son plan. Il écrivit au colonel Nicole une lettre qui supposait la continuation d'une correspondance éta-

ALI-PACHA.

blie depuis long-temps entre eux : il y remerciait le colonel de lui avoir conservé son affection, et, par de puissans motifs d'intérêt, il l'engageait à lui livrer Parga, dont il promettait de lui laisser le commandement sa vie durant. Par une autre perfidie, il eut soin que cette lettre tombât entre les mains des primats de Parga, qui donnèrent tête baissée dans le piége. Voyant que le ton de cette dépêche concordait parfaitement avec les anciennes relations que leur gouverneur avait eues avec le pacha, ils ne doutèrent pas de sa trahison. Mais le résultat ne fut pas celui que s'était promis Ali : les Parganiotes reprirent les négociations qu'ils avaient autrefois entamées avec les Anglais, aimant mieux abdiquer leur liberté entre les mains d'un peuple chrétien que de tomber sous la domination d'un satrape musulman. Les Anglais envoyèrent sur-le-champ un parlementaire au colonel Nicole, pour lui proposer de rendre la place à des conditions honorables. Le colonel répondit par un refus formel, et la menace de mettre le feu aux poudres, si les habitans, dont il avait pénétré les intentions, osaient faire le moindre mouvement hostile. Néanmoins, quelques jours après, la citadelle fut prise la nuit par la trahison d'une femme qui y demeurait et qui y introduisit un détachement anglais. Le lendemain, chacun vit avec étonnement le pavillon britannique flotter au faîte de l'acropole de Parga.

Cependant une agitation sourde remuait toute la Grèce, qui tressaillait en entrevoyant l'aurore de la liberté. Les Bourbons étaient rentrés en France, et les Hellènes bâtissaient mille espérances sur un événement qui changeait les bases de la politique européenne. Ils comptaient avant tout sur une puissante assistance de la part de la Russie. Mais l'Angleterre commençait déjà à prendre ombrage de tout ce qui pouvait agrandir les possessions ou augmenter l'influence de cette puissance. Elle tenait surtout à ce que l'empire ottoman conservât son intégrité, et que la marine grecque, qui commençait à devenir formidable, fût détruite. Dans ce but, ses agens se rapprochèrent d'Ali-pacha. Celui-ci était encore sous le coup de son récent désappointement, et à toutes les ouvertures qui lui furent faites, il ne répondait qu'un mot : — Parga! je veux Parga! — Il fallut la lui donner.

Confians dans la parole du général Campbell, qui, lorsqu'ils s'étaient livrés à lui, leur avait formellement promis qu'ils partageraient le sort des sept îles Ioniennes, les Parganiotes goûtaient avec bonheur et reconnaissance le repos si délicieux après les tempêtes, lorsqu'une lettre du lord haut commissaire, adressée au lieutenant-colonel de Bosset, vint les détromper et leur montrer tous les maux qui allaient fondre sur leur ville infortunée.

Le 23 mars 1817, le ministre plénipotentiaire de la Grande-Bretagne signa à Constantinople, malgré la promesse solennellement donnée aux Parganiotes, lorsqu'ils s'étaient livrés aux troupes anglaises, de leur faire partager en tout et toujours le sort des îles Ioniennes, un traité qui stipulait la cession absolue et en toute souveraineté, à la Porte ottomane, de Parga et de son territoire. Bientôt on vit arriver à Janina sir John Cartwrigt, consul d'Angleterre à Patras, pour régler la vente des

ALI-PACHA.

propriétés des Parganiotes, et traiter des conditions de leur émigration. Jamais acte pareil n'avait déshonoré la diplomatie européenne, accoutumée jusque alors à regarder les empiètemens des Turcs comme autant de sacriléges. Mais Ali-pacha avait fasciné les agens anglais : il les accablait d'amitiés, d'honneurs, de fêtes, et cependant il les faisait espionner ; il interceptait leur correspondance, et essayait, par les insinuations de ses agens, de soulever contre eux les Parganiotes ; ceux-ci jetaient les hauts cris : à la face du monde chrétien, sourd à leurs plaintes, au nom de leurs aïeux, ils invoquaient leurs droits, ils en réclamaient la garantie. — On nous achète nos biens, disaient-ils, mais voulons-nous les vendre ? et quand même on nous en paierait la valeur, l'or nous rendra-t-il une patrie et les tombeaux de nos ancêtres ?

Cependant le lord haut commissaire de la Grande-Bretagne, sir Thomas Maitland, était invité à une conférence à Prévésa par Ali-pacha, qui se plaignait du prix exorbitant de cinq cent mille livres sterling, auquel les commissaires avaient estimé Parga et son territoire, avec les réserves du mobilier des églises et des particuliers. On s'était flatté de rebuter par ce haut prix l'avidité du satrape ; mais Ali ne se laissait pas facilement décourager. Il donna au lord haut commissaire un banquet fraternel, qui dégénéra en une orgie effrénée. Au milieu des épanchemens de l'ivresse, le Turc et l'Anglais disposèrent du territoire sacré de Parga. Il fut convenu qu'on ferait sur les lieux mêmes, à dire d'experts choisis par les Anglais et les Ottomans, une nouvelle estimation. Il résulta de cette épreuve que l'indemnité accordée aux chrétiens, du chiffre de cinq cent mille livres sterling, auquel elle avait été portée par les premiers appréciateurs, fut réduite par les experts anglais à celui de deux cent soixante-seize mille soixante-quinze livres sterling. Et comme les agens d'Ali, dans leur rapport contradictoire, n'avaient porté la somme qu'à cinquante-six mille sept cent cinquante livres sterling, une dernière conférence eut lieu à Buthrotum, entre Ali-pacha et l'honorable lord haut commissaire. Celui-ci, le débat terminé, fit déclarer aux Parganiotes que les indemnités qu'on daignait leur accorder étaient fixées irrévocablement à cent cinquante mille livres sterling. Honte à la nation égoïste et vénale qui a souffert qu'on se jouât ainsi de la vie et de la liberté d'un peuple ! honte à jamais à l'Angleterre !

Les Parganiotes ne pouvaient d'abord croire à l'infamie de leurs protecteurs, ni à leur propre infortune ; mais ils ne purent plus douter ni de l'une ni de l'autre lorsqu'une proclamation du lord haut commissaire leur apprit que l'armée du pacha s'était mise en marche pour s'emparer de leur territoire, qu'ils devaient, le dix mai courant, avoir abandonné pour jamais.

Les campagnes étaient alors en plein rapport. Au milieu de plaines couvertes de riches moissons, s'élevaient quatre-vingt-un mille pieds d'oliviers, estimés à eux seuls deux cent mille guinées. Le soleil rayonnait dans un ciel d'azur, et l'air s'embaumait de l'odeur des orangers, des cédrats et des citronniers. Mais il semble que ce beau pays ne soit plus habité que par des fantômes ; on ne

ALI-PACHA.

voit que des mains levées vers le ciel et des fronts inclinés dans la poussière. Malheureux habitans! cette poussière même n'est plus à eux; il leur est interdit d'enlever un fruit ou une fleur; il est défendu aux prêtres d'emporter les reliques et les images des saints; les ornemens sacrés, les flambeaux, les cierges, les ciboires, sont devenus, par le traité, le bien des mahométans. Les Anglais ont tout vendu, même Dieu! Deux jours encore, et il faudra partir. Chacun s'empresse d'aller en silence marquer d'une croix rouge la porte de la demeure qui doit bientôt loger un ennemi. Soudain un cri terrible s'élève et se prolonge de rues en rues. On vient d'apercevoir les Turcs sur les hauteurs qui avoisinent la ville. Épouvantée, désespérée, la population toute entière va s'agenouiller devant l'image de la Vierge de Parga, palladium antique de leur acropole. Une voix mystérieuse, échappée du fond du sanctuaire, les avertit que les Anglais ont oublié dans leur traité inique de vendre les mânes de ceux qui ont eu le bonheur de mourir à temps pour ne pas voir le dernier jour de Parga. A l'instant on se précipite vers les cimetières, les tombeaux sont ouverts, on en arrache les ossemens et les cadavres à demi consumés. Les oliviers tombent l'un sur l'autre; un vaste bûcher s'élève, il s'embrase; les esprits s'exaltent, les ordres du chef anglais sont méconnus. Debout, le poignard à la main, aux lueurs sanglantes du bûcher qui dévore les os de leurs pères, les Parganiotes font serment d'égorger les femmes, les enfans, et de se tuer ensuite l'un l'autre jusqu'au dernier, si les infidèles entrent dans la ville avant l'heure marquée. Inspiré subitement par cette sublime manifestation du désespoir, le dernier poète de la Grèce, Xénoclès, semblable à Jérémie sur les ruines de Jérusalem, improvise un hymne qui exprime toutes les douleurs des proscrits et que les proscrits interrompent par des sanglots.

Cependant un messager, traversant la mer à la hâte, était allé annoncer au lord haut commissaire la terrible résolution des Parganiotes. Il part aussitôt, accompagné du général Frédéric Adam, et débarque dans Parga à la lueur des flammes. On les reçoit avec une indignation mal contenue; et on leur déclare que le sacrifice va s'accomplir sur l'heure s'ils ne parviennent à suspendre l'entrée des troupes d'Ali. Le général essaie de consoler ces malheureux et de leur remettre au fond du cœur un peu d'espérance; puis il se dirige vers les avant-postes. Dans les rues qu'il traverse au milieu d'un silence effrayant, il trouve les hommes armés sur la porte de leurs maisons, n'attendant qu'un signal pour égorger leurs familles et tourner ensuite leurs armes contre les Anglais. Il les conjure d'attendre. On lui répond de se hâter, et on lui montre l'armée du pacha qui s'avance. Il arrive enfin et parlemente. Les mahométans, non moins inquiets que la garnison anglaise, accordent le délai convenu. Le jour suivant se passa dans un deuil tranquille comme la mort. Le surlendemain, 9 mai 1819, au coucher du soleil, le pavillon d'Angleterre disparut des donjons de Parga; et après une nuit passée dans les larmes et les prières, les chrétiens demandèrent le signal du départ.

ALI-PACHA.

Ils étaient sortis de leurs demeures aux premières clartés du jour, et, répandus sur la plage, ils s'occupaient à recueillir quelques débris de la patrie : les uns remplissaient des sachets des cendres de leurs pères qu'ils retiraient des flammes ; d'autres emportaient des poignées de terre, tandis que les femmes et les enfans ramassaient des cailloux, les cachaient dans leurs vêtemens, et les serraient contre leur poitrine, de crainte qu'on ne vînt les leur enlever. Pendant ce temps, les vaisseaux destinés à les transporter s'approchèrent. Les soldats anglais assistaient, l'arme au bras, à ce départ, que les Turcs saluaient de loin par des cris féroces. Les Parganiotes arrivèrent à Corfou, où ils furent en proie à mille injustices. On leur fit encore, sous divers prétextes, une foule de réductions sur le prix de leurs propriétés, et la misère les contraignit enfin d'accepter le peu qu'on voulait bien leur donner. Ainsi fut consommé l'un des actes les plus odieux que l'histoire moderne ait eus à enregistrer dans ses annales.

Le satrape de Janina était arrivé au but de tous ses désirs. Retiré dans son féerique château du lac, il pouvait à loisir se plonger dans la volupté. Mais déjà soixante-dix-huit années avaient passé sur sa tête, et la vieillesse commençait à se révéler à lui par les infirmités. Il faisait des rêves pleins de sang. En vain se réfugiait-il au fond d'appartemens éclatans de dorures, enrichis d'arabesques, décorés d'armes précieuses, couverts des plus riches tapis de l'Orient, le remords allait le poursuivre. Au milieu du spectacle magnifique qui s'offrait sans cesse à ses yeux, il voyait apparaître le pâle fantôme d'Émineh, qui conduisait vers lui un long cortége de victimes. Alors il se cachait la face dans ses mains, appelant au secours d'une voix désespérée. Parfois, honteux de ses folles terreurs, il essayait de braver à la fois et les reproches de sa conscience et l'opinion de la multitude, et s'attachait à faire parade de ses crimes. S'il entendait d'aventure quelque aveugle chanter par les rues un de ces couplets satiriques que, fidèles au génie moqueur et poétique de leurs aïeux, les Grecs composaient contre lui, il le faisait venir, lui ordonnait de répéter sa chanson, applaudissait, et lui racontant de nouveaux traits de sa cruauté : — Tiens, disait-il, chante encore cela ! qu'on sache un peu de quoi je suis capable; qu'on se persuade que rien ne me coûte pour écraser mes ennemis ! Si je me reproche quelque chose, c'est le mal que je ne puis pas leur faire.

D'autres fois il se laissait assaillir par les terreurs de l'autre vie. Il ne pouvait arrêter son regard sur l'éternité sans y entrevoir des images terribles; il frémissait au nom d'Alsirat, ce pont étroit comme un fil d'araignée, suspendu au-dessus des brasiers de l'enfer, et sur lequel les musulmans doivent passer pour arriver au paradis. Il cessa de prendre Éblis (le diable) pour sujet de ses plaisanteries, et insensiblement tomba dans une profonde superstition. Il s'entourait de devins, d'illuminés; il consultait les sorts, il demandait aux derviches des devises cabalistiques, qu'il faisait coudre dans ses vêtemens ou qu'il suspendait dans les endroits les plus secrets de son palais

ALI-PACHA.

pour écarter les génies malfaisans. Un Koran était attaché à son cou pour éviter le mauvais œil. Souvent il le retirait et se mettait à genoux devant lui, comme Louis XI devant les figures en plomb de son chapeau. Il avait fait venir de Venise un laboratoire complet et des alchimistes pour lui fabriquer l'eau immortelle, au moyen de laquelle il devait s'envoler dans les planètes et trouver la pierre philosophale ; mais, ne voyant arriver aucun résultat, il fit brûler le laboratoire et pendre les alchimistes.

Ali haïssait les hommes. Il aurait voulu que personne ne pût lui survivre, et regrettait surtout de ne pouvoir massacrer tous ceux qu'il prévoyait devoir se réjouir de sa mort.

Il profitait du temps qui lui restait pour accomplir tout le mal possible. Ainsi il fit, sans autre motif que sa haine, arrêter, avec son fils, Ibrahim-pacha, auquel il avait déjà fait tant de mal, et les enferma tous deux dans un cachot pratiqué à dessein sous le grand escalier du château du lac, afin de se donner le plaisir de marcher sur leurs têtes toutes les fois qu'il montait à ses appartemens ou qu'il en descendait.

Sans cesse il inventait de nouveaux supplices. Ce n'était pas assez pour lui de faire périr ceux qui lui déplaisaient, il fallait encore qu'il variât les genres de mort, afin de se donner le spectacle de souffrances inconnues. Tantôt c'est un domestique, coupable seulement de s'être absenté quelques jours sans permission, qu'il fait attacher à un poteau et tuer sous les yeux de sa sœur, avec un canon placé à six pas, et que l'on ne charge qu'à poudre, afin de faire durer l'agonie; tantôt c'est un chrétien, accusé d'avoir voulu faire sauter Janina en introduisant dans la poudrière des souris à la queue desquelles auraient été attachés des morceaux d'amadou allumé, qu'il fait renfermer dans la cage de son tigre favori pour y être dévoré.

Du reste, il méprisait les hommes autant qu'il les haïssait. Une fois, à un Européen qui lui reprochait la cruauté avec laquelle il traitait ses sujets, il répondit :

— Vous ne connaissez pas les gens à qui j'ai affaire. Tandis qu'aux branches d'un arbre on pend un condamné, au pied du même arbre son frère vole dans la foule qui s'est attroupée. Si je faisais brûler un vieillard, son fils déroberait les cendres pour les vendre. Cette canaille ne peut être gouvernée que par la crainte, et moi seul je puis en venir à bout.

Sa conduite répondait parfaitement à ses idées. Un jour de fête, deux ou bohémiens se dévouent pour conjurer le mauvais destin du pacha, et, appelant solennellement sur leurs têtes tous les malheurs qui pourraient lui arriver, ils se précipitent du haut du palais sur le pavé. L'un se relève, à grand' peine, étourdi et malade; l'autre reste sur le carreau, avec la jambe cassée. Ali, après leur avoir donné à chacun quarante francs et une ration viagère de deux livres de maïs par jour, croit s'être complètement acquitté envers eux, et continue son chemin sans s'en inquiéter davantage.

Chaque année, au Ramazan, il faisait distribuer aux femmes pauvres, de quelque religion qu'elles fussent, une somme assez forte d'aumônes. Mais il trouvait moyen

ALI-PACHA.

de changer cet acte de bienfaisance en un amusement barbare.

D'abord, comme il avait dans Janina plusieurs palais fort éloignés les uns des autres, il en faisait chaque jour indiquer un pour la distribution ; et, lorsque les femmes y avaient attendu pendant une heure ou deux, exposées, selon la saison et le temps, au soleil, à la pluie ou au froid, il leur faisait annoncer que la distribution se ferait décidément à tel autre palais, situé à l'extrémité opposée de la ville. Arrivées là, elles recommençaient à attendre le même espace de temps que la première fois, trop heureuses quand elles n'étaient pas renvoyées à un troisième palais. L'heure de la distribution enfin arrivée, un icoglan, suivi d'une douzaine de soldats albanais armés de bâtons, sortait avec un sac rempli de monnaie, qu'il se mettait à jeter par poignées au milieu de l'assemblée. Alors commençait un affreux tumulte : les femmes se précipitaient toutes à la fois, se renversant les unes les autres, s'attaquant, se déchirant, poussant des cris de colère et de douleur. Aussitôt les Albanais, sous prétexte de rétablir l'ordre, se jetaient au milieu de la bagarre, et frappaient à tort et à travers avec leurs bâtons. Pendant ce temps, le pacha, assis à sa fenêtre, s'amusait à considérer cet ignoble spectacle, et applaudissait impartialement à tous les coups bien assénés, de quelque part qu'ils vinssent. Dans le courant de cette distribution, qui n'enrichissait personne, il y avait toujours beaucoup de femmes blessées, et plus d'une fois on en vit mourir des coups qu'elles avaient reçus.

Il avait quelques carrosses pour lui et sa famille, et ne permettait à personne autre de partager cette prérogative. Afin de ne pas être cahotté, il avait trouvé tout simple de faire dépaver les rues de Janina et des villes les plus voisines; ce qui était cause qu'en été on étouffait de poussière, et qu'en hiver on avait de la peine à se tirer de la boue. Ali était enchanté quand il voyait le public bien crotté; et, comme il allait sortir un jour de grande pluie, il dit aux officiers qui devaient l'accompagner : —Quel plaisir de pouvoir aller en voiture, tandis que, vous autres, vous me suivrez à cheval! Vous allez vous mouiller et vous crotter, et moi, pendant ce temps-là, je fumerai ma pipe en riant de vos embarras.

Il ne comprenait pas que les rois de l'Europe laissassent leurs sujets jouir des mêmes commodités et des mêmes amusemens qu'eux. — Si j'avais un théâtre, disait-il, je n'en permettrais l'entrée qu'à mes enfans; mais ces bêtes de chrétiens ne savent pas se comporter.

Il n'est pas jusqu'au plaisir de la mystification qu'il ne se donnât avec ceux qui l'approchaient. Un jour, entre autres, il se mit à parler turc à un marchand maltais qui était venu lui présenter des bijoux. On l'avertit que le marchand n'entendait que l'italien et le grec; il n'en continua pas moins à lui parler turc, sans vouloir permettre à personne de traduire ses paroles en grec. Le Maltais finit par perdre patience, ferma ses écrins et les emporta. Ali le regarda faire avec le plus grand calme, et, au moment où il sortait, lui dit, toujours en turc, de revenir le lendemain.

ALI-PACHA.

Cependant un événement inattendu vint, comme une menace du destin, jeter sur l'avenir du satrape un sinistre présage. Les malheurs vont par troupes, dit énergiquement un proverbe turc; un premier malheur arrivait à Ali-pacha.

Un matin il fut réveillé en sursaut par le cheïk Jousouf, qui avait pénétré jusqu'à lui malgré les gardes. —Tiens! lui dit celui-ci en lui remettant une lettre; Dieu, qui châtie les méchans, a permis que ton sérail de Tébélen fût brûlé: oui, ta riche demeure, tes beaux meubles, tes splendides étoffes, tes cachemires, tes fourrures, tes armes, tout est anéanti! et c'est ton plus jeune fils, ton fils bien aimé, Salik-pacha lui-même, qui a mis le feu.

Et le cheïk sortit en criant d'une voix triomphante : Au feu! au feu! au feu!

Ali monta aussitôt à cheval, et, suivi de ses gardes, courut sans s'arrêter jusqu'à Tébélen. Dès qu'il fut arrivé à l'endroit où son palais avait insulté à la misère publique, son premier soin fut de visiter les souterrains qui renfermaient ses trésors. Il trouva tout intact, tant l'argenterie et les pierres précieuses que cinquante millions de francs en or, déposés dans un puits sur lequel il avait fait bâtir une grosse tour. Après cette inspection, il ordonna de faire passer toutes les cendres au tamis, afin de retrouver l'or qui se trouvait dans les crépines et les franges des sophas, et l'argent de la vaisselle et des armes; ensuite il fit proclamer, dans toute l'étendue de ses états, que, privé de sa maison par la main de Dieu, et ne pos-

CRIMES CÉLÈBRES.

sédant plus rien dans le lieu de sa naissance, il invitait tous ceux qui l'aimaient à le lui prouver en lui apportant des secours proportionnés à leur affection. Il fixait pour chaque commune, ainsi que pour chaque individu tant soit peu au-dessus du vulgaire, le jour de la réception, suivant la distance qui les séparait de Tébélen, où devaient se produire tous ces témoignages d'amour.

Pendant cinq jours, Ali-pacha reçut les aumônes forcées qu'on lui apportait de toutes parts. Assis à la porte extérieure de son palais incendié, sur une mauvaise natte de palmier, couvert de haillons, il tenait de la main gauche une pipe très-mesquine, semblable à celles du bas peuple, dans laquelle il fumait, et dans la main droite une vieille calotte rouge qu'il tendait aux passans en demandant la charité. Derrière lui se tenait un juif de Janina, chargé de vérifier les pièces d'or et d'estimer les bijoux qu'on apportait à défaut d'argent comptant; car, par crainte, tout le monde cherchait à paraître généreux. Ali ne négligeait aucun moyen d'arriver à une bonne recette : par exemple, il avait fait donner secrètement des sommes assez fortes à des gens pauvres et obscurs, comme des domestiques, des ouvriers, des soldats, afin qu'en les lui rendant en public ils eussent l'air de lui faire un grand sacrifice; de sorte que les gens riches et bien placés, ne pouvant, sans paraître mal disposés pour le pacha, offrir les mêmes sommes que ceux de la basse classe, étaient obligés de lui faire des présens énormes.

Après cette charité, faite le couteau sur la gorge, les habitans se croyaient quittes du pacha. Mais une ordon-

ALI-PACHA.

nance lancée dans toute l'Albanie leur apprit qu'ils devaient relever et meubler à leurs frais le sérail redoutable de Tébélen. Puis Ali rentra à Janina suivi de ses trésors et d'un petit nombre de femmes, échappées à l'incendie, qu'il vendit à ses familiers, alléguant qu'il n'était plus assez riche pour entretenir tant d'esclaves.

Bientôt le destin lui ménagea une nouvelle occasion de s'enrichir. La peste venait de ravager Arta, ville opulente, habitée par des chrétiens. Sur huit mille, sept étaient morts. En l'apprenant, Ali se hâta d'envoyer des commissaires pour dresser un état des meubles et des biens-fonds, qu'il s'adjugea en qualité d'héritier universel de ses vassaux. Dans les rues d'Arta se traînaient encore quelques spectres décharnés et livides. Afin que l'inventaire fut plus minutieux, on contraignit ces malheureux à laver dans les eaux de l'Inachus les laines des matelas, les draps et les langes encore imprégnés de la sanie des bubons.

Et, pendant ce temps, les percepteurs du pacha furetaient partout pour découvrir l'or que l'on supposait caché.

On sonda le creux des arbres, on démolit des pans de murs, on visita les recoins les plus obscurs, et l'on rangea avec grand soin un squelette autour duquel on avait trouvé une ceinture remplie de sequins de Venise. Tous les archontes de la ville furent arrêtés et livrés aux tortures. On voulait leur faire dire où se trouvaient des trésors enfouis, dont la mort avait fait disparaître les traces avec les possesseurs. Accusé d'avoir détourné quelques objets de peu de valeur, un des magistrats fut plongé jusqu'aux épaules dans une chaudière remplie de plomb fondu et d'huile bouillante. Vieillards, femmes, enfans, riches, pauvres, furent interrogés, mis sous le bâton, et contraints, pour racheter leur vie, à abandonner les derniers débris de leur fortune.

Quand on eut ainsi décimé le peu d'habitans qui restaient dans la ville, on songea à la repeupler. A cet effet, les émissaires d'Ali, s'en allant par les villages de la Thessalie, poussèrent devant eux, comme un troupeau, tous ceux qu'ils rencontrèrent, et les dirigèrent de force vers Arta. Les malheureux colons furent encore obligés de trouver de l'argent pour payer au visir les maisons qu'on les forçait d'habiter.

Cette affaire terminée, Ali se remit à une autre qu'il avait depuis long-temps à cœur. On a vu comment Ismaël Pacho-bey avait échappé aux sicaires chargés de l'assassiner. Un navire, parti secrètement de Prévesa, se porta vers le lieu de sa retraite. En arrivant, le capitaine, se donnant comme commerçant, invita Ismaël à se rendre à bord pour y choisir des marchandises. Mais celui-ci, éclairé par quelques indices, prit la fuite, et échappa quelque temps à toutes les recherches. Pour s'en venger, Ali fit chasser sa femme du palais qu'elle avait continué à habiter à Janina, et la relégua dans une cabane où elle fut réduite à filer pour vivre.

Mais il ne devait pas s'en tenir là; et, ayant appris, au bout de quelque temps, que Pacho-bey s'était réfugié auprès du nazir de Drama, dont il était devenu le favori,

ALI-PACHA.

il résolut de lui porter un dernier coup, plus terrible et surtout plus sûr que les autres. Mais l'étoile d'Ismaël le sauva encore une fois des embûches de son ennemi. Pendant une partie de chasse, il vit venir à lui un capigi-bachi, qui le pria de lui indiquer où était le nazir, auquel il avait à faire une communication importante. Comme les capigi-bachis sont assez souvent porteurs de mauvaises nouvelles, qu'il est urgent de connaître promptement, et que le nazir était éloigné, Pacho-bey se donna pour lui.

Le confiant envoyé du sultan lui apprit alors qu'il était porteur d'un firman obtenu à la requête d'Ali, pacha de Janina.

— De Tébélen? c'est mon ami. En quoi puis-je lui être utile?

— En faisant exécuter le présent ordre, que vous envoie le suprême divan, de faire trancher la tête à un scélérat, nommé Pacho-bey, qui depuis peu de temps s'est glissé à votre service.

— Je le veux bien; mais c'est un homme difficile à saisir, brave, violent, adroit, rusé. Il faut lutter d'astuce avec lui. Il peut paraître d'un moment à l'autre; je tiens beaucoup à ce qu'il ne te voie pas, et à ce que personne ne soupçonne qui tu peux être. D'ici à Drama, il n'y a que deux heures de marche. Va m'y attendre; ce soir je serai de retour, et tu peux regarder ta mission comme remplie.

Et le capigi-bachi fit signe qu'il comprenait la ruse, et se dirigea vers Drama.

CRIMES CÉLÈBRES.

Pour Ismaël, craignant que le nazir, qui ne le connaissait que de fraîche date, ne le sacrifiât, avec cette indifférence naturelle aux Turcs, il se mit à fuir en sens opposé. Au bout d'une heure de marche, il rencontra un moine bulgare, pour les vêtemens duquel il échangea les siens.

Ce déguisement lui permit de traverser sans accident la haute Macédoine. Arrivé au grand couvent de caloyers serviens situé dans les montagnes qui donnent naissance à l'Axius, il s'y fit d'abord admettre sous un faux nom. Mais peu de jours après, certain de la discrétion des moines, il se dévoila à eux.

Ali, informé du mauvais succès de sa nouvelle tentative, accusa aussitôt le nazir d'avoir favorisé l'évasion de Pacho-bey. Mais celui-ci se justifia aisément auprès du divan en lui donnant des renseignemens précis sur ce qui s'était passé. C'était ce que voulait Ali, qui en profita pour faire suivre les traces du fugitif, dont la retraite fut bientôt éventée. Comme dans les explications données à la Porte l'innocence de Pacho-bey avait été prouvée, on ne pouvait plus solliciter de firman de mort contre lui, et son ennemi sembla l'abandonner à son sort, afin de mieux cacher la nouvelle trame qu'il allait ourdir.

Athanase Vaïa, chef des meurtriers des Kardikiotes, auquel il fit part de son projet d'assassiner Ismaël, le supplia de lui accorder l'honneur d'une pareille entreprise, en jurant que celui-ci n'échapperait pas à son poignard. Le plan du maître et du sicaire fut voilé sous l'apparence d'une discorde, qui frappa d'étonnement la ville

ALI-PACHA.

entière. A la suite d'une scène terrible, qu'il lui fit en public, Ali chassa du sérail le confident intime de ses iniquités, en l'accablant d'injures et en disant que, s'il n'était le fils de la mère nourricière de ses enfans, il le ferait pendre. Il poussa même la vraisemblance jusqu'à lui faire appliquer quelques coups de bâton. Vaïa, donnant tous les signes d'une vive terreur et d'une profonde affliction, courut en vain chez tous les grands de la ville, en les suppliant d'intercéder en sa faveur. La seule grâce que Mouktar-pacha put obtenir fut un boïourdi d'exil qui permettait à Vaïa de se rendre en Macédoine.

Le sicaire quitta Janina avec les démonstrations du plus violent désespoir, puis il continua sa route avec la rapidité d'un homme qui craint d'être poursuivi. Arrivé en Macédoine, il prit l'habit de caloyer, et se donna pour un religieux allant en pèlerinage au mont Athos, feignant d'avoir besoin pour sa sûreté de ce déguisement et de ce prétexte de voyage. Chemin faisant, il rencontra un des frères quêteurs du grand couvent des Serviens, auquel il peignit sa disgrâce d'une manière énergique, en le priant de le faire recevoir au nombre des frères laïcs de son monastère.

Ravi de pouvoir ramener dans le giron de l'église un homme célèbre par ses crimes, le quêteur se hâta de faire part de sa demande au supérieur; celui-ci à son tour s'empressa d'annoncer à Pacho-bey qu'on allait recevoir au nombre des frères servans son compatriote et son compagnon d'infortune Athanase Vaïa, dont il lui répéta l'histoire, telle qu'on venait de la lui conter.

Pacho-bey ne s'y laissa pas tromper, et, devinant qu'Athanase ne venait au couvent que pour l'assassiner, il fit part de ses soupçons au supérieur, qui l'avait déjà pris en amitié. Celui-ci retarda l'entrée du sicaire assez pour donner le temps de s'échapper à Ismaël, qui prit la route de Constantinople. Quand il y fut arrivé, il se décida à tenir tête à l'orage et à combattre ouvertement son ennemi.

Pacho-bey, doué d'une noble physionomie et d'une mâle assurance, possédait en outre le précieux avantage de parler toutes les langues de l'empire ottoman. Il ne pouvait manquer de se distinguer dans la métropole et de trouver à employer ses grands talens. Néanmoins, son penchant le porta d'abord à rechercher les bannis de l'Épire, qui étaient ses anciens compagnons d'armes, ses amis ou ses parens; car il était allié aux principales familles, et tenait même de près, par sa femme, à son ennemi Ali-pacha.

Il avait appris ce que cette infortunée avait déjà eu à souffrir à cause de lui, et il craignait qu'elle ne portât encore la peine de la guerre qu'il allait commencer contre le pacha. Pendant qu'il hésitait entre son affection et sa haine, il apprit que sa femme était morte de misère et de chagrin. Alors, sauvé de l'inquiétude par le désespoir, il se mit à l'œuvre.

En ce moment le ciel lui envoya un ami pour le consoler et l'aider dans sa vengeance. C'était un chrétien d'Étolie, nommé Paléopoulo. Il était au moment d'aller former un établissement dans la Bessarabie russe; lors-

ALI-PACHA.

qu'il rencontra Pacho-bey, et forma avec lui la singulière coalition qui devait changer les destinées de la dynastie tébélénienne.

Paléopoulo fit part à son compagnon d'infortune d'un mémoire, présenté au divan en 1812, qui avait été pour Ali le signal d'une disgrâce à laquelle il n'échappa alors qu'à cause des grands événemens politiques qui absorbèrent l'attention du cabinet ottoman. Le grand-seigneur avait juré par les tombeaux de ses glorieux ancêtres de donner suite à ce projet dès qu'il le pourrait. Il ne s'agissait que de l'en faire souvenir. Pacho-bey et son ami rédigèrent un nouveau mémoire, et, comme ils connaissaient l'avidité du sultan, ils eurent soin de faire ressortir les immenses richesses d'Ali, ses exactions scandaleuses, les sommes énormes dont il frustrait le trésor. En épurant les comptes de son administration, on pouvait faire rentrer des millions. A ces considérations financières, Pacho-bey en ajoutait d'autres aussi positives. Parlant comme un homme sûr de son fait et qui connaissait les localités, il répondait sur sa tête, malgré les troupes et les places fortes d'Ali, d'arriver avec vingt mille hommes en face de Janina sans brûler une amorce.

Tout sages que parurent ces plans, ils ne furent pas du goût des ministres de sa hautesse, qui recevaient de fortes pensions de celui contre lequel ils étaient dirigés. D'ailleurs, comme il est d'usage en Turquie que les grandes fortunes des employés du gouvernement se fondent dans le trésor impérial, on trouvait plus commode d'attendre l'héritage des trésors d'Ali que d'en tenter la conquête par une guerre qui devait de toute façon en absorber une partie. Ainsi, tout en applaudissant au zèle de Pacho-bey, on ne lui donnait que des réponses dilatoires, et on en vint enfin aux refus formels.

Sur ces entrefaites, Paléopoulo, le vieil Étolien, mourut après avoir annoncé à ses amis l'insurrection prochaine de la Grèce, et avoir engagé Pacho-bey à persévérer dans ses projets de vengeance, en l'assurant qu'Ali ne tarderait pas à succomber sous ses coups.

Resté seul, Pacho-bey, avant de se livrer à son œuvre de vengeance, affecta de se jeter dans les pratiques les plus minutieuses du mahométisme. Ali, qui avait établi auprès de lui une haute surveillance de capi-tchoadars, apprenant qu'il fréquentait les oulémas et les derviches, s'imagina qu'il avait perdu toute importance, et ne s'occupa plus de lui.

Grâces à ses crimes, il était parvenu à régner sur une population égale à celle des royaumes unis de Suède et de Norwège. Mais son ambition n'était pas assouvie. L'occupation de Parga était loin de combler ses vœux, et la joie même qu'elle lui causait était troublée par la fuite des Parganiotes, qui avaient trouvé sur la terrre étrangère un refuge contre ses persécutions. Aussi, à peine avait-il achevé de conquérir la moyenne Albanie, que déjà, dans Scodra, nouvel objet de sa convoitise, il suscitait une faction contre le jeune Moustaï-pacha. Il entretenait aussi de nombreux espions dans la Valachie, la Moldavie, la Thrace et la Macédoine; et, grâce à eux, il était comme présent partout et mêlé à toutes les in-

ALI-PACHA.

trigues générales et particulières de l'empire. Il avait soldé aux agens anglais le prix de la vente de Parga; mais il se remboursa au quintuple, au moyen des dons forcés de ses vassaux, et par la valeur des biens-fonds des Parganiotes, qui étaient devenus sa propriété. Son palais de Tébélen venait d'être reconstruit plus vaste et plus brillant aux frais des communes. Janina s'embellissait d'édifices nouveaux; des pavillons de la plus riche élégance bordaient les rives du lac; enfin le luxe d'Ali montait au niveau de sa fortune. Ses fils et ses petits-fils étaient pourvus d'emplois éminens. En un mot, c'était un souverain, moins le titre.

Les flatteries ne lui manquaient pas, même parmi les écrivains. On avait imprimé à Vienne un poème en son honneur, et une grammaire française-grecque qui lui était dédiée, et où les titres de très-haut, très-puissant et très-clément lui étaient prodigués, comme à un homme dont les hautes vertus et les grands exploits retentissaient par toute la terre. Un Bergamasque, savant dans l'art héraldique, lui avait fabriqué un blason représentant, sur un fond de gueule, un lion embrassant trois lionceaux, emblème de la dynastie tébélénienne. Déjà il avait à Leucade un consul toléré par les Anglais; ceux-ci l'encourageaient même, disait-on, à se déclarer prince héréditaire de la Grèce, sous la suzeraineté nominale du sultan; car leur véritable intention eût été d'en faire leur instrument en même temps que leur protégé, afin d'opposer un contre-poids politique aux hospodars de Moldavie et de Valachie, qui n'étaient, depuis vingt ans, que des agens déguisés de la Russie. Ce n'était pas tout : beaucoup de ces hommes, échappés aux lois de tous les pays, et dont le Levant regorge, étaient venus s'établir dans l'Épire, et leurs suggestions ne contribuaient pas peu à exciter l'ambition d'Ali; quelques-uns même le saluaient souvent du titre de roi, qu'il feignait, par politique, de repousser avec indignation. Il avait aussi dédaigné d'arborer, à l'instar des régences barbaresques, un pavillon particulier, afin de ne pas compromettre sa puissance pour de puériles jouissances d'amour-propre; et il se plaignait de la folle ambition de ses enfans, qui le perdraient, disait-il, en voulant tous devenir visirs. Aussi n'était-ce pas en eux qu'il plaçait son espoir et sa confiance, mais bien dans les aventuriers de toute sorte, pirates, faux-monnayeurs, renégats, assassins, qu'il tenait à sa solde et qu'il regardait comme ses plus fermes soutiens; et il cherchait à se les attacher comme des hommes dont il pourrait avoir un jour besoin; car les faveurs dont le comblait la fortune ne l'aveuglaient pas sur le danger de sa position. — Un visir, disait-il bien souvent, est un homme couvert de pelisses, assis sur un baril de poudre, qu'une étincelle peut faire sauter. — Le divan s'était laissé arracher toutes les concessions qu'Ali avait demandées, en feignant d'ignorer ses projets de révolte et ses intelligences avec les ennemis de l'état. Mais cette faiblesse apparente n'était qu'une temporisation prudente. L'on pensait qu'Ali, déjà si vieux, ne pouvait plus vivre long-temps, et l'on espérait que sa mort replacerait sous la domination du sultan

ALI-PACHA.

la Grèce continentale, qui en était en quelque sorte séparée.

Cependant Pacho-bey, résolu à miner sourdement l'influence d'Ali-Pacha, s'était établi l'intermédiaire de tous ceux qui venaient demander justice de ses exactions. Il parvint à faire retentir ses plaintes et celles de ses cliens aux oreilles du sultan. Celui-ci compatit à ses infortunes, et, pour commencer à l'en dédommager, le nomma l'un de ses capigi-bachis. Il donna en même temps entrée au conseil à un nommé Abdi-Effendi, de Larisse, l'un des plus riches seigneurs de la Thessalie, qui avait été forcé de fuir la tyrannie de Véli-pacha. Les deux nouveaux dignitaires, ayant entraîné Khalet-Effendi dans leur parti, résolurent de se servir de son influence pour accomplir leur projet de vengeance contre les Tébélen. En apprenant l'élévation de Pacho-bey, Ali se réveilla de la sécurité où il s'était endormi, et conçut de vives inquiétudes. Prévoyant le mal que cet homme, instruit à son école, pouvait lui causer, il s'écriait : — Ah! si le ciel me rendait les forces de ma jeunesse, j'irais le poignarder au milieu même du divan.

Il se présenta bientôt pour ses ennemis une belle occasion d'attaquer son influence. Véli-pacha, qui avait quintuplé à son profit les impôts de la Thessalie, y avait pour cela commis tant d'exactions, que beaucoup d'habitans aimèrent mieux s'exposer à la douleur et aux dangers d'une expatriation que de demeurer sous un régime aussi tyrannique. Un grand nombre de Grecs allèrent chercher asile à Odessa, et les grandes familles turques vinrent se grouper à Constantinople autour de Pacho-bey et d'Abdi-Effendi. Ceux-ci ne manquèrent pas d'intercéder en faveur des exilés. Le sultan, qui n'osait encore sévir ouvertement contre la famille des Tébélen, put du moins reléguer Véli au poste obscur de Lépante. Celui-ci fut, malgré son mécontentement, obligé d'obéir. Il quitta donc le nouveau palais qu'il venait d'élever à Rapchani, et partit pour le lieu de son exil, accompagné de comédiens morlaques, de danseurs bohémiens, de meneurs d'ours, et d'une foule de prostituées.

Frappé dans la personne du plus puissant de ses fils, Ali crut qu'il fallait épouvanter ses ennemis par un coup d'audace. Trois Albanais furent expédiés à Constantinople pour tuer Pacho-bey. Ils parvinrent à le joindre au moment où il se rendait à la mosquée de Sainte-Sophie, à laquelle le sultan devait aller le même jour pour assister à la prière canonique du vendredi, et lui tirèrent plusieurs coups de pistolet, qui l'atteignirent, mais sans le blesser mortellement.

Les assassins, saisis en flagrant délit, furent pendus devant la porte du sérail impérial, après avoir confessé qu'ils étaient envoyés par le pacha de Janina. Le divan, comprenant enfin qu'il fallait en finir à tout prix avec un homme aussi dangereux, récapitula tous les attentats, et prononça contre lui la sentence de Fermanly, qui fut ratifiée par une bulle du grand-muphti. Elle portait — qu'Ali Tébélen, après avoir obtenu à diverses reprises le pardon de ses félonies, venait encore de commettre le

ALI-PACHA.

crime de lèse-majesté au premier chef, et qu'il serait mis, comme relaps, au ban de l'empire, s'il ne se présentait au seuil doré de la porte de félicité du monarque, qui dispense les couronnes aux princes qui règnent dans le monde, dans le délai de quarante jours, pour s'y justifier. Comme on le pense, Ali se garda bien d'obéir à cet ordre de comparution. Alors le divan fit lancer contre lui, par le grand muphti, les foudres de l'excommunication.

Ali venait d'arriver à Parga, qu'il revoyait pour la troisième fois depuis qu'il en était possesseur, lorsque ses secrétaires lui annoncèrent que la verge seule de Moïse pouvait le dérober à la fureur de Pharaon. C'était lui dire, en termes énigmatiques, qu'il n'avait plus rien à espérer. Mais Ali, comptant sur sa fortune, persistait à croire qu'il pourrait, comme à l'ordinaire, se tirer d'embarras avec de l'or et des intrigues; et, sans sortir des plaisirs où il était plongé, il se contenta d'envoyer à Constantinople des présens et des requêtes suppliantes. Mais les uns furent aussi inutiles que les autres. Personne n'osa les transmettre au sultan, qui avait juré de faire trancher la tête à quiconque parlerait d'Ali Tébélen.

Celui-ci, ne voyant arriver aucune réponse, tomba en proie aux plus vives inquiétudes. Comme il ouvrait un jour le Koran, pour le consulter sur son avenir, sa baguette divinatoire s'arrêta sur le verset 82 du chapitre XIX, où il est dit : —Il se flatte vainement. Nous écrirons son ostentation et nous aggraverons ses peines. Il paraîtra nu devant notre tribunal. —Il ferma le livre en crachant dans son sein par trois fois ; et il se livrait déjà aux plus sinistres pressentimens, quand un courrier, arrivant de la capitale, lui apprit que tout espoir de pardon était perdu.

Il ordonne aussitôt de préparer sa gondole ; il sort du sérail en jetant un regard de tristesse sur les beaux jardins où il recevait encore la veille les adorations de ses esclaves prosternés. Il dit adieu à ses femmes, annonce qu'il sera bientôt de retour, et descend à la plage. Les rameurs le saluent par une triple acclamation. On dresse la voile, qui s'arrondit au souffle du vent; et Ali, s'éloignant du rivage qu'il ne doit plus revoir, vogue vers Prévésa, où il espère voir le lord haut-commissaire Maitland. Mais le temps de ses prospérités était passé, et les égards qu'on lui avait témoignés devaient cesser avec sa fortune. L'entrevue qu'il avait demandée n'eut pas lieu.

Le sultan faisait alors équiper une escadre qui devait se rendre, après le rhamazan, sur les côtes de l'Épire, avec des troupes de débarquement. Tous les pachas voisins, ainsi que le Romily-valicy, reçurent ordre de se tenir prêts à marcher avec les spahis et les timariots de leurs gouvernemens contre Ali, dont le nom fut rayé du tableau des visirs. Pacho-bey, nommé pacha de Janina et de Delvino à charge de les conquérir, reçut le commandement suprême de l'expédition.

Cependant, malgré tous ces ordres, au commencement d'avril, deux mois après la tentative d'assassinat faite sur Pacho-bey, on n'avait pas encore réuni sous la tente deux soldats pour entrer en Albanie. Le rhamazan ne finissait cette année qu'au 10 juillet, jour de la nou-

ALI-PACHA.

velle lune. Ali aurait pu, dans cet intervalle, renverser des projets vacillans, et peut-être porter un coup fatal à l'empire, en se mettant franchement à la tête du mouvement qui commençait à agiter la Grèce. Les Hydriotes avaient offert, dès l'année 1808, à son fils Véli, alors visir de Morée, de le reconnaître pour prince, et de l'appuyer de tous leurs moyens, s'il voulait proclamer l'indépendance des îles de l'Archipel. Les Moraïtes ne l'abhorraient que depuis qu'il avait refusé de concourir à leur affranchissement, et fussent revenus à lui s'il y avait consenti.

D'un autre côté, le sultan, qui voulait la guerre, ne voulait cependant rien débourser pour la faire; et il était aisé de corrompre une partie des grands vassaux obligés de marcher à leurs frais contre un homme qu'ils n'avaient pas tous intérêt à accabler. Les moyens de séduction ne manquaient pas à Ali, qui possédait d'immenses trésors; mais il aima mieux les garder pour soutenir la guerre à laquelle il ne croyait plus pouvoir échapper. En conséquence, il fit un appel général à tous les guerriers de l'Albanie, quelle que fût leur religion. Musulmans et chrétiens, attirés par l'appât du butin et d'une solde considérable, accoururent en foule sous ses drapeaux.

Il organisa tous ces aventuriers sur le modèle des armatolis, par compagnies, à la tête desquelles il mit des capitaines de son choix; puis il donna à chaque compagnie un poste à défendre. Ce plan était, de tous ceux auxquels il pouvait s'arrêter, le mieux adapté à ce pays, où la guerre de partisans peut seule réussir, et où les grandes armées ne peuvent subsister.

Les armatolis, en se rendant aux postes qui leur étaient assignés, commirent sur leur route tant de déprédations, que les provinces en envoyèrent demander la répression à Constantinople. Le divan répondit aux plaignans que c'était à eux de s'opposer aux désordres, et d'engager les klephtes à tourner leurs armes contre Ali, qui n'avait plus rien à espérer de la clémence du grand seigneur. Des circulaires mandaient en même temps aux Épirotes de se séparer de la cause du rebelle, et d'aviser aux moyens de se débarrasser eux-mêmes d'un scélérat qui, après les avoir si long-temps opprimés, allait encore attirer sur leur pays toutes les calamités de la guerre. Ali, qui avait toujours entretenu partout des espions nombreux et actifs, redoubla alors de surveillance. Pas une lettre ne put passer en Épire sans être décachetée et lue par ses agens. Pour surcroît de précautions, il enjoignit aux gardiens des défilés de tuer sans rémission tout porteur de dépêches qui ne serait pas muni d'un ordre signé de sa main, et de faire escorter jusqu'à Janina les voyageurs qui voudraient pénétrer dans l'Épire. Ces mesures furent prises surtout en vue de Suleyman-pacha, qui avait succédé à Véli dans le gouvernement de la Thessalie et à Ali lui-même dans la charge de grand prévôt des routes. Celui-ci avait pour secrétaire un Grec nommé Anagnoste, né en Macédoine, d'où il s'était enfui avec ses parens pour éviter les persécutions d'Ali, qui s'était emparé de leurs biens. Cet Anagnoste s'était attaché au parti de la cour, moins encore pour se venger d'Ali que pour servir la cause des Grecs, à l'affranchissement desquels il travail-

ALI-PACHA.

lait par des moyens détournés. Il persuada à Suleyman-pacha que les Grecs pourraient l'aider à accabler Ali, pour qui ils nourrissaient une haine profonde, et le détermina à leur faire connaître la sentence de Fermanly portée contre le pacha rebelle. Il mêla à la traduction grecque qu'il fut chargé d'en faire des phrases ambiguës, qui furent regardées par tous les chrétiens comme un appel aux armes et une excitation à la liberté. En un instant, la Hellade entière se trouva sur le pied de guerre. Cela ne laissa pas que d'inquiéter les mahométans; mais les Grecs donnèrent pour prétexte le besoin de protéger leurs personnes et leurs propriétés contre le brigandage des bandes qui se montraient de tous côtés. Ce fut là le premier mouvement insurrectionnel de la Grèce; il eut lieu au mois de mai 1820; il s'étendait depuis le Pinde jusqu'aux Thermopiles. Cependant les Grecs, se contentant du droit qu'ils venaient de conquérir de veiller armés à leur sûreté, continuèrent de payer leurs redevances et s'abstinrent de toute hostilité.

A la nouvelle de ce grand mouvement, les affidés d'Ali lui conseillèrent de le faire tourner à son profit. — Les Grecs en armes, lui disaient-ils, attendent un chef; offrez-vous pour les commander. Vous êtes, il est vrai, l'objet de leur animosité; mais leurs sentimens peuvent changer. Pour cela, il suffit de leur faire croire, et cela est facile, que vous êtes résolu, s'ils veulent se joindre à vous, à embrasser le christianisme et à les affranchir.

Il n'y avait pas de temps à perdre; car les circonstances s'aggravaient de jour en jour. Aussi Ali se hâta de rassembler ce qu'il appelait un grand divan, auquel il convoqua les principaux d'entre les musulmans et les principaux chrétiens. On vit à la fois dans cette assemblée des hommes bien différens et étonnés de se trouver réunis : le vénérable Gabriel, archevêque de Janina et oncle de la malheureuse Euphrosine, qu'on avait amené là par force ; le vieux chef de la police, Abas, qui avait présidé au supplice de la martyre chrétienne ; le saint évêque de Vélas, qui portait encore les stigmates des chaînes dont le pacha l'avait chargé, et Porphyre, archevêque d'Arta, homme plus fait pour porter le turban que la mitre.

Honteux du rôle auquel il était réduit, après avoir long-temps hésité, Ali se décida à prendre la parole, et s'adressant aux chrétiens : « O Grecs ! dit-il, si l'on examine sans prévention ma conduite, on y verra les preuves manifestes de la confiance et de la considération que je vous accordai dans tous les temps. Quel pacha vous traita jamais comme je l'ai fait? Quel autre environna d'autant de respect vos prêtres et les objets de votre culte? Quel autre vous octroya les priviléges dont vous jouissez? car vous tenez rang dans mes conseils, et la police ainsi que l'administration de mes états est dans vos mains. Je suis cependant loin de vouloir dissimuler les maux dont j'ai affligé les Grecs; mais, hélas! ces maux furent le résultat de mon obéissance forcée aux ordres perfides et cruels de la Sublime Porte. C'est à elle qu'il faut les attribuer; car, si on considère attentivement mes actions, on verra que je n'ai jamais fait de mal sans y être contraint

ALI-PACHA.

par les événemens. Interrogeons-les, ils parleront mieux qu'une apologie détaillée.

» Ma position vis-à-vis des Souliotes n'admettait point de moyens termes, et, dès que j'eus rompu avec eux, je fus réduit à la nécessité de les chasser de mon pays ou de les exterminer. Je connaissais trop bien la politique haineuse du cabinet ottoman pour ne pas prévoir qu'il me ferait la guerre tôt ou tard; et je sentais qu'il me serait impossible de lui résister si, d'une part, j'avais à repousser ses aggressions, et, de l'autre, à combattre les redoutables Souliotes.

» J'en puis dire autant des Parganiotes! Vous le savez, leur ville était le repaire de mes ennemis; et, chaque fois que je les invitai à changer de conduite, ils ne me répondirent que par l'insulte et la menace. Ils prêtèrent sans cesse du secours aux Souliotes quand je leur faisais la guerre; et, à l'heure qu'il est, s'ils habitaient encore leur ville, vous les verriez encore ouvrir l'entrée de l'Épire aux armées du sultan. Tout cela ne m'empêche pas de comprendre que mes ennemis blâment sévèrement ma conduite; et moi aussi je la condamne, en déplorant les fautes dans lesquelles la fatalité de ma position m'a entraîné; et non seulement je regrette le mal que j'ai fait, mais encore j'ai tâché de le réparer. Fort de mon repentir, je n'ai pas hésité à m'adresser à ceux-là même que j'avais le plus grièvement blessés. Ainsi, j'ai rappelé depuis long-temps à mon service grand nombre de Souliotes, et ceux qui se sont rendus à mon invitation occupent près de moi des emplois éminens. Enfin, pour combler la mesure de la réconciliation, je viens de faire écrire à ceux qui se trouvent encore à l'étranger de revenir sans crainte dans leur patrie; et des avis certains m'apprennent que partout ma proposition a été acceptée avec enthousiasme. Les Souliotes seront bientôt rentrés dans le pays de leurs aïeux, et, réunis sous mes drapeaux, ils combattront avec moi les Osmanlis, nos communs ennemis.

» Quant à l'avidité dont on m'accuse, il me semble qu'il est facile de la justifier par la nécessité où je me trouvais d'endormir à chaque instant l'insatiable cupidité du ministère ottoman, qui me faisait sans cesse acheter ma tranquillité. En cela, je fus personnel, je l'avoue; et je l'étais encore en accumulant des trésors pour soutenir la guerre que le divan m'a enfin déclarée. »

Ici Ali s'arrêta, puis, ayant fait verser sur le tapis un tonneau rempli de pièces d'or, il reprit:

« Voilà une partie de ces trésors que j'ai conservés avec tant de soin, et qui ont été particulièrement arrachés aux Turcs, nos ennemis communs: elle est à vous. C'est à présent plus que jamais qu'il m'est agréable d'être toujours resté l'ami des Grecs. Leur bravoure me répond de la victoire; et dans peu nous relèverons leur empire, en chassant les Osmanlis au-delà du Bosphore. Évêques et prêtres du prophète Issa, bénissez les armes des chrétiens, vos enfans. Primats, je vous confie le soin de défendre vos droits, et de régir avec équité la brave nation que j'associe à mes intérêts. »

Ce discours produisit sur les primats et les archontes

ALI-PACHA.

chrétiens des impressions bien différentes. Les uns n'y répondirent qu'en levant au ciel des regards de désespoir ; les autres firent entendre un murmure d'adhésion. Un grand nombre restait dans l'incertitude, ne sachant à quoi se décider. Le chef des Mirdites, le même qui avait naguère refusé d'égorger les Kardikiotes, déclara que lui et tous les Schipetars de la communion latine ne serviraient jamais contre le sultan, leur souverain légitime. Mais ses paroles furent couvertes par les cris de : Vive Ali-pacha ! vive le restaurateur de la liberté ! que poussèrent quelques chefs d'aventuriers et de voleurs.

Le lendemain, 24 mai 1820, Ali adressa une circulaire à ses frères, les chrétiens, pour leur annoncer qu'à l'avenir il les traiterait comme ses sujets les plus fidèles, et que, dès ce jour, il leur faisait la remise des redevances qu'ils payaient à sa maison. Il terminait en les engageant de lui envoyer des soldats ; mais les Grecs, qui avaient appris à ne pas croire à ses promesses, restèrent sourds à ses invitations. Il expédiait en même temps des émissaires vers les Monténégrins et les Serviens pour les exciter à la révolte, et organisait des insurrections dans la Valachie, dans la Moldavie et jusqu'à Constantinople.

Tandis que les soutiens de la cause ottomane n'arrivaient sous les drapeaux que lentement et en petit nombre, chaque jour voyait s'entasser au château de Janina des compagnies entières de Toxides, d'Iapyges et de Chamides ; de sorte qu'Ali, sachant qu'Ismaël Pachobey s'était vanté d'arriver en vue de Janina sans brûler une amorce, disait à son tour qu'il ne traiterait désormais avec la Porte que quand il serait avec son armée à huit lieues de Constantinople.

Il avait fait mettre sur le pied de guerre Ochrida, Avlone, Canina, Bérat, Cleïsoura, Prémiti, le port Panorme, Santi-Quaranta, Buthrotum, Delvino, Argyro-Castron, Tébélen, Parga, Prévésa, Sderli, Paramythia, Arta, le poste des Cinq-Puits, Janina et ses châteaux. Ces places contenaient quatre cent vingt canons de tout calibre, la plupart en bronze, montés sur des affûts de siége, et soixante-dix mortiers. Il y avait en outre, dans le château du lac, indépendamment de l'artillerie de position, quarante pièces de campagne, soixante de montagne, une masse de fusées à la Congrève, données autrefois par les Anglais, et une énorme quantité de munitions de guerre. Enfin, on travaillait à établir une ligne de sémaphores, depuis Janina jusqu'à Prévésa, pour avoir rapidement des nouvelles de l'escadre ottomane, qui devait paraître de ce côté.

Ali, dont les forces semblaient croître avec l'âge, veillait à tout, se montrait partout; c'était tantôt sur un brancard porté par ses Albanais, tantôt dans une calèche élevée en forme d'estrade, mais le plus ordinairement à cheval, qu'il se rendait au milieu des travailleurs. Souvent il allait s'asseoir sur les bastions, au milieu des batteries, et là il s'entretenait familièrement avec ceux qui l'entouraient. Il racontait les succès obtenus jadis par Cara Bazaklia, visir de Scodra, contre les armées du sultan, qui l'avait frappé comme lui de la sentence de

ALI-PACHA.

Fermanly. Il disait comment le rebelle, retranché dans sa citadelle avec soixante-douze braves, avait vu se briser à ses pieds les forces réunies des quinze grandes satrapies de l'empire ottoman, commandées par vingt-deux pachas, et qui furent anéanties presque entièrement en un seul jour par les Guègues. Il rappelait aussi l'éclatante victoire de Passevend Oglou, pacha de Viddin, dont le souvenir était encore récent, et qui était célébrée dans les chansons guerrières des Klephtes de la Romélie.

Cependant il vit arriver presque en même temps à Janina ses deux fils Mouktar et Véli. Celui-ci avait été forcé ou s'était cru forcé d'évacuer Lépante devant des forces supérieures, et fit à son père des rapports peu rassurans, notamment sur la fidélité chancelante des Turcs. Mouktar, au contraire, qui venait de faire une grande inspection dans le Musaché, n'y avait rien remarqué que des dispositions bienveillantes, et se figurait que les Chaoniens, qu'il avait trouvés sur le pied de guerre, n'avaient pris les armes que pour soutenir son père. Il se trompait étrangement. Ces peuplades portaient à Ali une haine d'autant plus profonde qu'elle était obligée de se dissimuler, et s'étaient seulement mises en mesure de repousser toute agression.

Les conseils que les deux fils donnèrent à leur père sur la conduite à tenir vis-à-vis des mahométans se ressentirent de la différence de leurs opinions. Cela fit éclater entre eux une violente discorde, dont cette discussion était le prétexte, mais dont la véritable cause était l'héritage de leur père, qu'ils convoitaient avec une égale avidité. Ali avait fait transporter tous ses trésors à Janina, et depuis lors aucun de ses fils ne voulait plus s'éloigner d'un aussi bon père. Ils lui prodiguaient les marques de tendresse ; ils n'avaient quitté, l'un Lépante, l'autre Bérat, que pour venir partager ses dangers ; mais lui n'était pas dupe de toutes ces protestations, il savait bien en deviner le motif, et cet homme, qui n'avait jamais aimé ses enfans, souffrait cruellement de voir qu'il n'était pas aimé d'eux.

Mais il eut bientôt d'autres chagrins à dévorer. Un de ses canonniers ayant assassiné un domestique de Véli, il voulut punir le meurtrier; mais au moment où celui-ci allait être châtié, le corps entier des artilleurs se révolta. Pour sauver les apparences, il fut obligé de se faire demander la grâce de celui qu'il ne pouvait punir. Cet incident lui faisait voir que l'autorité échappait à ses mains, et commença à le faire douter de la fidélité de ses soldats. L'arrivée de l'escadre ottomane acheva de l'éclairer sur la véritable situation des esprits. Musulmans ou chrétiens, tous les habitans de l'Albanie septentrionale, qui avaient habilement caché leur désaffection sous des manifestations exagérées de dévouement, se hâtèrent de faire leur soumission au sultan. Les Ottomans, poursuivant leurs succès, vinrent assiéger Parga, où était enfermé Méhémet, fils aîné de Véli-pacha. Il se préparait à se bien défendre; mais il fut trahi par ses troupes, qui livrèrent la ville, et contraint de se rendre à discrétion. Il fut très-bien traité par le commandant des forces navales à qui il fut remis. On lui donna la plus belle chambre du

ALI-PACHA.

vaisseau amiral, on l'entoura d'une suite brillante, et on lui persuada qu'il allait être comblé des faveurs du sultan qui n'en voulait qu'à son aïeul, et qui même prétendait punir celui-ci en souverain clément, et se contenter de le reléguer avec ses trésors dans une des principales satrapies de l'Asie-Mineure. On le décida à écrire dans ce sens à sa famille et à ses partisans, afin de les engager à déposer les armes.

La prise de Parga fit une impression profonde sur les Épirotes, qui élevaient sa possession bien au dessus de son importance réelle. Ali déchira ses vêtemens, en maudissant les jours de sa coupable fortune, pendant lesquels il n'avait point su modérer ses ressentimens, ni prévoir la possibilité d'un revirement de fortune.

A la prise de Parga succéda celle d'Arta, de Mougliana, où se trouvait la maison de campagne du pacha, et du poste des Cinq-Puits. Puis arriva une nouvelle plus accablante que toutes les autres : Omer Brionès qu'Ali, après l'avoir autrefois dépouillé de ses biens, avait récemment nommé son général en chef, venait de passer à l'ennemi avec toute son armée.

Alors Ali se décida à exécuter un projet qu'il avait formé en cas de malheur : c'était de détruire la ville de Janina, qui pouvait fournir à l'ennemi des logemens et des moyens d'attaque contre les châteaux où il se tiendrait enfermé. Dès que cette résolution fut connue, les Janinotes ne pensèrent plus qu'à dérober du moins leurs personnes et leurs fortunes à la ruine dont rien ne pouvait plus sauver leur patrie. Mais la plupart d'entre eux n'en étaient encore qu'à leurs préparatifs de départ lorsque le pacha accorda aux Albanais restés fidèles à sa cause le pillage de la ville.

Aussitôt les maisons sont envahies par une soldatesque effrénée. L'église métropolitaine, où les Grecs et les Turcs même déposaient, comme faisaient les anciens dans le temple des dieux, de l'argent, des bijoux, des effets de commerce, et jusqu'à des marchandises, devint le premier but de la rapine ; rien ne fut respecté. On brisa les armoires qui renfermaient les vêtemens sacrés; on ouvrit les tombeaux des archevêques, où l'on avait enfoui des reliquaires enrichis de pierres précieuses ; et l'autel fut teint du sang des brigands qui se disputèrent à coups de sabre les calices et les croix d'argent.

La ville offrait un spectacle non moins défavorable : chrétiens ou musulmans étaient également frappés ; le harems et les gynécées, envahis de vive force, voyaient partout la pudeur aux prises avec la violence. Quelques citoyens, plus courageux que les autres, essayaient de défendre contre les bandits leurs maisons et leurs familles, et le cliquetis des armes se mêlait aux cris et aux gémissemens. Tout-à-coup une détonation terrible vint couvrir tous les autres bruits, et une grêle de bombes, d'obus, de grenades et de fusées à la Congrève porta la dévastation et le feu dans les divers quartiers de la ville, qui bientôt n'offrit plus que le spectacle d'un immense incendie. Ali, assis sur la grande plate-forme du château du lac, qui vomissait le feu comme un volcan, commandait les manœuvres, en désignant les endroits qu'il fal-

ALI-PACHA.

lait allumer. Églises, mosquées, bibliothèques, bazars, maisons, tout fut dévoré ; les flammes n'épargnèrent que les fourches patibulaires, qui restèrent seules debout au milieu des décombres.

Cependant, sur les trente mille habitans que renfermait Janina quelques heures auparavant, la moitié peut-être avait réussi à s'échapper. Mais à peine ont-ils fait quelques lieues, qu'ils rencontrent les coureurs de l'armée ottomane, qui, au lieu de les secourir et de les protéger, les attaquent, les dépouillent, et les poussent vers le camp, où les attend la captivité.

Alors, tout ce débris de peuple, qui, pris entre un incendie et une armée ennemie, a derrière lui la mort, et devant l'esclavage, pousse un immense cri et se met à fuir dans tous les sens ; mais ceux qui échappent aux Turcs sont arrêtés dans les défilés par les montagnards accourus à la curée ; les masses seules peuvent se frayer un passage.

Il en est cependant à qui l'épouvante donna des forces extraordinaires ; on vit des mères, portant des enfans à la mamelle, parcourir à pied, en un seul jour, les quatorze lieues qui séparent Janina d'Arta. Mais d'autres, saisies des douleurs de l'enfantement au milieu de leur fuite, expirèrent dans les bois en donnant le jour à des êtres qui, privés de tout secours, ne leur survivaient pas long-temps. De jeunes filles, après s'être défigurées par des incisions, se cachèrent dans des cavernes, où elles moururent de frayeur et de faim.

Les Albanais, une fois enivrés de débauche et de pillage, ne voulurent plus rentrer dans le château, et ne pensèrent qu'à regagner leur pays, pour y vivre du fruit de leurs rapines. Mais ils furent assaillis en route par des paysans jaloux de leur butin, et par les Janinotes qui avaient trouvé un refuge auprès de ceux-ci. Les routes, les défilés furent jonchés de cadavres, et les arbres des chemins transformés en potences. Les bourreaux n'avaient pas survécu long-temps à leurs victimes.

Les ruines de Janina fumaient encore lorsque, le 19 août, Pacho-bey y fit son entrée. Ayant fait dresser sa tente hors de la portée du canon des forts, il y arbora les queues, emblème de sa dignité, après la lecture du firman qui lui conférait les titres de pacha de Janina et de Delvino. Ali entendit du haut de ses donjons les acclamations des Turcs qui saluaient Pacho-bey, son ancien serviteur, des noms de vali de l'Épire et de gazi ou victorieux. Après cette cérémonie, le cadi lut la sentence, ratifiée par le muphti, qui déclarait Ali Tébélen Véli-Zadé déchu de ses dignités et excommunié, avec injonction à tout fidèle de ne prononcer à l'avenir son nom que précédé du titre de cara (noir), que l'on donne à ceux qui sont retranchés du nombre des mahométans sunnites ou orthodoxes. Un marabou lança ensuite une pierre du côté du château, et l'anathème contre le noir Ali fut répété par toute l'armée turque, qui le termina par les cris de : Vive le sultan ! Ainsi soit-il !

Mais ce n'étaient pas de pareils foudres qui pouvaient réduire trois forteresses défendues par des artilleurs sortis des différentes armées de l'Europe, et qui avaient

ALI-PACHA.

formé une excellente école de canonniers et de bombardiers. Aussi, les assiégés, après avoir répondu par des huées aux acclamations des assiégeans, commencèrent aussitôt à leur envoyer force coups de canon.

L'escadrille du rebelle, se pavoisant comme pour un jour de fête, défila sous les yeux des Turcs, qu'elle saluait à boulet dès qu'ils faisaient mine de s'approcher des bords du lac.

Cependant ces bruyantes fanfaronnades n'empêchaient pas Ali d'être dévoré de chagrins et d'inquiétudes. L'aspect de son ancienne armée, qu'il voyait maintenant dans le camp de Pacho-bey, la crainte d'être pour toujours peut-être séparé de ses fils, l'idée que son petit-fils était au pouvoir des ennemis, le jetèrent dans une mélancolie profonde. Ses yeux, que ne visitait plus le sommeil, versaient continuellement des larmes. Il ne voulait plus prendre de nourriture, et pendant sept jours entiers, la barbe négligée, vêtu d'habits de deuil, il resta assis sur une natte à la porte de son antichambre, tendant des mains suppliantes à ses soldats, et les conjurant de le tuer plutôt que de l'abandonner. En même temps ses femmes, croyant, à le voir, que tout était perdu, remplissaient l'air de leurs gémissemens. On commençait à craindre que sa désolation ne menât Ali au tombeau; mais ses soldats, aux protestations desquels il avait jusque là refusé de croire, lui représentèrent que leur cause était désormais indissolublement liée à la sienne : Pacho-bey avait fait publier que les soutiens d'Ali seraient passés par les armes, comme fauteurs de rébellion ; leur intérêt était donc de le soutenir dans sa résistance de tout leur pouvoir. On lui remontra ensuite que, la campagne étant déjà avancée, l'armée ottomane, qui avait oublié son artillerie de siége à Constantinople, ne pourrait s'en procurer avant la fin d'octobre, époque à laquelle commençaient les pluies; qu'elle allait probablement manquer de vivres sous peu de temps, et que, dans tous les cas, ne pouvant passer l'hiver dans une ville presque entièrement détruite, elle serait forcée de prendre des cantonnemens éloignés.

Ces représentations, faites avec la chaleur de la conviction, et fortifiées par l'évidence, commencèrent à calmer la fièvre d'inquiétude qui tourmentait Ali. Vasiliki, la belle captive chrétienne, dont il avait depuis quelque temps fait son épouse, par ses douces caresses et son langage persuasif, acheva de le guérir.

En même temps sa sœur Chaïnitza lui donnait un étonnant exemple de courage. Elle avait persisté, malgré tout ce qu'on avait pu lui dire, à résider dans son château de Libokovo. Toute la population, qu'elle avait accablée de maux, demandait sa mort; mais personne n'osait aller la frapper; l'esprit de sa mère, avec lequel la superstition prétendait qu'elle entretenait des intelligences mystérieuses jusque sous le marbre du tombeau, paraissait veiller à ses côtés pour la protéger. L'image menaçante de Kamco s'était, disait-on, montrée à plusieurs habitans de Tébélen; elle avait été vue remuant les ossemens des Kardikiotes, et on l'avait entendue demander à grands cris de nouvelles victimes. Le désir de la ven-

ALI-PACHA.

geance avait poussé quelques hommes à braver ces dangers inconnus; mais deux fois un cavalier, vêtu de sombres couleurs, les avait arrêtés, en leur défendant de porter des mains pures sur une créature sacrilége, dont le ciel se réservait le châtiment, et deux fois ils avaient rebroussé chemin.

Bientôt, honteux de leur frayeur, ils tentent une nouvelle attaque, et s'avancent, revêtus des couleurs du prophète. Cette fois, le héraut mystérieux ne se présente pas pour leur interdire le passage. Un cri d'allégresse se fait entendre dans leurs rangs. Ils gravissent la montagne en écoutant si quelque bruit surnaturel ne vient pas la faire tressaillir. Le silence de la solitude n'est interrompu que par le bêlement de quelques troupeaux et le cri des oiseaux de proie. Arrivés sur le plateau de Libokovo, ils se font mutuellement signe de se taire pour surprendre les gardes, dont ils croient le château rempli. Ils approchent en se traînant, à la manière des chasseurs : déjà ils touchent à la porte d'enceinte et s'apprêtent à l'enfoncer; mais elle s'ouvre tout-à-coup d'elle-même, et laisse voir Chaïnitza debout, des pistolets à la ceinture, une carabine à la main, mais n'ayant pour toute garde que deux chiens molosses.

—Arrêtez, téméraires, s'écrie-t-elle; ni ma vie ni mes richesses ne seront jamais en votre pouvoir. Si quelqu'un de vous fait un pas sans ma permission, ce palais et le sol même que vous foulez vont vous engloutir. Dix milliers de poudre remplissent mes souterrains. Je veux bien vous accorder un pardon, dont pourtant vous êtes indignes;

Je vous permets même d'emporter ces sacs remplis d'or ; ils serviront à vous dédommager des pertes que les ennemis de mes frères vous ont récemment fait subir. Mais retirez-vous à l'instant même, sans élever seulement la voix, et ne troublez plus désormais mon repos ; car j'ai à ma disposition d'autres agens de destruction que le salpêtre. La vie n'est rien pour moi, songez-y, et vos montagnes pourraient encore, à ma volonté, devenir le tombeau de vos femmes et de vos enfans. Allez !

Elle se tait, et tous ceux qui étaient venus pour la tuer se sauvent épouvantés.

Quelque temps après la peste se répandit dans ces montagnes. Ce furent des Bohémiens, auxquels Chaïnitza avait distribué des hardes imprégnées des miasmes de la contagion, qui répandirent ce fléau.

— Nous sommes du même sang ! s'écria Ali avec orgueil quand il apprit la conduite de sa sœur. Et il parut de ce moment avoir repris toute l'audace, avoir retrouvé tout le feu de sa jeunesse. Comme on vint, quelques jours après, lui annoncer que Mouktar et Véli, séduits par les promesses brillantes de Pacho-bey, venaient de lui livrer Prévésa et Argyro-Castron : — Cela ne m'étonne pas, répondit-il froidement ; il y a longtemps que je les savais indignes d'être mes fils, et désormais je n'ai plus d'autres enfans et d'autres héritiers que les défenseurs de ma cause. — Et, le bruit ayant ensuite couru qu'ils avaient été décapités par l'ordre de celui auquel ils s'étaient rendus, il se contenta de dire :

— Ils avaient trahi leur père ; ils n'ont eu que ce qu'ils

ALI-PACHA.

méritaient. N'en parlons plus.—Puis, pour prouver combien il était peu découragé, il fit redoubler le feu contre les Turcs.

Mais ceux-ci, qui venaient enfin de recevoir de l'artillerie, ripostèrent vigoureusement, et commencèrent même à découronner la forteresse où se tenait enfermé le vieux pacha. Sentant que le danger devenait imminent, il redoubla à la fois de prudence et d'activité. Ses immenses trésors étaient la principale cause de la guerre acharnée qu'on lui faisait, et pouvaient déterminer ses propres soldats à une rébellion qui les en rendrait maîtres. Il résolut de les mettre également à l'abri d'un coup de main et d'une conquête. Il fit placer les sommes nécessaires à ses besoins dans le magasin à poudre, pour être à même de les détruire en un instant, s'il y était forcé. Le reste fut enfermé dans des coffres-forts, qui furent jetés dans différentes parties du lac. Ce travail dura quinze nuits : quand il fut achevé, Ali fit périr les Bohémiens qu'il y avait employés, afin de rester seul dépositaire de son secret.

En même temps qu'il mettait ainsi de l'ordre dans ses affaires, il s'occupait de troubler celles de son adversaire. Un grand nombre de Souliotes étaient allés grossir les rangs de l'armée ottomane, afin de contribuer à la ruine de celui qui avait autrefois ruiné leur patrie. Leur camp, qui avait été long-temps respecté par le feu des forts, est un jour inondé de bombes. Ils sont d'abord saisis d'une grande terreur ; mais bientôt ils remarquent qu'aucun des projectiles n'éclate. Étonnés, ils les ramassent, les examinent, et, au lieu de mèche, ils trouvent un rouleau de papier enfoncé dans un cylindre de bois, sur lequel étaient gravés ces mots : « Ouvrez avec précaution. » Le papier contenait une lettre d'Ali, chef-d'œuvre de machiavélisme. Il commençait par les justifier d'avoir pris les armes contre lui ; il les avertissait qu'il leur envoyait une partie de la solde que le traitre Ismaël refusait à leurs honorables services, et que les bombes qu'il avait fait lancer sur leur quartier contenaient un à-compte de six mille sequins d'or. Il les priait d'amuser Ismaël par des réclamations, tandis que sa gondole irait, la nuit, prendre l'un d'entre eux, auquel il communiquerait sa pensée toute entière. Il finissait en les avertissant d'allumer trois feux, s'ils acceptaient ses propositions.

Le signal convenu ne tarda pas à briller. Ali envoya sa barque, qui reçut un caloyer, chef spirituel des Souliotes. Ce religieux, comme s'il allait à une mort certaine, s'était enveloppé dans sa haire, et avait récité les prières des agonisans. Mais Ali lui fit l'accueil le plus caressant, l'assura de son repentir, de ses bonnes intentions, de son estime pour les capitaines grecs, et lui remit un papier qui le fit tressaillir. C'était une dépêche de Khalet-Effendi au sérasker Ismaël. Cette dépêche, interceptée par Ali, contenait l'ordre d'exterminer tous les chrétiens en état de porter les armes. Les enfans mâles, disait la lettre, seront circoncis et tenus en réserve pour en composer des légions dressées à l'européenne. Ensuite on expliquait comment on se déferait des Souliotes, des Armatolis, des peuplades grecques de

ALI-PACHA.

terre ferme, et des insulaires de l'Archipel. Voyant l'effet que produisait cet écrit sur le religieux, Ali se hâta de lui faire les propositions les plus avantageuses, protestant que son but sincère était de rendre à la Grèce une existence politique, et demandant seulement que les Souliotes lui remissent en otage un certain nombre des enfans de leurs capitaines. Ensuite il fit apporter des capes et des armes, et les donna au religieux, qu'il se hâta de congédier, tandis que la nuit pouvait encore favoriser son retour.

Le lendemain, Ali reposait, la tête appuyé sur les genoux de Vasiliki, lorsqu'on vint lui annoncer que l'ennemi s'avançait contre les retranchemens élevés au milieu des ruines de Janina. Déjà les avant-postes sont forcés, et la fureur des assaillans triomphe de tous les obstacles. Aussitôt Ali ordonne à ses troupes de se préparer à une sortie qu'il veut conduire en personne. Son grand écuyer lui amène le fameux cheval arabe appelé le Dervicho; son grand veneur lui présente ses armes de tir, armes fameuses dans l'Epire, où elles sont l'objet des chants des Schypetars. La première était un énorme fusil, de la fabrique de Versailles, envoyé autrefois par le vainqueur des pyramides à Djezzar, ce pacha de Saint-Jean-d'Acre, qui s'amusait à faire sceller des hommes tout vivans dans les murs de son palais, afin d'entendre leurs gémissemens au milieu de ses voluptés; ensuite une carabine offerte au pacha de Janina, en 1806, au nom de Napoléon; puis le mousqueton de bataille de Charles XII, et enfin le sabre révéré de

Krim-Guérai. On donne le signal du départ; le pont-levis est franchi. Les Guègues et les aventuriers poussent un cri immense; les assaillans y répondent par des hurlemens. Ali se place sur une éminence, d'où son regard d'aigle cherche à distinguer les chefs ennemis. Il appelle et défie en vain Pacho-bey. Apercevant en dehors des batteries le colonel des bombardiers impériaux, Hassan-Stambol, il se fait donner le fusil de Djezzar, et l'étend mort aussitôt; on lui présente la carabine de Napoléon, et la balle atteint Kékriman, bey de Sponga, qu'il fit autrefois nommer pacha de Lépante. A ces coups, on s'aperçoit de la présence d'Ali, et on dirige contre lui une vive fusillade; mais les balles semblent diverger en s'approchant de lui. Dès que la fumée s'éclaircit, il aperçoit Capelan, pacha de Croie, qui avait été son hôte, et le frappe mortellement à la poitrine. Capelan poussa un cri aigu, tandis que son cheval s'effare et porte le désordre dans les rangs. Ali tue successivement un grand nombre d'officiers; tous ses coups sont mortels; on le regarde comme l'ange exterminateur, et le désordre se met dans les troupes du sérasker, qui regagne ses lignes à la hâte.

Cependant les Souliotes avaient envoyé une députation à Ismaël pour lui faire des soumissions sincères et essayer de rentrer dans leur patrie par une voie légale. Traités avec le mépris le plus humiliant par le sérasker, ils se déterminèrent enfin à faire cause commune avec Ali. Ils hésitèrent sur l'article des otages, et demandèrent au satrape de leur confier en échange son petit-fils, Hussein-

ALI-PACHA.

pacha. Ali, après bien des difficultés, y consentit, et le pacte fut conclu. Les Souliotes reçurent cinq cent mille piastres et cent cinquante charges de munitions de guerre; Hussein-pacha leur fut livré. Au milieu de la nuit ils commencèrent à quitter le camp impérial. Marc Botzaris, resté avec trois cent vingt hommes, fit abattre les palissades, et se portant ensuite avec sa troupe sur le mont Paktoras, il attendit que le jour parût, afin d'annoncer hautement sa défection à l'armée ottomane, et, dès que le soleil fut levé, il ordonna une salve générale de mousqueterie, en faisant pousser le cri de guerre. Quelques Turcs qui composaient un poste avancé sont égorgés, les autres fuient: on crie aux armes! et l'étendard de la croix se déploie devant le camp des infidèles.

Des signes avant-coureurs d'une insurrection générale éclataient de tous côtés; il y avait des prodiges, des visions, des bruits populaires, et les mahométans étaient poursuivis par l'idée que la dernière heure de leur domination en Grèce était arrivée. Ali-pacha favorisait ce bouleversement moral; ses agens, disséminés partout, attisaient le feu de la révolte. Ismaël-pacha venait d'être révoqué de son titre de sérasker, et on lui avait donné pour remplaçant au commandement de l'armée Khourchid-pacha. Dès qu'Ali sut cette nouvelle, il envoya à Kourchid un émissaire pour le prévenir en sa faveur. Ismaël, se défiant des Schypetars, qui faisaient partie de ses troupes, leur demanda des otages. Les Schypetars s'indignèrent, et Ali, ayant appris leur mécontentement, leur écrivit de revenir à lui, en faisant luire à leurs yeux les plus séduisantes promesses. Ces ouvertures furent reçues avec enthousiasme par des hommes irrités; on lui députa Alexis Noutza, son ancien général, qui, l'ayant quitté pour Ismaël, était secrètement revenu à lui et lui servait d'espion dans l'armée impériale. Dès qu'il le vit arriver, Ali commença à jouer une comédie qui avait pour but de le réhabiliter de l'inceste dont il s'était rendu coupable avec sa belle-fille Zobéide ; car cette accusation, à laquelle il ne pouvait plus répondre par de vagues dénégations, depuis que Véli avait révélé lui-même la honte de sa couche, ne laissait pas que de faire une impression défavorable sur l'esprit des soldats. A peine l'envoyé avait-il mis le pied dans le château du lac, qu'Ali s'élance à sa rencontre et se précipite dans ses bras. En présence de ses officiers et de sa garnison, il lui prodigue les noms les plus tendres, il l'appelle son fils, son cher Alexis, son sang légitime, ainsi que Salik-pacha. Il fond en larmes, et atteste le ciel avec les plus terribles sermens que Mouktar et Véli, qu'il peut désavouer à cause de leur lâcheté, sont les fruits adultérins des amours d'Émineh. Puis, levant la main contre le tombeau de celle qui l'avait tant aimé, il entraîne au fond de sa casemate Noutza, stupéfait d'une pareille réception; et, faisant appeler Vasiliki, il le lui présente comme un fils toujours chéri, que de fausses considérations l'avaient forcé d'éloigner de son sein, parce qu'étant né d'une mère chrétienne, il avait été élevé dans la religion d'Issa.

Ayant ainsi levé les scrupules de ses soldats, Ali reprit le cours de ses menées souterraines. Les Souliotes l'a-

ALI-PACHA.

vaient informé que le sultan leur avait fait des offres extrêmement avantageuses pour rentrer à son service, et lui demandèrent avec instance la citadelle de Kiapha, qui dominait Souli, et qu'il s'était réservée. Il leur écrivit pour les avertir que, son intention étant d'attaquer, le 26 janvier au matin, le camp de Pacho-bey, il les invitait à prendre part au combat. Afin d'opérer une diversion, ils devaient descendre de nuit dans le vallon de Janina, occuper une position qu'il leur indiquait, et il leur donnait pour signe de reconnaissance le mot d'ordre *flouri*. En cas de réussite, il promettait de combler tous leurs vœux.

La lettre d'Ali fut interceptée et tomba entre les mains d'Ismaël, qui conçut aussitôt le projet d'envelopper son ennemi dans ses propres filets. Dès que la nuit désignée par Ali fut venue, il fit marcher une forte division, sous les ordres d'Omer Brionès, récemment nommé pacha. Ses instructions lui prescrivaient de longer le revers occidental du mont Patitoras jusqu'au village de Besdoune, et, après y avoir stationné une partie de la nuit, de rétrograder par le flanc opposé des coteaux, de façon qu'à la clarté des étoiles, les sentinelles placées en vedettes sur les tours ennemies pussent rapporter au visir Ali que les Souliotes venaient d'arriver au poste de Saint-Nicolas, lieu qu'il leur avait désigné dans sa lettre. En même temps on fit tous les préparatifs du combat, et les deux ennemis mortels, Ismaël et Ali-pacha, allèrent se livrer au sommeil, caressant chacun le doux espoir d'anéantir son rival.

Au point du jour une vive canonnade, partie des châteaux du lac et de Letharitza, annonce que les assiégés vont faire une sortie. Bientôt les Schypetars d'Ali, précédés d'un détachement d'aventuriers français, italiens et suisses, se précipitent sous le feu des Ottomans et enlèvent la première redoute, défendue par Ibrahim Aga Stambol. Ils y trouvent six pièces de canon que les impériaux, malgré la frayeur qui les dominait, avaient eu le temps d'enclouer. Ce mécompte, au sujet de l'artillerie, qu'ils croyaient tourner contre le camp retranché, les décide à attaquer la seconde redoute, commandée par le chef des bombardiers. Les Asiatiques de Baltadg-pacha accourent pour la défendre. A leur tête s'avance l'iman suprême de l'armée, montant une mule richement enharnachée, et répétant l'anathème du muphti contre Ali, ses adhérens, ses châteaux, et jusqu'à ses canons, qu'il s'imaginait fasciner par ses adjurations. Les Schypetars mahométans du parti d'Ali détournent les yeux en crachant dans leur sein, afin de se soustraire aux maléfices. Une superstitieuse frayeur commençait à s'emparer d'eux, lorsqu'un aventurier français ajuste l'iman et le renverse aux acclamations des soldats. A cette vue, les Asiatiques, s'imaginant qu'Eblis en personne combat contre eux, se replient vers le camp retranché, où les Schypetars, délivrés du danger de l'excommunication, les poursuivent avec impétuosité.

Au même instant, à l'extrémité septentrionale des lignes de circonvallation, il se passait une action bien différente. Ali Tébélen, sorti de son château du lac, précédé de douze pyrophores, portant des réchauds remplis de bois gras allumé, s'était avancé vers la plage de

ALI-PACHA.

Saint-Nicolas, où il pensait se réunir aux Souliotes. Il s'arrête au milieu des ruines pour attendre l'apparition du soleil, et il apprend là que ses troupes avaient emporté la batterie d'Ibrahim Aga Stambol. Ravi de joie, il leur fait dire de presser la seconde palissade, leur promettant que, dans une heure, réuni aux Souliotes, il sera en mesure de les appuyer, et il pousse en avant, précédé de deux pièces de campagne avec leurs caissons et suivi de quinze cents hommes, jusqu'à un grand platane, d'où il aperçoit à la distance de trois cents toises un campement qu'il prend pour celui des Souliotes. Aussitôt, par son ordre, le prince des Mirdites Kyr Lekos se détache avec une escorte de vingt-cinq hommes, et, parvenu à portée de la voix, il agite un drapeau blanc, en criant d'avancer au mot de ralliement. Un officier des impériaux vient et se fait reconnaître comme ami en prononçant le mot *flouri*. Lekos expédie immédiatement vers Ali une ordonnance chargée de lui dire qu'il peut approcher. Le coureur part ventre à terre, tandis que le prince pénètre dans l'enceinte du camp, où il est aussitôt entouré et massacré avec ses vingt-cinq soldats.

Dès qu'il a reçu le message, Ali se met en marche; mais il s'avance avec précaution, inquiet de ne pas voir revenir le détachement. Tout-à-coup des cris furieux et une vive fusillade, partie du milieu des vignes et des halliers, lui apprennent qu'il s'est laissé prendre dans une embuscade; et au même instant Omer pacha charge son avant-garde, qui se débande en criant à la trahison. Ali sabre impitoyablement les fuyards; mais la peur les emporte, et, forcé de suivre le torrent, il aperçoit les Kersales et Baltadgi-pacha, descendant des coteaux du mont Paktoras, où ils l'avaient devancé pour lui barrer le passage. Il tente une autre route, en se précipitant vers le chemin de Dgéleva; mais il le trouve occupé par les Japiges du Bim Bachi Aslon d'Argyro-Castron. Il est cerné: c'en est fait; son heure fatale est arrivée; il le sent, et il ne songe qu'à vendre chèrement sa vie. Il réunit ses plus braves serviteurs et se prépare à donner tête baissée contre Omer-pacha; mais, tout-à-coup inspiré par le désespoir, il fait mettre le feu à ses caissons. Les Kersales, prêts à s'en emparer, disparaissent au milieu de la détonation, qui lance au loin une grêle de pierres et de débris. A la faveur de la confusion et de la fumée, il parvient à se retirer avec les siens sous le feu de son château de Litharitza, où il rétablit le combat, pour donner le temps aux fuyards de se rallier et de porter le secours qu'il avait promis à ceux qui se battaient de l'autre côté.

Ils avaient enlevé la seconde batterie, et attaquaient le camp retranché, où le sérasker Ismaël leur opposa une résistance si adroitement combinée, qu'il parvint à leur cacher le mouvement qui s'opérait sur leurs derrières. Ali, devinant le but d'une manœuvre qui compromettait ceux qu'il avait promis de secourir, et ne pouvant, à cause de leur éloignement, ni les assister ni les avertir, essaie de ralentir le mouvement d'Omer-pacha, espérant encore que ses Schypetars pourront l'apercevoir ou l'entendre. Il encourage les fuyards, qui l'ont reconnu de loin à son dolman écarlate, à la blancheur éblouissante

ALI-PACHA.

de son cheval et aux cris terribles qu'il fait entendre; car, au milieu du combat, cet homme extraordinaire avait retrouvé la vigueur et l'audace de sa jeunesse. Vingt fois il mène ses soldats à la charge, et autant de fois il est contraint de se replier vers ses châteaux. Il met ses réserves en mouvement; elles sont forcées de céder le terrain. Le sort s'est déclaré contre lui. Ses soldats qui attaquent le camp retranché se trouvent resserrés entre deux feux, et il ne peut les dégager. Il écume de fureur; il menace de se précipiter seul au milieu des ennemis. Ses tchoadars qui l'entourent le prient de modérer ses transports, et, n'éprouvant que des refus, ils lui déclarent qu'ils vont s'assurer de sa personne s'il persiste à s'exposer comme un simple soldat. Subjugué par ce ton inaccoutumé, Ali se laisse entraîner dans son château du lac, tandis que ses soldats achèvent de se disperser.

Le satrape ne se laissa pas décourager par cet échec. Réduit à la dernière extrémité, il se flattait de faire encore trembler l'empire ottoman, et, du fond de sa casemate, il agitait la Grèce entière. L'insurrection qu'il avait excitée, sans prévoir quels en seraient les résultats, se propageait avec la rapidité d'une traînée de poudre qui s'enflamme, et les mahométans commençaient à trembler, lorsque Kourchid-pacha, après avoir franchi le Pinde à la tête d'une armée de vingt-quatre mille hommes, arriva au camp de Janina.

Sa tente fut à peine dressée, qu'Ali le fit saluer de vingt-un coup de canon, et lui envoya un parlementaire porteur d'une lettre de félicitation sur sa bienvenue. Cette lettre, adroite et insinuante, devait faire une grande impression sur Kourchid. Ali écrivait que, réduit par les mensonges infâmes d'un de ses anciens domestiques, nommé Pacho-bey, à résister, non à l'autorité du sultan, devant lequel il inclinait sa tête accablée de chagrins et d'années, mais aux trames perfides de ses conseillers, il s'estimait heureux, dans son malheur, de se trouver en rapport avec un visir connu pour ses hautes qualités. Puis il ajoutait que ses rares mérites avaient sans doute été bien loin d'être prisés à leur valeur par un divan où les hommes n'étaient estimés qu'en raison de ce qu'ils dépensaient à soudoyer l'avidité des ministres. Sans cela, comment serait-il arrivé que Kourchid-pacha, vice-roi d'Égypte après le départ des Français, et vainqueur des Mameluks, n'eût été récompensé de pareils services que par un rappel sans motifs? Deux fois romili-valicy, pourquoi, lorsqu'il devait jouir du fruit de ses travaux, le relégua-t-on au poste obscur de Salonique? Nommé grand visir et appelé à pacifier la Servie, au lieu de lui confier le gouvernement de ce royaume qu'il avait soumis au sultan, on s'était empressé de l'expédier à Alep pour y réprimer une pauvre sédition d'émirs et de janissaires, et, à peine arrivé en Morée, c'était contre un vieillard qu'on armait son bras.

Puis il entrait dans des détails, racontait à Kourchid le pillage, l'avidité et l'impéritie de Pacho-bey, ainsi que des pachas employés sous ses ordres, comment ils avaient aliéné l'esprit public, de quelle façon ils étaient parvenus à mécontenter les Armatolis et surtout les Souliotes,

ALI-PACHA.

qu'on pourrait ramener à leur devoir avec moins de peine que des chefs imprudens n'en avaient eu pour les en détourner. Il donnait à ce sujet une foule de renseignemens spécieux, et il démontrait qu'en conseillant aux Souliotes de se retirer dans leurs montagnes, il n'avait fait que les mettre dans une fausse position aussi long-temps qu'il ne leur livrerait pas le château de Kiapha, qui est la clef de la Selléide.

Le sérasker, après lui avoir répondu amicalement, ordonna de lui rendre, coup de canon pour coup de canon, le salut militaire, et fit publier dans le camp la défense de flétrir désormais de l'épithète d'excommunié un personnage de la valeur et de l'intrépidité du Lion de Tébélen. Il lui accorda en même temps dans ses discours le titre de visir, qu'il n'avait jamais, disait-il, démérité de conserver; et il annonça qu'il n'était descendu dans l'Épire que comme pacificateur.

Ses émissaires venaient de saisir des lettres adressées par le prince Alexandre Hypsilantis aux capitaines grecs de l'Épire. Sans entrer dans les détails de l'événement qui devait relever la Grèce, il y invitait les polémarques, chefs de la Selléide, à seconder Ali-pacha dans sa révolte contre la Porte ottomane, mais à ménager de telle sorte leurs intelligences avec lui qu'ils pussent à volonté se détacher de son parti, ne devant avoir en vue que de s'approprier ses trésors, pour les faire servir à l'affranchissement de la Grèce.

Un envoyé de Kourchid remit ces dépêches entre les mains d'Ali. L'impression qu'elles produisirent sur son esprit fut telle, qu'il résolut en secret de ne se servir à son tour des Grecs que pour les sacrifier à ses desseins, s'il ne pouvait pas tirer une vengeance éclatante de leur perfidie. Ali apprit en même temps du parlementaire l'agitation de la Turquie d'Europe, les espérances des chrétiens et l'appréhension d'une rupture entre la Porte et la Russie. Il était urgent d'abjurer de vains ressentimens, et de se réunir pour conjurer tous ces dangers. Kourchid-pacha était prêt, disait son envoyé, à recevoir favorablement toutes les propositions qui auraient pour but une prompte pacification. Il attachait un plus haut prix à ce résultat qu'à la gloire certaine de réduire, avec les forces imposantes qui l'entouraient, un prince valeureux, qu'il avait toujours regardé comme un des plus fermes soutiens de l'empire ottoman. Ces renseignemens firent sur Ali un effet bien opposé à ce que s'était imaginé le sérasker. Passant subitement d'un excès de découragement à un excès d'orgueil, il s'imagina que ces ouvertures de réconciliation étaient la preuve de l'impuissance où l'on se trouvait de le réduire, et il osa envoyer au sérasker les propositions suivantes :

« Si la justice est le premier devoir du prince, celui de ses sujets est de lui rester fidèles et de lui obéir. C'est de ce principe que dérivent les récompenses et les peines, et, quoique mes services aient suffisamment justifié ma conduite dans tous les temps, j'avouerai cependant que j'ai démérité du sultan, puisqu'il a levé le bras de sa colère sur la tête de son esclave. Après avoir demandé humblement pardon, je ne craindrai pas d'invoquer sa

ALI-PACHA.

sévérité contre ceux qui ont abusé de sa confiance. A ces fins, j'offre 1° de payer les frais de la guerre et les tributs arriérés de mon gouvernement sans le moindre délai. 2° Comme il importe, pour le bon exemple, que la trahison d'un inférieur envers son supérieur reçoive un châtiment exemplaire, je demande que Pacho-bey, qui a été mon domestique, soit décapité, lui seul étant rebelle, et l'auteur des calamités publiques qui affligent les fidèles musulmans. 3° Je conserverai, ma vie durant, sans renouvellement annuel d'investiture, mon pachalik de Janina, le littoral de l'Épire, l'Acarnanie et ses dépendances, aux titres, charges et redevances dues ou à devoir au sultan. 4° Il y aura amnistie et oubli du passé pour tous ceux qui m'ont servi jusqu'à ce jour. Si ces conditions ne sont pas acceptées sans modifications, je suis préparé à faire bonne défense.

» Donné au château de Janina, ce 7 mars 1821. »

Ce mélange de soumission et d'arrogance ne méritait que de l'indignation; mais Kourchid avait intérêt à dissimuler. Il répondit à Ali que, des demandes semblables excédant ses pouvoirs, il allait les communiquer à Constantinople, et que les hostilités seraient suspendues, s'il le souhaitait, jusqu'au retour du courrier.

Aussi rusé que son antagoniste, Kourchid profita de cette trêve pour ourdir des intrigues contre lui. Il corrompit un des chefs de sa garnison, nommé Metzo-Abas, qui obtint, avec une cinquantaine de gens de sa suite, le pardon de sa félonie et la permission de rentrer dans ses foyers. Mais cet exemple de clémence parut avoir séduit quatre cents Schypetars, qui profitèrent de l'amnistie, ainsi que de l'argent dont Ali les avait pourvus, pour soulever en faveur de celui-ci la Toxarie et la Japourie. Ainsi le stratagème du sérasker tourna contre lui, et il s'aperçut de la faute qu'il avait commise en voyant l'indifférence d'Ali et sa contenance, qui était loin d'annoncer la crainte d'une défection. En effet, quel homme de cœur aurait pu l'abandonner quand il déployait un courage presque surnaturel? Atteint d'un violent accès de goutte, maladie qu'il n'avait jamais éprouvée, le satrape, âgé de quatre-vingt-un ans, se faisait porter chaque jour sur la partie la plus exposée des remparts de son château. Assis en face des batteries de l'ennemi, il donnait audience à ceux qui voulaient l'approcher. C'était au haut de cette plate-forme découverte qu'il tenait ses conseils, qu'il expédiait ses ordres et qu'il indiquait sur quel point il fallait tirer. Éclairée par la réverbération des feux, sa figure prenait des apparences fantastiques. Les balles sifflaient, les boulets coupaient l'air au-dessus de sa tête; le bruit faisait saigner les oreilles de ceux qui l'entouraient. Calme et impassible, il donnait les signaux de la manœuvre à ceux de ses soldats qui occupaient encore une partie des ruines de Janina, en les encourageant du geste et de la voix. Observant, à l'aide d'une lunette, les mouvemens de l'ennemi, il improvisait les moyens de le combattre. Quelquefois il s'amusait à saluer à sa manière les curieux et les nouveaux venus. Ainsi, le chancelier du consul de France, à Prévesa, envoyé auprès de Kourchid-pacha, était à peine entré au logement qu'on lui

ALI-PACHA.

avait désigné, qu'il reçut la visite d'une bombe qui l'obligea d'en sortir précipitamment. Ce coup d'adresse était dû à l'ingénieur d'Ali, Caretto, qui jeta, le lendemain, une grêle de boulets et d'obus au milieu d'un groupe de Français attirés par la curiosité du côté du Téka, où Kourchid faisait élever une batterie. —Il faut, dit Ali, dégoûter ces petits faiseurs de rapports de l'envie de venir écouter aux portes; j'ai assez fourni matière à discourir. La franghia (la chrétienté) ne doit me connaître à l'avenir que par mon triomphe ou par ma chute, qui lui laissera de longues inquiétudes à calmer. — Puis, après avoir gardé un moment le silence, il ordonna aux crieurs publics d'annoncer à ses soldats l'insurrection de la Valachie et de la Morée, et cette nouvelle, jetée du haut des remparts, arriva presque aussitôt dans le camp des impériaux, où elle assombrit toutes les imaginations.

Cependant de tous côtés les Grecs proclamaient leur indépendance, et le sérasker Kourchid se trouva inopinément entouré d'ennemis. Il risquait d'aggraver sa position si le siége des châteaux de Janina traînait en longueur. Il s'empara de l'île située au milieu du lac, et y fit élever des redoutes; ensuite il ouvrit un feu qui ne discontinua plus contre le front méridional du château de Litharitza; et, la brèche étant praticable dans une étendue de sept toises environ, on se décida à donner l'assaut. Les troupes marchèrent hardiment au premier signal; elles firent des prodiges de valeur; mais, au bout d'une heure de combat, Ali, porté sur un brancard à cause de sa goutte, ayant fait une sortie, les assiégeans, forcés de céder, regagnèrent précipitamment leurs lignes, en laissant au pied du rempart trois cents morts. — L'ours du Pinde vit encore, fit dire Ali à Kourchid; tu peux envoyer prendre tes morts pour les enterrer; je te les rends sans rançon, et j'en userai toujours de même quand tu m'attaqueras en brave. — Puis, rentré dans sa forteresse aux acclamations de ses soldats, il dit, en apprenant le soulèvement général de la Grèce et des îles de l'Archipel : — C'en est fait! deux hommes ont perdu la Turquie! — Et il garda le silence, sans vouloir donner l'explication de cette sentence prophétique.

Ali n'avait pas cette fois témoigné l'allégresse qu'il manifestait d'ordinaire après ses succès : dès qu'il se trouva seul avec Vasiliki, il lui annonça en pleurant la mort de Chaïnitza. Une apoplexie foudroyante avait frappé cette sœur chérie, l'âme de ses conseils, dans son palais de Libokovo, où elle avait vécu respectée jusqu'à son heure suprême. Elle avait été redevable de cette faveur insigne à ses richesses et à la recommandation de son neveu Dgéladin, pacha d'Ochrida, que le sort réservait à clore la pompe funèbre de la race criminelle de Tébélen.

Quelques mois après, Ibrahim, pacha de Bérat, mourut empoisonné; c'était la dernière victime que Chaïnitza avait demandée à son frère.

Cependant la situation d'Ali-pacha devenait chaque jour plus pénible, lorsque arriva l'époque du rhamazan ou carême, pendant laquelle les Turcs n'aiment guère se battre. Il y eut donc une espèce de trêve. Ali-pacha semblait

ALI-PACHA.

lui-même respecter les vieux usages populaires, et laissait ses troupes mahométanes se visiter aux avant-postes avec les impériaux, pour conférer au sujet des différentes cérémonies religieuses. La surveillance se relâcha dans le camp de Kourchid, et son ennemi en profita pour pénétrer les moindres détails de tout ce qui s'y passait.

Il apprit de ses émissaires que l'état-major du sérasker, comptant sur la *trêve de Dieu*, espèce de suspension d'armes tacite observée pendant la fête du baïram, qui est la Pâque des musulmans, devait se rendre à la grande mosquée, située dans le quartier de Loutcha. Ce monument, épargné par les bombes, avait été respecté des deux partis. Ali-pacha, que, d'après les bruits qu'il avait propagés lui-même, on disait être malade, affaibli par le jeûne, ramené par la terreur à la dévotion, laissait croire qu'il ne troublerait pas un jour si sacré. Cependant il avait ordonné à son ingénieur Caretto de tourner contre la mosquée trente bouches à feu, canons, mortiers et obusiers; c'était, disait-il, dans le but de solenniser le baïram par des décharges d'artillerie. Mais, dès qu'il fut assuré que l'état-major de l'armée impériale était entré dans la mosquée de Loutcha, il donna le signal.

Aussitôt, des trente bouches à feu amoncelées, jaillit une grêle de boulets, d'obus et de grenades enflammées; et le temple s'écroula avec un fracas épouvantable, au milieu des cris de douleur et de rage de la multitude qu'il écrasait. Au bout d'un quart d'heure, un coup de vent emporta la fumée; on vit un cratère ardent, et les grands cyprès qui entouraient l'édifice brûlant comme des torches allumées pour éclairer les funérailles de soixante chefs et de deux cents soldats.

Ali-pacha n'est pas mort! s'écria en bondissant de joie l'homérique vieillard de Janina; et ces paroles, volant de bouche en bouche, achevèrent de répandre la terreur parmi les soldats de Kourchid, épouvantés déjà de l'horrible spectacle qu'ils avaient devant les yeux.

Presque en même temps Ali aperçut du haut de ses donjons l'étendard de la croix flotter dans la campagne. C'étaient les Grecs révoltés qui venaient combattre Kourchid. L'insurrection provoquée par le visir de Janina avait dépassé de beaucoup le point où il aurait voulu qu'elle s'arrêtât. L'émeute était devenue révolution. Les transports qu'Ali faisait d'abord éclater s'apaisèrent à cette idée, et furent bientôt changés en douleur lorsqu'on vint lui annoncer qu'un incendie, allumé par les bombes des assiégeans, avait dévoré une partie des magasins qu'il possédait dans le château du lac. Kourchid, pensant que cet événement devait avoir ébranlé la résolution du vieux lion, entama avec lui des conférences. Le kiaïa de Moustaï-pacha était le négociateur choisi par Kourchid. Il dit au visir Ali ces paroles remarquables : — Songez-y, les rebelles portent sur leurs drapeaux l'emblème de la croix : vous n'êtes plus qu'un instrument entre leurs mains; craignez de devenir la victime de leur politique. — Ali comprenait le danger : si la Porte eût été mieux inspirée, elle lui eût pardonné, à la seule condition de ranger de nouveau la Hellade sous son sceptre de fer; et peut-être alors les Grecs n'eussent-ils pas tenu un an contre un homme aussi

ALI-PACHA.

formidable et aussi fécond en intrigues. Mais une idée d'une telle simplicité était au-dessus des facultés intellectuelles du divan, qui n'a jamais su faire qu'un vain étalage. Depuis qu'il était entré en négociation avec Ali-pacha, Kourchid couvrait les routes de ses courriers ; il en expédiait souvent deux par jour à Constantinople, d'où on ne lui en renvoyait pas moins. Cet état de choses durait depuis plus de trois semaines, quand on apprit que le satrape de Janina, qui avait profité du temps des conférences pour remplacer les approvisionnemens que l'incendie lui avait fait perdre, en achetant secrètement du kiaïa même de Moustaï, pacha de Scodra, une partie des vivres que celui-ci avait apportés au camp impérial, rejetait l'ultimatum de la Porte ottomane. Des troubles qui éclatèrent au moment de la rupture des conférences prouvèrent qu'Ali-pacha prévoyait l'issue qu'elles devaient avoir.

Kourchid fut dédommagé de la tromperie dont il avait été la dupe par la réduction du château de Litharitza. Les Schypetars Guègues, qui formaient la garnison de cette place, mal payés, fatigués de la longueur du siége, et gagnés par l'argent du sérasker, s'étayèrent de ce que le terme de leur engagement avec Ali-pacha était écoulé depuis plusieurs mois pour livrer la forteresse qu'ils défendaient et passer sous les drapeaux ennemis. Ali ne compta plus alors que six cents soldats autour de sa personne.

Il avait à craindre que le découragement ne s'emparât bientôt de cette poignée d'hommes, qu'ils ne l'abandonnassent, et qu'ils ne le livrassent à un général qui s'était montré débonnaire pour tous les transfuges. Les Grecs insurgés redoutaient cet événement, qui leur aurait mis sur les bras toutes les forces de Kourchid, retenues jusque là devant les châteaux de Janina. Aussi s'empressèrent-ils d'envoyer à leur ancien ennemi, maintenant leur allié, un secours que celui-ci, jugeant qu'il n'était que l'instrument de la fortune des Grecs, crut devoir refuser. Il ne voyait partout que des ennemis qui cherchaient l'occasion de s'emparer de ses richesses ; et, son avarice croissant avec le danger, il refusait depuis quelques mois de payer ses défenseurs. Il se contenta donc de dire à ses capitaines, auxquels il fit part de l'offre des insurgés, qu'il comptait assez sur leur bravoure pour n'avoir pas besoin de renfort. Et comme quelques-uns le conjuraient de recevoir au moins deux ou trois cents Palicares dans le château : — Non, répliqua-t-il ; de vieux serpens sont toujours de vieux serpens : je crains les Souliotes et leur amitié. —

Ignorant cette résolution, les Grecs de la Selléide s'avançaient, ainsi que les Toxides, vers Janina, lorsqu'ils reçurent la lettre suivante d'Ali-pacha : « Mes enfans bien aimés, je viens d'apprendre que vous vous disposiez à faire marcher une partie de vos Palicares contre notre ennemi Kourchid. Je vous préviens qu'étant inexpugnable dans ma forteresse, je méprise ce pacha asiatique, et que je puis encore lui tenir tête pendant plusieurs années. Le seul service que je réclame de votre courage, c'est de réduire Arta, et de prendre vif Ismaël Pacho-bey,

ALI-PACHA.

mon ancien domestique, l'ennemi acharné de ma famille, l'auteur des maux et des calamités affreuses qui pèsent depuis long-temps sur notre malheureux pays, qu'il a dévasté sous nos yeux. Redoublez d'efforts à cet effet ; ce sera couper le mal dans sa racine, et mes trésors seront la récompense de vos Palicares, dont le courage acquiert tous les jours un nouveau prix à mes yeux. »

Les Souliotes rentrèrent dans leurs montagnes, furieux de la mystification. Kourchid profita du mécontentement excité par la conduite d'Ali pour détacher de son parti les Schypetars Toxides, avec leurs commandans Tahir Abas et Hagi Bessiaris, qui ne mirent à leur défection que deux conditions : l'une, qu'Ismaël Pacho-bey, leur ennemi personnel, serait déposé ; l'autre, qu'on respecterait les jours de leur vieux visir.

La première de ces conditions fut fidèlement remplie par Kourchid, qui avait pour le faire des motifs secrets différens de ceux qu'il discutait publiquement. Ismaël Pacho-bey fut solennellement déposé. On lui ôta les queues, emblème de son pouvoir, il quitta le panache du commandement ; ses soldats s'éloignèrent ; ses serviteurs l'abandonnèrent. Retombé au dernier rang, il fut bientôt traîné en prison, et n'accusa que le destin de son infortune. Tous les agas des Schypetars mahométans ne tardèrent pas à se ranger sous les drapeaux de Kourchid ; des forces immenses menacèrent les châteaux de Janina, et l'Épire attendit avec anxiété le dénoûment qui se préparait.

Moins avare, Ali aurait pu prendre à sa solde tous les

aventuriers dont l'Orient abondait, et faire trembler le sultan jusque dans sa capitale. Mais le vieillard était devenu amoureux de ses richesses. Il craignait d'ailleurs, et peut-être avec raison, que ceux qui l'auraient fait triompher ne devinssent un jour ses maîtres. Il s'abusa long-temps de l'idée que les Anglais, qui lui avaient vendu Parga, ne laisseraient jamais entrer la flotte turque dans la mer Ionienne. Trompée sur ce point, sa prévoyance fut également mise en défaut par la lâcheté de ses fils. La défection de ses troupes ne lui fut pas moins funeste, et il ne comprit bien l'essence de l'insurrection de la Grèce qu'il avait provoquée, que pour voir qu'il n'était plus, dans ce conflit, que l'instrument de l'affranchissement d'un pays qu'il avait trop cruellement opprimé pour y tenir même un rang subalterne. Sa dernière lettre aux Souliotes ouvrit les yeux à ses partisans; mais, retenus par une espèce de pudeur politique, ils voulurent encore traiter pour sauver la vie de leur ancien visir. Kourchid fut obligé de leur produire des firmans de la Porte, qui déclaraient que, si Tébélen se soumettait, elle tiendrait la parole royale donnée à ses fils, de le faire transférer avec eux dans l'Asie-Mineure, ainsi que son harem, ses serviteurs et ses trésors, pour y terminer en paix sa carrière. On montra aux agas des lettres des fils d'Ali, attestant les bons traitemens qu'ils éprouvaient dans leur exil; et, soit que ceux auquels on communiqua ces pièces y ajoutassent foi, ou qu'ils ne cherchassent qu'à faire taire les scrupules de leur conscience, tous ne pensèrent plus qu'à forcer le rebelle à se soumettre; enfin, huit mois de

ALI-PACHA.

solde, qu'on leur paya d'avance, les décidèrent, et ils embrassèrent franchement la cause du sultan.

La garnison du château du lac, qu'Ali-pacha semblait prendre à tâche de mécontenter en lui refusant sa solde, parce qu'il la croyait assez compromise pour ne pas oser accepter même une amnistie qui aurait été garantie par le mouphti, commença à déserter dès qu'elle eut connaissance de l'arrivée des Toxides au quartier général de l'armée impériale. Chaque nuit, les Schypetars qui pouvaient franchir le fossé se rendaient au camp de Kourchid. Seul, un homme rendait inutiles tous les efforts des assiégeans. Nouvel Archimède, il les frappait de terreur au milieu de leur camp. Cet homme était l'officier de génie Caretto.

Quoique réduit à la dernière misère, il n'avait pu oublier qu'il était redevable de la vie à celui qui ne payait maintenant ses services que de la plus sordide ingratitude. Lorsque Caretto vint en Epire, Ali, qui connaissait son habileté, voulut se l'attacher, mais sans dépenser d'argent. Il apprit que le Napolitain était devenu éperdument amoureux d'une musulmane nommée Nekibé, et qu'il était payé de retour. Par son ordre secret, Tahir Abas accusa la Sunnamite, au tribunal du cadi, d'un commerce sacrilége avec un infidèle. Elle ne pouvait échapper à la peine capitale que par l'apostasie de son amant; s'il refusait de renier son Dieu, il devait également être brûlé vif. Caretto ne voulut pas abjurer. Nekibé seule périt par les flammes. Ali fit enlever Caretto du bûcher et le fit cacher dans un lieu secret, d'où il le tira au jour du danger. Personne ne l'avait servi avec plus de zèle : il est même probable qu'un homme de ce caractère n'aurait jamais quitté son poste, s'il n'avait été abreuvé de dégoûts et d'outrages.

Trompant la surveillance d'Athanase Vaïa, qui était chargé d'empêcher sa désertion, Caretto parvint à se sauver au moyen d'une corde attachée à la volée d'un canon. Il tomba au pied du rempart, et se traîna, avec un bras cassé, jusqu'au camp impérial. Il était devenu presque aveugle par l'explosion d'une gargousse qui lui avait brûlé le visage. On l'accueillit aussi bien qu'on pouvait recevoir un chrétien dont on n'avait plus rien à craindre. On lui donna le pain de la charité, et comme un transfuge n'est guère estimé qu'en raison des services qu'on peut en tirer, il fut oublié et méprisé.

La désertion du Napolitain ne tarda pas à être suivie d'une défection qui acheva de ruiner les espérances d'Ali. La garnison qui lui avait donné tant de preuves de dévouement, découragée par son avarice, en proie à une épidémie désastreuse, ne suffisant plus aux travaux qu'exigeait la défense de la place, en ouvrit tout-à-coup les portes aux assiégeans. Mais l'ennemi, craignant quelque embûche, n'avança que lentement ; de sorte qu'Ali, qui s'était préparé de longue main à toute espèce de surprise, eut le temps de gagner un endroit qu'il appelait son refuge.

C'était une espèce de palanque fortifiée, en maçonnerie solide, hérissée de canons, qui embrassait l'enceinte particulière de son sérail, nommée la tour des femmes. Il avait eu la précaution de faire démolir tout ce qui était

ALI-PACHA.

susceptible d'être incendié, ne conservant qu'une mosquée et le tombeau de son épouse Eminch, dont le fantôme avait cessé de le poursuivre, après lui avoir annoncé l'éternité du repos. Au-dessous se trouvait une vaste caverne naturelle, dans laquelle il avait fait emmagasiner des munitions de guerre, des objets précieux, des vivres, et les trésors qu'il n'avait pas jugé à propos d'engloutir. Il avait fait pratiquer dans le même souterrain une enceinte pour Vasiliki et son harem, avec un réduit où il se laissait aller au sommeil lorsqu'il était épuisé de fatigue. Cet antre était son dernier retranchement, c'était un tombeau anticipé ; aussi ne s'inquiéta-t-il guère de voir le château tomber au pouvoir des impériaux. Il les laissa tranquillement occuper la porte d'entrée, délivrer des otages, parcourir les remparts, compter les canons qui se trouvaient sur les plates-formes, ébranlées par la chute des bombes ; mais, quand ils furent à portée de l'entendre, il fit demander, par un de ses serviteurs, que Kourchid lui envoyât un parlementaire de distinction : en attendant, il défendait à qui que ce fût de dépasser un endroit qu'il indiquait.

Kourchid, s'imaginant que, réduit à la dernière extrémité, il voulait capituler, lui députa Tahir Abas et Hagi Bessiaris. Ali les écouta sans leur reprocher leur trahison, et leur dit seulement que c'était avec quelques-uns des premiers officiers qu'il voulait s'entretenir.

Le sérasker fit partir aussitôt le grand-maître de sa garde-robe, accompagné de son garde des sceaux et d'autres personnes de qualité. Ali les reçut en visir, et, après les complimens d'usage, les invita à descendre avec lui dans la caverne. Là il leur montra plus de deux mille barils de poudre, parfaitement rangés, ses trésors placés au-dessus, et une foule d'objets précieux étalés sur ce volcan avec les vivres qui lui restaient. Il leur fit voir aussi sa chambre à coucher : c'était une espèce de cellule, richement meublée, adossée aux poudres, à laquelle on n'arrivait qu'après avoir franchi trois portes, dont lui seul connaissait le secret ; à côté se trouvait le harem. Sa garnison, logée dans la mosquée voisine, se composait de cinquante hommes, déterminés à s'ensevelir avec lui sous les décombres de cette enceinte, seul terrain qui lui restait de toute la Grèce, naguère soumise à son autorité.

Après cette revue, Ali présenta aux envoyés de Kourchid un de ses plus zélés séides, Sélim, gardien du feu, jeune homme doué d'une figure aussi douce que son cœur était intrépide. Sa fonction était de se tenir toujours prêt à embraser le souterrain. Le pacha lui donna sa main à baiser, en lui demandant s'il était toujours prêt à mourir : pour toute réponse, il pressa vivement cette main contre ses lèvres. Il ne perdait de vue aucun des mouvemens de son maître ; le fanal, près duquel fumait sans cesse une lance à feu, n'était confié qu'à sa garde et à celle d'Ali. Ils se relayaient mutuellement pour y veiller. Ali tira de sa ceinture un pistolet, comme s'il eût voulu le diriger vers le dépôt des poudres, et les envoyés de Kourchid poussèrent involontairement un cri de frayeur en tombant à ses pieds. Il sourit à ce spectacle, et il leur dit que, fatigué du poids de ses armes, il n'avait

ALI-PACHA.

eu que l'intention de s'en débarrasser. Il invita ensuite les envoyés à s'asseoir, et il ajouta qu'il ambitionnait de plus sanglantes funérailles que celles dont ils venaient de lui supposer la pensée. — Je n'enveloppe pas dans ma perte, s'écria-t-il, ceux qui viennent me visiter en amis; c'est Kourchid, que j'ai long-temps regardé comme mon frère, ce sont ses chefs, ceux qui m'ont trahi, et son armée que je veux entraîner avec moi dans la tombe ; alors le sacrifice sera digne de ma renommée et de la fin mémorable à laquelle j'aspire.

Les envoyés du sérasker se regardaient avec stupéfaction, quand Ali leur dit encore que, non seulement ils se trouvaient sur la voûte d'une casemate chargée de deux cents milliers de poudre, mais que tout le château qu'ils venaient imprudemment d'occuper était miné. — Cela manquait à vos renseignemens, leur répéta-t-il, vous avez vu le reste. On m'a fait la guerre pour s'emparer de mes richesses : un moment peut les détruire. La vie n'est rien pour moi. J'aurais pu la passer au milieu des Grecs; mais comment, vieillard sans puissance, me résoudre à exister sur le pied de l'égalité, au milieu de ceux dont je fus le maître absolu? Ainsi, de quelque côté que je regarde, ma carrière est remplie. Cependant, je tiens à ceux qui m'environnent ; et voici ma dernière résolution : qu'un pardon, scellé de la main du sultan, me soit présenté, je me soumets. J'irai à Constantinople, dans l'Asie-Mineure, partout où l'on voudra me conduire. Les choses que je verrais ici ne peuvent plus me convenir.

CRIMES CELÈBRES.

Les envoyés de Kourchid, ayant répondu au visir qu'ils ne doutaient pas que sa demande ne lui fût octroyée, il porta la main à sa poitrine et à son front, en priant Allah et Mahomet qu'il en fût ainsi. Puis, tirant sa montre et la présentant au maître de la garde-robe : — Je suis sincère, ami ; ma parole sera sacrée ; mais si, dans une heure, tes soldats ne sont pas sortis du château qu'on leur a livré traîtreusement, je mets le feu aux poudres. Retourne vers le sérasker : préviens-le que, s'il attend une minute de plus que le temps donné, son armée, sa garnison, moi et les miens, nous sautons : deux cent milliers de poudre engloutiront tout ce qui nous environne. Prends cette montre, dont je te fais cadeau, et n'oublie pas que je suis homme de résolution. — Congédiant ensuite les envoyés, il les salua gracieusement, en les avertissant qu'il n'attendait pas de réponse avant que les soldats de Kourchid eussent évacué le château.

A peine les parlementaires étaient-ils de retour au camp, que le sérasker fit vider le château. Comme le motif de cette retraite ne put être ignoré, chacun, s'exagérant le danger, ne vit plus que les mines fatales prêtes à s'embraser, et l'armée toute entière voulait lever le camp. Ainsi Ali, réduit à se soutenir avec cinquante séides, faisait trembler près de trente mille hommes, rassemblés sur les coteaux de Janina. Chaque bruit, chaque fumée, qui partait ou s'élevait du château, était un sujet d'alarmes pour les assiégeans. Et, comme les assiégés avaient des vivres pour long-temps, Kourchid ne voyait plus de terme au succès de son entreprise, lorsque

ALI-PACHA.

la demande de pardon faite par Ali revint à sa pensée. Sans s'ouvrir sur le parti qu'il voulait en tirer, il proposa à son conseil de signer collectivement une déclaration pour implorer la grâce d'Ali auprès du divan.

Cet acte, dressé en forme, et revêtu de plus de soixante signatures, ayant été présenté à Ali, qui y était qualifié de visir, de conseiller aulique, et de vétéran le plus distingué d'entre les esclaves du sultan, il en ressentit une grande joie. Il envoya de riches présens à Kourchid et à ses principaux officiers, qu'il espérait bientôt corrompre, et il respira comme après une longue tempête ; mais, la nuit suivante, il entendit la voix d'Emineh l'appeler à plusieurs reprises, et il en conclut que sa fin était prochaine.

Pendant deux nuits consécutives, il crut entendre la même voix, et le sommeil ne ferma plus ses paupières. Ses traits s'altéraient rapidement ; sa constance semblait ébranlée. Appuyé sur un long roseau des Indes, il se rendit dès l'aurore au tombeau d'Emineh, sur lequel il offrit un sacrifice de deux agneaux sans tache, qui lui furent envoyés par Tahir-Abas. Il consentit à ce prix à lui pardonner, et les lettres qu'il en reçut parurent adoucir ses peines. Il vit, quelques jours après, le grand-maître de la garde-robe, qui l'encouragea, en lui annonçant qu'on ne tarderait pas à recevoir des nouvelles favorables de Constantinople. Il apprit par lui la disgrâce de Pacho-bey et d'Ismaël-Pliaga, qu'il haïssait à l'égal l'un de l'autre; et cet acte d'autorité, qu'on lui donna comme étant un commencement de satisfaction, acheva de le rassurer. Il fit de nouveaux présens à l'officier du sérasker, qui sut lui inspirer la plus aveugle confiance.

En attendant l'arrivée du firman de pardon, qu'on lui assurait devoir venir infailliblement de Constantinople, le maître de la garde-robe conseilla au pacha d'avoir une entrevue avec Kourchid. Ali devait comprendre que cette entrevue ne pouvait avoir lieu dans le château, et consentir par conséquent à se rendre dans l'île du lac. On venait de faire meubler à neuf le magnifique pavillon qu'il y avait fait construire dans des jours plus heureux ; ce kiosque devait être le lieu des conférences.

A cette proposition, Ali parut un moment rêveur, et le maître de la garde-robe, voulant prévenir ses objections, lui dit qu'en lui faisant la demande de passer dans l'île, on voulait seulement prouver à l'armée, qui en était déjà informée, que toute mésintelligence publique avait cessé entre lui et le généralissime du sultan. Il ajouta que Kourchid se rendrait à la conférence accompagné des seuls membres de son divan ; qu'il était naturel qu'un homme proscrit fût sur ses gardes; qu'il pouvait, en conséquence, envoyer visiter le local, prendre avec lui tel nombre qu'il jugerait convenable de ses gardes ; qu'on lui laisserait, de plus, la faculté de tenir les choses sur le pied où elles se trouvaient dans la citadelle, c'est-à-dire la mèche allumée, avec son gardien, comme la plus forte garantie qu'on pût lui donner.

La proposition fut acceptée ; et Ali, s'étant rendu à l'île avec une vingtaine des siens, ne s'y vit pas plus tôt un

ALI-PACHA.

peu plus au large que dans sa casemate, qu'il se félicita d'avoir pris ce parti. Il y fit transporter Vasiliki, ses diamans, plusieurs caisses d'argent, et deux jours s'écoulèrent sans qu'il pensât à autre chose qu'à se procurer quelques commodités. Au bout de ce temps, il s'informa des motifs qui retardaient la visite du sérasker. Celui-ci s'en excusa sur une indisposition, et lui fit l'offre de permettre, en attendant, aux personnes qu'il voudrait entretenir, de le visiter. Ali désigna sur-le-champ plusieurs de ses anciens partisans alors employés dans l'armée impériale; et, comme on ne fit aucune difficulté pour les laisser aller au rendez-vous, il usa si largement de la permission, qu'il passa en revue une grande partie de ses vieilles connaissances, qui toutes le rassurèrent et le remplirent du plus grand espoir.

Cependant le temps s'écoulait; ni le sérasker ni le firman ne paraissaient. Ali, qui s'en était d'abord inquiété, avait fini par ne plus parler que rarement de l'un et de l'autre, et jamais on ne vit trompeur plus complètement trompé. Sa sécurité était si entière, qu'il se félicitait hautement d'être venu dans l'île. Il avait commencé à nouer des intrigues pour se faire enlever sur la route quand on le conduirait à Constantinople, et il ne désespérait pas de se faire bientôt de nombreux partisans dans l'armée impériale.

Tout semblait, depuis huit jours, marcher au gré de ses désirs, quand, le 5 février au matin, Kourchid envoya Hassan-pacha complimenter Ali et lui annoncer que le firman souverain, si long-temps désiré et attendu, était enfin arrivé. — Leurs vœux communs étant exaucés, il convenait, pour la dignité de leur monarque, qu'Ali, afin de montrer sa reconnaissance et sa soumission, donnât l'ordre à Sélim d'éteindre la mèche fatale et de quitter le souterrain, et à ce qui restait encore de la garnison d'évacuer la palanque après avoir arboré le drapeaux impérial. — Ce n'était qu'à cette condition que Kourchid pouvait consigner entre ses mains l'acte de clémence du sultan.

Ali fut consterné. Ses yeux se dessillèrent. Il répondit, non sans balbutier, qu'en partant de la citadelle il avait enjoint à Sélim de n'obéir qu'à son ordre verbal; que tout commandement écrit, signé ou scellé de sa main, serait sans effet, et qu'en conséquence il demandait à se rendre en personne au château, pour faire exécuter ce qu'on lui demandait.

Cette réponse amena une longue contestation, où la sagacité, l'adresse et les artifices d'Ali luttèrent vainement contre un parti pris. On renouvela les protestations mises en avant pour le tromper; on jura même sur le Koran qu'on n'avait à son égard ni arrière-pensées ni mauvais desseins. Enfin, vaincu par les prières de ceux qui l'entouraient, et jugeant d'ailleurs que toute son habileté ne pouvait plus conjurer la fatalité, il finit par céder.

Tirant de son sein un signe particulier de convention, il le remit à l'envoyé de Kourchid, en lui disant : — Allez, présentez ceci à Sélim, et d'un dragon vous ferez un agneau. — En effet, à la vue du talisman, Sélim se pro-

ALI-PACHA.

sterna, éteignit la mèche, et tomba aussitôt poignardé. En même temps, la garnison se retira, et, le drapeau impérial ayant été arboré, le château du lac fut occupé militairement par les troupes du sérasker, qui firent retentir l'air de leurs acclamations.

Il était alors midi. Ali, qui se trouvait dans l'île, perdit toute espèce d'illusion. Son pouls battait avec une force extrême, sans que ses traits décelassent son trouble intérieur. On remarqua qu'il semblait plongé par intervalles dans une profonde préoccupation, qu'il bâillait fréquemment, et qu'il passait souvent les doigts dans sa barbe. Il but plusieurs fois du café et de l'eau à la glace; il tirait sans cesse sa montre, prenait sa longue-vue, regardant tour à tour le camp, les châteaux de Janina, le Pinde et les eaux tranquilles du lac. Parfois ses yeux se portaient sur ses armes, et alors ils étincelaient subitement du feu de la jeunesse et du courage. Rangés à ses côtés, ses gardes préparaient leurs cartouches, l'œil fixé sur les abords de l'île.

Le kiosque qu'il occupait attenait à un corps de logis en bois, élevé sur colonnes, comme ces théâtres construits en plein champ pour une fête publique. Les femmes étaient confinées dans des appartemens éloignés. Tout était morne et silencieux. Suivant sa coutume, le visir était assis en face de la porte d'entrée, pour être le premier à apercevoir ceux qui pouvaient se présenter. A cinq heures on découvrit quelques bateaux qui s'avançaient vers l'île, et bientôt après on vit arriver avec un air sombre Hassan-pacha, Omer Brionès, Méhémet, porte-glaive de Kourchid, le grand-maître de sa garde-robe, plusieurs chefs de l'armée, et une suite nombreuse.

A leur aspect, Ali se lève avec impétuosité, la main sur ses pistolets de ceinture :—Arrêtez !... que m'apportez-vous? crie-t-il à Hassan d'une voix tonnante. — La volonté de sa hautesse; connaissez-vous ces augustes caractères? — Et il lui montrait le frontispice brillant de dorure qui décorait le firman. —Oui, et je les révère.— — Eh bien, soumettez-vous au destin; faites vos ablutions; adressez votre prière à Dieu et au prophète; votre tête est demandée par..... —Ali ne le laissa pas achever. —Ma tête, réplique-t-il en fureur, ne se livre pas comme celle d'un esclave.

Ces mots, prononcés rapidement, sont suivis d'un coup de pistolet qui blesse Hassan à la cuisse. Aussi prompt que l'éclair, Ali tue le maître de la garde-robe, et ses gardes, tirant en même temps sur la foule, jettent bas plusieurs tchoadars. Les osmanlis épouvantés désertent le pavillon. Ali, s'apercevant qu'il est blessé à la poitrine et que son sang coule, mugit comme un taureau. Personne n'ose affronter sa rage; mais on tire de tous côtés sur le kiosque. Quatre de ses palicares tombent à ses côtés. Il ne sait plus où donner de la tête; il entend le bruit des assaillans qui sont sous ses pieds, et qui tirent à travers le plancher en bois qu'il foule. Il vient de recevoir une balle dans le flanc; une autre, tirée de bas en haut, l'atteint à la colonne vertébrale; il chancelle, il s'accroche à une fenêtre, il roule sur le sopha. — Cours, s'écrie-t-il en s'adressant à un de ses tchoadars; va, ami, égorge la

ALI-PACHA.

pauvre Vasiliki, que la malheureuse ne soit pas souillée par ces infâmes!

La porte s'ouvre; toute résistance a cessé. Les palicares se précipitent par les fenêtres. Le porte-glaive de Kourchid-pacha entre, suivi des bourreaux. Ali était encore plein de vie : — Que la justice de Dieu s'accomplisse! dit un cadi. A ces mots, les bourreaux, saisissant le proscrit par la barbe, le traînent sous le péristyle; là, appuyant sa tête sur un des degrés de l'escalier, ils la frappent à coups redoublés avec un coutelas ébréché et la séparent du tronc. Ainsi finit Ali-pacha.

Sa tête avait conservé quelque chose de si imposant et de si terrible, que les osmanlis ne purent se défendre d'une sorte de stupeur en la voyant. Kourchid, auquel on la présenta sur un large plateau en vermeil, se leva pour la recevoir, s'inclina trois fois devant elle, et baisa respectueusement la barbe. Et tout haut il souhaita de mériter une fin pareille, tant l'admiration qu'inspirait à ces barbares la bravoure d'Ali l'emportait sur le souvenir de ses crimes. Il ordonna de parfumer des essences les plus précieuses cette tête, qui devait être envoyée à Constantinople, et il permit aux Schypetars de rendre les derniers devoirs à leur ancien maître.

Jamais on ne vit douleur pareille à celle des belliqueux Épirotes. Pendant toute la nuit qui suivit, les diverses tribus albanaises se relayèrent pour veiller auprès du cadavre, sur lequel ils improvisèrent les chants funèbres les plus éloquens.

Au lever du soleil, le corps d'Ali-pacha, après avoir

CRIMES CÉLÈBRES.

été lavé et préparé suivant le rite canonique des mahométans, fut déposé dans un cercueil qu'on enveloppa des plus rares cachemires de l'Inde, et sur lequel on déposa un turban magnifique, orné des panaches qu'il portait dans les combats. On coupa la crinière de son cheval de bataille, qu'on couvrit d'une housse de pourpre. On attacha ensuite aux pommeaux des selles de plusieurs chevaux de main son bouclier, son épée, sa masse d'armes, ses insignes et le cortége s'achemina vers le château, au milieu des imprécations des soldats contre le fils de l'esclave, épithète que les Turcs donnent au sultan dans leurs émeutes populaires.

Le sélaou-aga, officier chargé de rendre le salut du maître, conduisit le deuil, entouré de pleureuses, qui faisaient retentir les ruines de Janina de leurs lamentations. Le canon tirait à de longs intervalles. La herse du château se leva à l'approche du convoi; la garnison toute entière, rangée sur son passage, lui donna le salut militaire; et le corps, couvert d'une natte, fut déposé dans une fosse contiguë à celle d'Éminch. Le recomblement de la fosse étant terminé, un imam s'approcha pour entendre le prétendu conflit entre le bon et le mauvais ange, qui se disputent la possession du mort; et lorsqu'il annonça qu'Ali Tébélen Véli Zadé reposait en paix dans le sein des célestes houris, les Schypetars, frémissant comme les flots de la mer après la tempête, rentrèrent dans leurs quartiers.

Kourchid, profitant de la nuit que les Schypetars consacraient aux chants, fit renfermer la tête d'Ali dans

ALI-PACHA.

une boîte d'argent qu'il expédia furtivement à Constantinople. Son sélictar Méhémet, qui était chargé de la présenter au sultan, parce qu'il avait présidé à l'exécution, était escorté par trois cents osmanlis. Il devait faire diligence; et il était hors de l'atteinte des Arnaoutes, dont on craignait un coup de main, quand le jour parut.

Le sérasker commanda ensuite d'amener en sa présence l'infortunée Vasiliki, dont la vie avait été respectée. Elle se précipita aux genoux du vainqueur d'Ali, non pour lui demander de l'épargner, mais de respecter sa pudeur; et il la rassura en lui promettant la protection du sultan. Elle fondit en larmes en voyant les secrétaires, les trésoriers et l'intendant de son époux chargés de fers. On n'avait découvert que soixante mille bourses (vingt-cinq millions) de tous les trésors que possédait Ali; et déjà on avait appliqué la torture à ses officiers, pour les forcer à déclarer où se trouvait le surplus. Craignant un sort pareil, Vasiliki tomba évanouie entre les bras de ses suivantes, et on la transporta à la ferme de Bonila, en attendant que la Porte ottomane décidât de son sort.

Les courriers qui annonçaient la mort d'Ali, répandus dans toutes les directions, ayant précédé sur la route le cortége triomphal du sélictar Méhémet, il vit, en approchant de Gréveno, arriver à sa rencontre la population de cette ville et des hameaux voisins, empressée de voir la tête du pacha de Janina. Tous ces hommes ne pouvaient concevoir comment il était tombé; et ils en crurent à peine leurs yeux lorsqu'on la tira de sa boîte

CRIMES CÉLÈBRES.

pour la leur montrer. Elle resta exposée dans la maison du mousselim Véli-aga tout le temps que l'escorte employa à se rafraîchir et à changer de chevaux. Et comme, le long de la route, la curiosité publique allait toujours croissant, on finit par ne la satisfaire qu'à prix d'argent. La tête du puissant visir, devenue un objet de commerce, fut ainsi exhibée, de relais en relais, jusqu'à Constantinople, dernier et suprême opprobre.

L'apparition de cette tête fatale, exposée le 23 février à l'entrée du sérail impérial, et la naissance d'un héritier présomptif du sabre d'Othman, annoncée, en même temps que la chute du grand rebelle, par le canon du sérail, jetèrent la population militaire de Constantinople dans un enthousiasme frénétique. On salua de cris de triomphe un écriteau attaché à la tête d'Ali, qui relatait ses crimes et les circonstances de sa mort, et finissait par ces mots : Et ceci est la tête dudit Tébélen Ali-pacha, traître à la foi.

Après avoir envoyé de magnifiques présens à Kourchid et un ordre du jour hyperbolique pour son armée, Mahmoud II tourna ses regards vers l'Asie-Mineure, où les fils d'Ali auraient sans doute été oubliés dans leur exil, si l'on n'avait pas supposé qu'ils possédaient de grandes richesses. Un sultan ne s'abaisse pas à feindre avec ses esclaves, quand il peut les dépouiller impunément : sa hautesse leur envoya l'ordre de mourir. Véli-pacha, aussi peu courageux qu'une femme nourrie dans un harem, entendit à genoux sa sentence. Le lâche qui dansait, aux accords d'un joyeux orchestre, dans son

ALI-PACHA.

palais d'Arta tandis qu'il faisait d'innocentes victimes, reçut au complet la punition de ses crimes. Il embrassa vainement les genoux des bourreaux pour obtenir la grâce de mourir dans un lieu écarté. Il dut savourer à longs traits le trépas en voyant étrangler sous ses yeux le beau Méhémet, son fils aîné, et le doux Sélim, qui aurait mérité à lui seul d'obtenir la grâce de sa famille, si le destin n'avait pas décrété sa perte. Enfin, après avoir vu exécuter son frère Salik-pacha, le fils bien aimé d'Ali, qu'une esclave géorgienne lui avait donné aux jours de sa vieillesse, Véli livra en pleurant sa tête criminelle aux bourreaux.

On s'empara aussitôt de ses femmes. L'infortunée Zébéide, dont la scandaleuse aventure avait pénétré jusqu'à Constantinople, cousue dans un sac de cuir, fut précipitée dans le Pursak, rivière qui confond ses eaux avec celles du Sagaris. Katherin, l'autre femme de Véli, et toutes les filles qu'il avait eues de différens lits, furent traînées au bazar, où on les vendit ignominieusement à des bergers turcomans. Puis immédiatement les exécuteurs procédèrent au recensement des dépouilles de leurs victimes.

On ne devait pas recueillir aussi paisiblement celles de Mouktar-pacha. D'un coup de pistolet il renversa sans vie à ses pieds le capidgi-bachi qui osa lui présenter le cordon : — Téméraire! s'écria-t-il en mugissant comme un taureau échappé à la hache, un Arnaoute ne meurt pas comme un eunuque; je suis le fils de Tébélen! Aux armes! camarades, on veut nous égorger! — En achevant ces mots, il se jette, le poignard à la main, sur les osmanlis, qu'il repousse, et il parvient à se barricader dans son appartement.

Soudain, une troupe de janissaires de Khoutaïch, qui en avait l'ordre, s'avance en traînant du canon, et un combat opiniâtre s'engage. Les faibles retranchemens des braves volent en éclats. Le vieux Metché-Bono, père d'Elmas-bey, resté fidèle jusqu'à la mort, est emporté par un boulet; et Mouktar, après avoir immolé une foule d'ennemis et vu périr tous les siens, criblé de blessures, met le feu aux poudres renfermées dans son palais, et expire, ne laissant pour héritage au sultan que des cendres et des ruines: trépas digne d'envie, si on le compare à celui de son père et de son frère, qui périrent de la main du bourreau.

Les têtes des enfans d'Ali, transportées à Constantinople et exposées à la porte du sérail, étonnèrent la multitude. Le sultan lui-même, frappé de la beauté de Méhémet et de Sélim, auxquels leurs longues paupières fermées donnaient l'aspect de deux adolescens qui dorment d'un paisible sommeil, ne put se défendre d'une certaine émotion: — Je les croyais, dit-il stupidement, aussi vieux que leur père. — Et il témoigna le regret de les avoir condamnés.

MALLEFILLE.

LA CONSTANTIN.

LA CONSTANTIN.

1660.

Avant de commencer ce récit, nous prévenons le lecteur qu'il ne doit nullement se préoccuper du personnage dont le nom est écrit en tête de ces pages. Marie Leroux, veuve de Jacques Constantin, et son complice Claude Perregaud, sont peu connus dans l'histoire des grands criminels. Les biographies n'en font point mention, mais les faits dont ils se sont rendus coupables sont certains. Si nous ne les avons fait intervenir qu'au moment où le châtiment tomba sur eux, c'est que leurs crimes sont d'une nature si infâme et en même temps si dangereux à dévoiler, qu'il n'est pas possible de les raconter en détail. Nous offrons ici, nous sommes les premiers à l'avouer, une histoire tronquée, et dont le dénouement est précipité contrairement à tous les principes de l'art; mais tous les lecteurs honnêtes nous sauront gré de notre réserve et de ce manque absolu de proportions. Malgré ce désavantage inhérent au sujet pour tout écrivain qui se respecte, nous avons voulu tirer de l'oubli ces noms obscurs, parce qu'aucun fait ne nous a paru plus propre à mettre en relief les mœurs abominables et la corruption profonde qui avaient pénétré dans toutes les classes de la société au sortir des troubles de la Fronde, et qui précédaient dignement les adultères et les turpitudes du règne du *grand roi*.

Après cette confession, nous introduirons, sans plus de préambule, le lecteur dans un cabaret de la rue Saint-André-des-Arts, un soir du mois de novembre 1658.

Il était sept heures à peu près. Trois gentilshommes étaient assis autour d'une table dans une salle basse et enfumée; ils avaient déjà vidé plusieurs bouteilles, et un projet sans doute bien extravagant venait de passer par leur folle cervelle, car ils riaient tous trois à gorge déployée.

— Pardieu! dit l'un d'eux, quand le premier accès de cette gaieté bruyante fut un peu calmé, il faut avouer que ce serait un excellent tour.

— Ravissant! Et si tu veux, de Jars, nous le mettrons à exécution pas plus tard que ce soir.

— C'est convenu, messire Jeannin, si toutefois la proposition ne scandalise pas trop mon beau neveu, ajouta le commandeur de Jars en caressant du revers de la main le visage du jeune homme assis près de lui.

— Ah çà, de Jars, reprit le trésorier de l'épargne Jeannin, tu viens de prononcer un mot qui me remet en éveil. Il y a quelques mois déjà que ce petit chevalier de Moranges marche à tes côtés, ne te quittant pas plus que ton ombre. Tu ne nous avais jamais rien appris de ce neveu. D'où diable t'est-il venu?

LA CONSTANTIN.

Le commandeur pressa sous la table le genou du chevalier. Celui-ci, pour se dispenser de répondre, remplit son verre et le but lentement.

— Tiens! continua Jeannin, veux-tu que je te parle net comme je le ferai le jour où il plaira à Dieu de m'interroger sur les péchés mignons de ma vie? Je ne crois pas un mot de ce que tu nous as dit. Il n'y a d'autre neveu qu'un fils de frère ou de sœur. Or, ta sœur est abbesse, et ton frère est mort sans enfans. Je ne vois qu'un moyen pour toi d'établir cette généalogie, c'est de convenir que l'amour a passé par là, et que ton frère a semé quelque part de la graine de mauvais sujet, ou que madame l'abbesse.....

— Point de calomnie, messire.

— Enfin, explique-toi. Je ne suis pas ta dupe; et que le bourreau m'étrangle au sortir de ce cabaret, si je ne parviens pas à t'arracher ce secret! On est amis ou on ne l'est pas. Ce que tu caches à d'autres, tu peux bien me le dire à moi. Comment! tu viendrais me demander ma bourse, mon épée, et tu ferais le mystérieux. Allons! c'est mal: parle, ou plus d'amitié entre nous. Et je t'en préviens, une fois que je suis sur une piste, je ne l'abandonne pas facilement. Je saurai la vérité, et alors j'en ferai l'histoire publique de la cour et de la ville? Ainsi, tu auras meilleur marché de me glisser une confidence dans l'oreille, où elle entrera de la sorte comme dans un tombeau.

— Mais, mon gros curieux, dit de Jars, un coude appuyé sur la table et frisant d'une main les crochets de sa moustache, si j'attachais ce secret à la pointe d'un poignard, est-ce que tu n'aurais pas peur de te piquer les doigts en voulant y toucher ?

— Moi ! répondit le trésorier de l'épargne en imitant de l'autre côté de la table la pantomime du commandeur : moi ! les médecins ont toujours prétendu que le sang m'incommodait : ce serait me rendre service que de m'en tirer. J'ai tout à gagner, et toi tout à perdre ; car, avec ta mine jaune, on peut supposer qu'une saignée ne serait pas pour toi un soulagement.

— Ainsi, tu irais jusque là? Tu risquerais un duel si je te faisais défense de chercher à approfondir ce que je cache ?

— Oui, sur l'honneur. Eh bien ! que décides-tu ?

— Mon bel enfant, dit de Jars au jeune chevalier, nous sommes pris, et il faut nous exécuter de bonne grâce. Vous ne connaissez pas comme moi ce gros homme ; il est entêté plus qu'on ne peut croire. Il y a un moyen de faire avancer les ânes qui s'obstinent à ne point bouger, c'est de les tirer par la queue, vous savez. Mais lui, quand une idée bonne ou mauvaise est entrée dans sa dure caboche, toutes les légions de l'enfer ne l'en feraient pas sortir. De plus, il est ferrailleur habile. Le meilleur parti à prendre, c'est de convenir de tout.

— Faites ainsi que vous voudrez, dit le jeune homme. Vous connaissez mon secret, et de quelle importance il est pour moi qu'il ne soit pas découvert.

— Oh ! Jeannin a quelques qualités mêlées à ses vices, et en première ligne il faut mettre la discrétion ; c'est le correctif de sa curiosité; et dans un quart d'heure il se ferait tuer pour ne rien dire, comme il risquerait maintenant sa peau pour savoir ce qu'on ne veut pas lui avouer.

Jeannin fit de la tête un signe d'assentiment, remplit de nouveau les verres, et tenant le sien à la hauteur de ses lèvres avec un air triomphant :

— Je t'écoute, commandeur.

— Eh bien! tu sauras donc d'abord que mon neveu n'est pas mon neveu.

— Après.

— Que le nom de Moranges n'est pas son nom.

— Ensuite.

— Mais son nom véritable, je ne te le dirai pas.

— Pourquoi?

— Parce que je l'ignore moi-même, et le chevalier n'est pas plus instruit que moi.

— Quel conte nous fais-tu là?

— Tiens, voici la vérité. Il y a quelques mois, le chevalier vint à Paris, porteur d'une lettre de recommandation d'un Allemand que j'ai connu il y a plusieurs années. On me priait de le protéger, de l'aider dans ses recherches, dans ses démarches. Comme tu disais tout-à-l'heure, l'amour a passé par là, nous ne connaissons pas notre père. Or, le jeune homme, qui naturellement voudrait faire figure dans le monde, et que l'auteur de ses jours servît au moins à payer les dettes qu'il est dans l'intention de contracter, est arrivé ici muni de quelques renseignemens que nous cherchons à mettre à profit; enfin, pour te convaincre de la nécessité où nous sommes d'agir avec la plus grande prudence, avec une extrême discrétion, je crois que nous sommes sur la trace, et il ne s'agit rien moins que d'un prince de l'Église. Mais si la mèche était éventée trop tôt, tout serait perdu ; tu comprends. Ainsi, ne va point bavarder.

— Sois tranquille, dit Jeannin. A la bonne heure, voilà qui est parler en ami véritable. Je vous souhaite bonne chance, beau chevalier de Moranges, et, jusqu'à ce que vous ayez retrouvé votre père, si vous avez besoin de quelques sommes, ne vous gênez pas, la caisse de l'épargne est à votre service. Pardieu ! de Jars, tu es né coiffé, et il n'y a pas ton pareil pour les aventures merveilleuses. Celle-ci promet des intrigues piquantes, de scandaleuses révélations, et c'est à toi qu'on s'adresse. Tu es un heureux coquin. Il y a quelques mois encore qu'il t'est tombé du ciel une bonne fortune adorable, une belle amoureuse qui se fait enlever par toi du couvent de la Raquette. Mais celle-là tu ne la montres à personne, comme si tu étais jaloux, ou qu'elle fût laide, vieille et ridée comme ce fripon de Mazarin.

— J'ai mes raisons, répondit de Jars en souriant, j'ai mes raisons pour agir ainsi. L'enlèvement a fait du bruit, et les cagots ne badineraient pas. Je ne suis pas jaloux, car on m'aime éperdument. Demande à mon neveu.

— Il la connaît ?

— Nous avons échangé ensemble tous nos secrets : confidence mutuelle et complète. La belle, crois-moi, est fort bonne à voir, et vaut toutes celles qui jouent de la prunelle et de l'éventail à la cour et sur les balcons de la place Royale, je t'en réponds. N'est-ce pas, Moranges?

— C'est mon sentiment, dit le jeune homme en échangeant avec de Jars un regard d'une expression singulière : et tâchez, mon oncle, de bien vous conduire avec elle, ou je vous jouerai quelque tour.

— Aye! aye! s'écria Jeannin : mon pauvre de Jars, j'ai bien peur que tu ne réchauffes un petit serpent dans ton sein. Méfie-toi de ce freluquet, de ce menton sans barbe. Là, franchement, mon garçon, vous êtes en bonne intelligence avec la belle ?

— Sans doute.

— Et tu ne crains rien, commandeur?

— Rien.

— Et il a raison. Je réponds d'elle comme de moi, entendez-vous? Tant qu'on l'aimera, elle aimera; tant qu'on sera fidèle, elle sera fidèle. Est-ce que vous croyez qu'une femme qui s'est fait enlever se détache aussitôt de celui qu'elle a consenti à suivre? Je la connais, j'ai causé long-temps et souvent avec elle tête-à-tête; cervelle légère, amour extrême du plaisir, point de préjugés, de ces sottes retenues qui arrêtent les autres femmes, bonne fille au demeurant et dévouée, sans ruse ni mensonge, mais jalouse et peu disposée à se laisser sacrifier à une rivale sérieuse. Oh! si on la trompe, adieu toute prudence et toute réserve, et alors!...

Un coup d'œil et un coup de genou du commandeur interrompirent ce panégyrique, que le trésorier de l'épargne écoutait en ouvrant de grands yeux étonnés.

— Quel feu! dit-il : et alors, beau chevalier?

— Eh bien! alors, reprit le jeune homme en riant, si mon oncle se conduit mal, moi, son neveu, je m'offrirai pour réparer ses torts. Il n'aura pas de reproches à me faire. Mais jusque là il peut être tranquille, et il le sait bien.

— Oui, oui, et la preuve, c'est que j'emmènerai Moranges ce soir. Il est jeune, il a besoin de se former, et il est bon qu'il voie et entende comment un cavalier qui a quelque expérience des intrigues amoureuses s'y prend pour se moquer d'une coquette. C'est une leçon qui pourra lui servir plus tard.

— Peste! dit Jeannin, je serais plutôt tenté de croire que l'enfant se passerait fort bien de précepteur. Au reste, cela te regarde, et ce n'est pas mon affaire. Revenons à ce que nous disions tout-à-l'heure. Voyons, est-ce bien convenu, et nous amuserons-nous à rendre à la belle la monnaie de sa pièce?

— Si tu veux.

— Je ne demande pas mieux ; il y aura peut-être là matière à rire. Vous savez de quoi il s'agit, Moranges?

— Je le sais.

— Qui se présentera le premier?

De Jars frappa sur la table avec le pommeau de son poignard.

— Du vin, mes gentilshommes? demanda le cabaretier en entrant.

— Non. Des dés, et sur-le-champ.

LA CONSTANTIN.

— Trois coups chacun et au plus haut point, dit Jeannin. Commence.

— Je joue pour moi et pour mon neveu.

Les dés roulèrent sur la table.

— As et trois.

— A mon tour. Six et cinq.

— Donne. Cinq et deux.

— Égaux. Quatre et deux.

— Voyons. As et blanc.

— Double six.

— Tu as le choix.

— J'y vais, dit Jeannin en se levant de table et en s'enveloppant de son manteau. Il est maintenant sept heures et demie, je serai de retour à huit heures. Sans adieu.

— Bonne chance.

Il sortit du cabaret, et, suivant la rue Pavée, il se dirigea du côté de la rivière.

En 1658, au coin des rues Gît-le-Cœur et du Hurepoix (cette dernière occupait l'emplacement actuel du quai des Augustins jusqu'au pont Saint-Michel), était situé l'hôtel que François Ier avait acheté et fait orner pour la duchesse d'Étampes. Il commençait sinon à tomber en ruines, du moins à se ressentir des outrages du temps. Ses richesses intérieures avaient perdu leur éclat et étaient devenues de véritables antiquités. C'était dans le Marais, à la place Royale, que la mode avait établi son domicile, que les femmes galantes et les beautés célèbres attiraient autour d'elles l'essaim bourdonnant des vieux débauchés et des jeunes libertins. Aucune d'elles n'aurait voulu habiter le quartier et la demeure de l'ancienne concubine royale : c'eût été déroger et convenir que leurs charmes baissaient dans l'opinion publique. Le vieil hôtel comptait plusieurs locataires. Comme les provinces de l'empire d'Alexandre, ses vastes appartemens avaient été divisés, et tel était le discrédit où il se trouvait, que la bourgeoisie se carrait impunément là où s'était pressée jadis la noblesse la plus élégante et la plus fière du royaume. Là vivait dans un demi-isolement et déchue de ses grandeurs, Angélique-Louise de Guerchi, autrefois compagne de mademoiselle de Pons et fille d'honneur d'Anne d'Autriche. Ses intrigues galantes et le scandale de ses amours l'avaient fait renvoyer de la cour, non peut-être qu'elle eût de plus gros péchés à se reprocher que beaucoup d'autres, mais mademoiselle de Guerchi avait été malheureuse ou maladroite. Ses amans l'avaient compromise sans cesse de la manière la plus indiscrète. L'hypocrisie devait nécessairement régner dans une cour où un cardinal était l'amant d'une reine. La disgrâce punit Angélique des fautes qu'elle n'avait pas su cacher. Malheureusement pour elle, sa fortune dépendait de ses succès et suivait le nombre et la qualité de ses adorateurs ; elle avait rassemblé les débris de son luxe, vendu une partie de ses nippes les plus riches, et regardant de loin et d'un œil d'envie le monde brillant qui l'avait exilée, elle attendait des temps meilleurs. Tout espoir n'était pas perdu pour elle. Par une loi singulière et qui ne prouve pas en faveur de la nature humaine, le vice a

LA CONSTANTIN.

toujours plus de moyens de réussir que la vertu; il n'y a guère de courtisane si décriée qui ne trouve une dupe disposée à rendre témoignage d'un honneur qui n'existe plus et qui depuis long-temps s'en est allé en lambeaux. Tel qui douterait de la sagesse d'une femme sage, qui ne pardonnerait pas une faiblesse à une conduite auparavant exemplaire, se baisse et ramasse dans la fange des ruisseaux une réputation flétrie et souillée, la protége et la défend contre les sarcasmes, et consacre sa vie à rendre quelque lustre à cette chose immonde où le doigt de chacun a laissé une tache. Aux jours de ses triomphes, mademoiselle de Guerchi avait vu papillonner autour d'elle le commandeur de Jars et le trésorier de l'épargne, et ni l'un ni l'autre n'avaient été réduits à pousser long-temps des soupirs inutiles. Mais en aussi peu de jours qu'il leur en avait fallu pour n'avoir plus rien à désirer, ils avaient reconnu, le premier, qu'on sacrifiait les grâces de sa personne aux doublons du trésorier, le second, que la bonne mine du commandeur luttait avec avantage contre les charmes de sa caisse. Comme il ne s'agissait là pour eux que d'une intrigue passagère et non d'un amour sérieux, aucune querelle n'avait suivi cette découverte : ils s'étaient retirés en même temps, sans même se plaindre, se promettant seulement de se venger plus tard, si l'occasion se présentait. D'autres affaires de même nature les avaient distraits de ce louable projet. Jeannin s'était attaché à une beauté moins facile qui n'avait cédé que moyennant trente mille écus payés d'avance, et de Jars depuis quelques mois avait été absorbé par son aventure amoureuse avec la pensionnaire du couvent de la Raquette et les démarches qu'il avait faites conjointement avec le jeune étranger qu'il faisait passer pour son neveu. Mademoiselle de Guerchi ne les avait revus ni l'un ni l'autre, et franchement elle n'y songeait guère. Elle était occupée à prendre au piége un certain duc de Vitry, absent de la cour au moment de l'esclandre qui l'en avait chassée, grand désœuvré de vingt-cinq à vingt-six ans, brave comme son épée, crédule comme un vieillard libertin, prêt à dégaîner contre tout insolent calomniateur qui aurait douté de la vertu de la belle, fermant l'oreille aux mauvais rapports qui circulaient, un de ces hommes enfin que le ciel a façonnés tout exprès pour la consolation des pécheresses, et tel que de nos jours pourrait le désirer une danseuse de l'Opéra mise à la retraite ou une lionne émérite. La seule qualité qui lui manquât était celle de célibataire. Le duc avait une femme qu'il négligeait, selon l'usage de cette époque, et qui probablement ne s'inquiétait que fort peu de ses infidélités. Mais c'était là un obstacle qu'on ne pouvait franchir, sans cela mademoiselle de Guerchi aurait pu concevoir l'espérance de devenir un jour duchesse. Cependant depuis trois semaines environ le galant n'avait pas mis les pieds chez elle, ni donné de ses nouvelles. Il était parti pour un voyage en Normandie où il possédait de grandes propriétés, et cette absence prolongée bien au-delà du terme qu'il avait lui-même assigné, commençait à paraître inquiétante. Qui pouvait le retenir? un nouveau caprice peut-être. Les craintes de la

LA CONSTANTIN.

demoiselle étaient d'autant plus vives, que jusque là les choses s'étaient passées de part et d'autre en œillades et en belles paroles. Le duc avait tout offert et Angélique avait tout refusé. Une défaite trop prompte aurait donné crédit aux bruits injurieux répandus sur son compte, et instruite par l'expérience, elle ne voulait plus compromettre l'avenir comme elle avait compromis le passé. Mais en jouant la vertu, il fallait jouer aussi le désintéressement, et ses ressources pécuniaires tiraient à leur fin. Elle avait calculé sa résistance sur l'argent qui lui restait : ce départ et cette longue absence dérangeaient l'équilibre de sa sagesse et de ses revenus. L'amoureux duc de Vitry courait donc de grands risques au moment où de Jars et Jeannin allaient de nouveau attaquer la belle. Elle était plongée dans de sérieuses réflexions, et se demandait de la meilleure foi du monde à quoi tient la vertu des femmes, lorsqu'elle entendit un bruit de voix dans la chambre qui précédait celle où elle se trouvait. La porte s'ouvrit, et le trésorier de l'épargne entra.

Comme cette entrevue et celles qui vont suivre doivent avoir des témoins, nous sommes obligés de prier le lecteur de nous accompagner dans une autre partie du même hôtel.

Nous avons dit qu'il renfermait plusieurs locataires. La personne qui occupait l'appartement contigu à celui de mademoiselle de Guerchi, était la veuve d'un ancien marchand, nommé Rapally, propriétaire d'une des trente-deux maisons qui s'élevaient alors de chaque côté du pont Saint-Michel, reconstruit en 1616 aux frais des bourgeois, moyennant la concession à perpétuité desdites maisons. La veuve Rapally se donnait quarante ans : ceux qui la connaissaient lui en prêtaient dix de plus, et pour ne pas commettre d'erreur, nous prendrons le milieu de ces deux chiffres. C'était une petite personne ramassée, d'un embonpoint plutôt au-delà qu'en-deçà de ce qui est exigible : noire de cheveux, brune de peau, l'œil à fleur de tête, la prunelle toujours en mouvement, vive, remuante, et d'une exigence qui n'avait point de bornes quand on cédait une fois à ses volontés, mais pour le moment douce et souple, soumise aux caprices d'un quidam qui avait touché son cœur. C'était la contre-partie de la comédie qui se jouait chez mademoiselle de Guerchi. La veuve était amoureuse comme monseigneur le duc de Vitry, et l'objet de sa flamme n'était pas plus sincèrement épris que l'ancienne fille d'honneur de la reine. L'heureux mortel qu'elle lorgnait était maître Quennebert, notaire à Saint-Denis. Cet honnête tabellion, jeune encore, bien fait de sa personne, mais assez mal dans ses affaires, feignait de ne pas comprendre les avances qu'on ne lui épargnait pas : il traitait la veuve avec une réserve et un respect dont elle l'aurait volontiers dispensé, et qui parfois lui faisaient douter de son amour. Mais il lui était impossible de se plaindre, il fallait se résigner à accepter cette considération importune et fâcheuse dont il l'entourait. Maître Quennebert était un homme de sens et d'expérience, il avait en tête un projet qu'un obstacle indépendant de sa volonté l'empêchait de réaliser. Il avait

LA CONSTANTIN.

besoin de gagner du temps, et il savait qu'il perdrait sa liberté le jour où il donnerait sur lui un droit à la sensible veuve. Un amant se rebute si on fait avec trop de rigueur la sourde oreille à ses demandes. Une femme, au contraire, qui doit se borner à répondre oui ou non, a nécessairement plus de patience. Le seul sujet d'inquiétude de maître Quennebert était un arrière-cousin de l'époux, qui aurait montré plus d'empressement qu'il n'en témoignait. Mais telle était sa situation, qu'il ne pouvait adopter une autre conduite. Pour regagner le temps perdu et reprendre l'avance sur son rival, il faisait de belles phrases à la veuve, il la caressait avec des louanges : en définitive, il n'avait pas besoin de se donner tant de peine ; il était aimé, et un doux regard lui aurait fait pardonner les plus grandes sottises.

Une heure avant l'arrivée du trésorier de l'épargne, on avait frappé à la porte de l'hôtel, et maître Quennebert, frisé, pommadé, sur un pied de conquête, s'était présenté chez la veuve Rapally. Plus langoureuse encore que de coutume, elle paraissait disposée à le poursuivre d'œillades tellement assassines, que pour échapper à ce genre de mort, il feignit de tomber peu à peu dans une mélancolie profonde. La veuve s'alarma de cette tristesse, et lui dit :

— Qu'avez-vous donc ce soir ?

Il se leva ; c'était autant de gagné sur l'ennemi, et désormais libre de ses mouvemens, maître d'avancer ou de reculer à son gré :

— Moi ! répondit-il avec un gros soupir : je pourrais

vous tromper, donner un prétexte à ma tristesse ; mais je ne sais pas mentir avec vous. Oui, je suis inquiet, tourmenté, et quand cela finira-t-il ? Dieu le sait !

— Mais enfin, qu'est-ce donc ? dit la veuve en se levant à son tour.

Maître Quennebert fit trois grands pas, et se trouva à l'autre bout de la chambre.

— Que voulez-vous savoir ? vous n'y pouvez rien ; ce sont des affaires dont on ne parle pas entre homme et femme.

— Quelle affaire ? une affaire d'honneur !

— Oui.

— Ah ! mon Dieu ! vous devez vous battre ! s'écria-t-elle en se rapprochant de lui et en cherchant à le saisir par le bras. Vous devez vous battre !

— Plût au ciel ! dit Quennebert en arpentant de nouveau la chambre : mais rassurez-vous, il s'agit d'une somme d'argent que j'ai prêtée il y a quelques mois à un fripon qui a disparu. C'était un dépôt, et dans trois jours il faut que je le rende : deux mille francs !

— C'est beaucoup, et pareille somme n'est pas aisée à trouver en si peu de temps.

— Il faudra que je m'adresse à quelque juif, qui m'écorchera tout vif ; mais ma réputation avant tout !

Madame Rapally le regardait d'un air consterné. Maître Quennebert sembla deviner sa pensée, et ajouta après un moment de silence :

— Il est vrai que je possède actuellement le tiers de la somme.

LA CONSTANTIN.

— Rien que le tiers?

— En comptant bien et en faisant usage de toutes mes ressources, j'irai jusqu'à huit cents livres, mais que je sois damné dans l'autre monde, ou traité de fripon dans celui-ci, ce qui revient au même pour moi, si je possède un denier au-delà!

— Et si quelqu'un vous offrait les douze cents livres qui vous manquent?

— Je les accepterais, pardieu! s'écria Quennebert, comme s'il ne se fût pas douté encore du nom du futur prêteur. Connaissez-vous quelqu'un, ma bonne madame Rapally?

La veuve fit un signe de tête affirmatif qu'elle accompagna d'un regard passionné.

— Nommez-moi vite cette honnête personne; demain matin elle aura ma visite. Ah! quel service vous me rendrez! et moi qui ne voulais pas vous en parler, de peur de vous affliger! Dites-moi son nom.

— Vous ne l'avez pas deviné?

— Et comment voulez-vous que je le sache?

— Quoi! en cherchant bien, vous ne trouverez pas?

— Non, dit Quennebert, qui affectait une ignorance niaise.

— N'avez-vous pas des amis?

— Quelques-uns, c'est vrai.

— Ne ressentiraient-ils pas du plaisir à vous obliger?

— Peut-être. Mais je ne me suis adressé à personne.

— A personne?

— Excepté vous...

— Eh bien !

— Eh bien !.. je crains de vous comprendre, madame Rapally ; mais cela n'est pas possible : non, vous n'avez pas eu l'intention de m'humilier. Allons, allons, c'est une énigme dont ma stupidité naturelle m'empêche de trouver le mot. Ne me faites pas languir davantage, et dites-moi le nom que je cherche en vain.

La veuve, intimidée par la susceptibilité de maître Quennebert, rougit, baissa les yeux, et n'osa parler.

Le notaire la regarda quelque temps, et craignit de s'être effarouché trop tôt ; il pensa qu'il avait une maladresse à réparer.

— Vous vous taisez, dit-il, c'est qu'apparemment ce n'était qu'une plaisanterie de votre part.

Elle se risqua à dire d'une voix timide :

— Je parlais sérieusement ; mais vous avez une manière de voir les choses qui n'est pas faite pour rassurer.

— Plaît-il ?

— Et maintenant encore est-ce que vous croyez que vous avez une physionomie engageante, avec votre œil sévère et vos sourcils froncés comme si vous regardiez quelqu'un qui vous eût insulté ?

Un doux sourire dérida la physionomie de Quennebert. Enhardie tout-à-coup, et profitant de cette suspension d'hostilités, madame Rapally s'approcha de lui, et pressant une de ses mains entre les siennes.

— Mais c'est moi qui vous donnerai cette somme.

LA CONSTANTIN.

Il la repoussa doucement avec un air de dignité, et lui dit :

— Je vous remercie, madame, mais je refuse.

— Et pourquoi?

Il se remit en marche autour de la chambre. La veuve, placée au milieu, tournait sur elle-même à mesure qu'il arpentait le terrain. Cet exercice de manége dura quelques minutes. Enfin Quennebert s'arrêta.

— Je ne vous en veux pas, madame Rapally : c'est votre bon cœur qui vous a conseillé cette proposition : mais, encore une fois, je ne puis l'accepter.

— Tenez, je ne vous comprends pas. Qui vous empêche? quelle honte vous retient?

— Quand ce ne serait que celle d'être soupçonné de vous avoir fait cette confidence avec une arrière-pensée.

— Et si cela était encore, où serait le mal? on parle pour être compris. Vous n'auriez pas rougi de vous adresser à un autre.

— Ainsi vous croyez que je suis venu ici avec cette intention!...

— Mon Dieu! je ne crois rien, si vous voulez. C'est moi qui vous ai interrogé, moi qui vous ai forcé à parler, je le sais bien. Mais quand vous me confiez un secret, pouvez-vous m'empêcher de vous plaindre, de m'intéresser à vous? Fallait-il après avoir appris votre embarras, paraître gaie et me mettre à rire comme une folle? Quoi! je vous offense, parce que je puis vous rendre service? C'est une étrange délicatesse.

— Est-ce qu'elle vous étonne de ma part?

— Allons! allez-vous penser encore que je veux vous offenser? Je vous tiens pour le plus honnête homme qu'il y ait au monde. A qui viendrait me dire : Maître Quennebert a fait une mauvaise action, je l'ai vu : je répondrais : Vous en avez menti. Cela vous suffit-il?

— Mais si on disait par la ville : Maître Quennebert a reçu de l'argent de madame Rapally, serait-ce la même chose que si on disait : Maître Quennebert a emprunté douze cents livres à Robert le marchand, par exemple, ou à tout autre homme?

— Je n'y vois pas de différence.

— J'en vois une très-grande, moi.

— Laquelle?

— C'est assez difficile à expliquer, j'en conviens, mais....

— Mais vous vous exagérez et le service et la reconnaissance que vous devrez avoir. Je crois deviner le motif de votre refus. Un don vous ferait rougir, n'est-ce pas?

— Oui.

— Je ne veux pas vous faire un cadeau. Empruntez-moi douze cents livres. Pour combien de temps vous les faut-il?

— Je ne sais, en vérité, quand je pourrai vous les rendre.

— Mettons un an, et calculons les intérêts. Asseyez-vous là, grand enfant, et écrivez votre billet.

Maître Quennebert fit bien encore quelque façon, mais

LA CONSTANTIN.

vaincu par les prières et les instances de la veuve, il finit par céder. Il faut dire que tous ces beaux scrupules n'étaient de sa part qu'une comédie. Il avait grand besoin de cet argent, non pas pour rembourser une somme qu'un ami infidèle lui avait enlevée, mais pour satisfaire ses propres créanciers, qui perdaient patience et menaçaient de le poursuivre, et il n'était venu que dans le dessein de mettre à contribution la générosité de madame Rapally. Sa feinte délicatesse n'était que la crainte de trop s'engager, et il se laissait faire en quelque sorte violence pour accepter ce qu'il désirait ardemment. Sa ruse eut un plein succès, et la prêteuse sentit redoubler son estime en proportion de ces nobles sentimens. L'obligation fut souscrite en bonne forme et l'argent compté à l'instant même.

— Que je suis heureuse ! dit-elle, pendant que Quennebert jouait encore l'embarras et la pruderie tout en lorgnant du coin de l'œil le sac d'écus déposé sur une table à côté de son manteau. Est-ce que vous retournez ce soir à Saint-Denis?

Le notaire se fût bien gardé de répondre oui, quand même son intention eût été de rentrer cette nuit chez lui. Il prévoyait qu'on lui reprocherait son imprudence, qu'on lui représenterait les dangers de la route, qui en effet n'était nullement sûre, et qu'après avoir bien cherché à l'effrayer, on se déciderait peut-être à lui offrir l'hospitalité. Or, il ne se souciait pas d'un tête-à-tête indéfiniment prolongé.

— Non, dit-il, je dois coucher ce soir chez maître

CRIMES CÉLÈBRES.

Terrasson, rue des Poitevins, je l'ai prévenu de mon arrivée, et il m'attend. Quoiqu'il ne demeure qu'à quelques pas d'ici, cet argent sera cause que je vous quitterai plus tôt que je n'aurais voulu.

— Vous penserez à moi.

— Pouvez-vous en douter? répondit Quennebert d'un air sentimental. Vous m'avez forcé de l'accepter; mais je ne serai heureux à mon tour que lorsque je vous aurai restitué cette somme. Si pourtant cela devait amener quelque brouille entre nous?

— Ah! écoutez-donc, si vous ne payez pas à l'échéance, je vous poursuivrai.

— J'y compte bien.

— J'userai de mes droits de créancière.

— Et vous aurez raison.

— Je serai impitoyable.

Et la veuve se mit à rire d'un air malicieux, en le menaçant de la main.

— Madame Rapally, dit le notaire, qui désirait terminer cette conversation, à laquelle il craignait toujours de voir prendre une tournure langoureuse, madame Rapally, ajoutez encore un dernier service à toutes vos bontés.

— Qu'est-ce?

— La reconnaissance qui n'est que jouée ne pèse pas à celui qui la témoigne; mais la reconnaissance véritable, sincère, comme celle que j'éprouve, est un lourd fardeau, je vous jure. Donner est bien plus facile que recevoir. Promettez-moi qu'il ne sera jamais question de

LA CONSTANTIN.

cela entre nous, d'ici à un an, et que nous continuerons à vivre de bonne amitié comme par le passé. Laissez-moi le soin de m'acquitter convenablement. Je ne vous en dis pas davantage; mais, jusque là, motus sur ce chapitre.

— Je ferai tout ce que vous désirez, maître Quennebert, répondit madame Rapally, l'œil humide d'une joie secrète; je n'ai pas prétendu vous faire contracter une obligation gênante, et je m'en rapporte à vous. Savez-vous bien que maintenant je croirais presque aux pressentimens?

— Vous devenez superstitieuse? et pourquoi?

— J'ai refusé ce matin de conclure une affaire d'or.

— Bah!

— Mais il y avait en moi une sorte d'instinct qui me disait de résister à toutes les tentations, et de ne pas me dégarnir de mon argent. Figurez-vous que j'ai reçu aujourd'hui une visite, celle d'une grande dame qui demeure dans cet hôtel, l'appartement à côté du mien.

— Vous l'appelez?

— Mademoiselle de Guerchi.

— Et que vous voulait-elle?

— Elle est venue me trouver, et m'a proposé de me vendre pour quatre cents livres des bijoux qui en valent bien, je m'y connais, six cents; ou, si je l'aimais mieux, de lui prêter cette somme sur le dépôt de ces bijoux. Il paraît que la demoiselle est assez mal dans ses affaires. De Guerchi! connaissez-vous ce nom-là?

— Il me semble que je l'ai entendu prononcer.

— On m'a dit qu'elle avait eu quelques aventures qui avaient fait du bruit; mais, vous savez, on fait tant de mensonges! Depuis qu'elle demeure ici, elle vit très-retirée; il ne vient chez elle qu'un grand seigneur, un duc... Attendez donc! Comment l'appelle-t-on?... Le duc de... le duc de Vitry; et encore, il y a bien trois semaines qu'il n'a mis les pieds à l'hôtel. J'ai conclu de cette absence et de la proposition de ce matin, qu'ils sont brouillés, et que le besoin d'argent se fait sentir.

— Vous paraissez bien au courant de ce qui concerne cette demoiselle.

— Vraiment oui, et cependant je ne lui ai parlé qu'une fois ce matin.

— Qui vous a si bien renseignée?

— Le hasard. La chambre à côté de celle-ci et une de celles qu'elle occupe n'en faisaient qu'une seule autrefois. On les a séparées par une cloison sur laquelle on a cloué une tapisserie; mais dans les deux coins du mur, des morceaux de planches se sont détachés avec le temps, et on peut voir parfaitement, sans être vu, par de petits trous de la tapisserie. Êtes-vous curieux?

— Autant que vous, madame Rapally.

— Venez avec moi. On a frappé il y a quelques minutes à la porte de l'hôtel: il n'y a guère que chez elle qu'on a pu se présenter à cette heure. C'est peut-être le galant qui est de retour.

— Si nous pouvions assister à une scène de reproches ou de réconciliation: ce serait charmant!

Quoiqu'il ne dût pas sortir de l'appartement, maître

LA CONSTANTIN.

Quennebert prit son manteau, son chapeau et le bienheureux sac d'écus; il suivit, sur la pointe du pied, la veuve Rapally, qui, de son côté, marchait comme une tortue et le moins lourdement possible. Ils parvinrent, sans trop faire crier la serrure, à ouvrir la porte qui conduisait dans la chambre.

— Chut! dit la veuve à voix basse : écoutez, on parle.

Elle lui indiqua du doigt l'endroit où il devait se mettre en observation, et elle gagna tout doucement l'autre bout de la pièce. Quennebert, qui ne se souciait pas qu'elle vînt le rejoindre, lui fit signe de souffler la lumière. Bien rassuré contre un rapprochement par l'obscurité profonde qui régnait dans la chambre et qui n'aurait pas permis de faire un pas sans se heurter contre les meubles qui les séparaient, il colla son visage contre la tapisserie; un trou, de la grandeur de l'œil, lui permit de voir tout ce qui se passait chez mademoiselle de Guerchi. Au moment où il commençait à regarder, le trésorier de l'épargne, sur l'invitation d'Angélique, prenait un siége et se plaçait près d'elle, mais pourtant à une distance suffisamment respectueuse. L'un et l'autre, assez embarrassés de se trouver en présence et de s'expliquer, gardaient le silence. La demoiselle ignorait à quel motif elle devait la visite de son ancien amant, et celui-ci feignait une émotion nécessaire au succès de son entreprise. Maître Quennebert eut tout le temps de les examiner et surtout Angélique. Le lecteur désire sans doute que nous lui fassions part des observations du notaire.

CRIMES CÉLÈBRES.

Angélique-Louise de Guerchi était une femme de vingt-huit ans environ, grande, brune et bien faite. La vie de courtisane avait, il est vrai, un peu altéré sa beauté, flétri la fraîcheur de son visage, et enlevé quelque finesse à l'élégance naturelle de ses formes, mais ce sont ces femmes-là qui, de tout temps, ont le privilége de séduire les hommes. Il semble que la débauche perd jusqu'au sentiment de la beauté véritable; il lui faut, pour la réveiller, la hardiesse dans le regard, le sourire provoquant, et elle ne suit le plaisir qu'à la trace du vice. Sous ce rapport, Louise de Guerchi était admirablement partagée, non que sa physionomie eût une expression marquée d'effronterie, que ses paroles se ressentissent habituellement des désordres de sa vie, mais il y avait en elle, sous une apparence tranquille et posée, un charme secret et indéfinissable. Beaucoup de femmes étaient plus régulièrement belles; aucune n'exerçait une puissance d'attraction plus prononcée. Ajoutons qu'elle ne devait guère l'espèce de fascination qui rayonnait autour d'elle qu'à ses qualités physiques; car, excepté quand il s'agissait des rouëries du métier, son esprit était médiocre, sans étendue et sans variété. Organisée de façon à éprouver les désirs qu'elle inspirait, elle était réellement sans défense contre une attaque pressante ou habilement conduite, et il avait fallu que le duc de Vitry fût aussi éperdument amoureux, c'est-à-dire sourd, aveugle, niais et sot de tout point, pour qu'il n'eût pas trouvé vingt fois l'occasion de triompher de sa résistance. Nous avons dit quelle était la situation financière de la belle, et

LA CONSTANTIN.

que le jour même elle avait cherché à faire ressource de quelques bijoux.

Jeannin rompit le premier le silence.

— Ma visite vous étonne sans doute, charmante Angélique. Voudrez-vous bien m'excuser de me présenter chez vous à l'improviste ? mais je n'ai pas voulu quitter Paris sans vous voir une dernière fois.

— C'est un souvenir dont je vous remercie, répondit-elle, et je ne l'attendais pas de vous.

— Allons, vous me gardez rigueur.

Elle lui adressa un coup d'œil moitié dédaigneux, moitié offensé.

— Je sais bien que ma conduite a dû vous paraître singulière. Quitter une femme qu'on aime, je n'ose dire qui vous aime, ajouta-t-il d'un air timide et en soupirant, la quitter brusquement, sans explication, c'est étrange, j'en conviens. Mais tenez, Angélique, j'étais jaloux !

— Vous ! dit-elle d'un ton incrédule.

— J'avais fait effort sur moi-même, je vous avais toujours caché mes craintes. Je suis venu vingt fois dans l'intention de vous chercher querelle, d'éclater en reproches, et devant vous, en vous voyant si belle, j'oubliais tout pour ne songer qu'à mon amour ! Mes soupçons disparaissaient devant un sourire, une parole me calmait, j'étais heureux ! Mais quand je me retrouvais seul, toutes mes terreurs me reprenaient, je voyais mes rivaux à vos genoux, et j'entrais de nouveau en fureur. Ah ! vous n'avez jamais su combien je vous aimais !

Elle l'avait laissé parler sans l'interrompre, et peut-être faisait-elle de son côté la même réflexion que maître Quennebert, qui, assez expert en fait de mensonges, conférait ainsi avec lui-même :

— Voilà un homme qui assurément ne pense pas un mot de ce qu'il dit.

Le trésorier reprit :

— Et maintenant encore, Angélique, vous n'ajoutez pas foi à mes paroles ?

— Voulez-vous, messire Jeannin, que je sois franche ? Eh bien ! je ne vous crois pas.

— Oh ! sans doute vous pensez que les distractions du monde m'ont fait perdre votre souvenir, que je me suis consolé avec d'autres beautés moins cruelles que vous ! Je n'ai point pénétré dans votre retraite, je n'ai pas épié vos démarches, surpris vos actions, je ne vous ai pas entourée de surveillans invisibles qui seraient venus me redire, peut-être : — Si elle a quitté le monde qui l'avait outragée, ce n'est pas par fierté blessée, ce n'est pas dans un juste mouvement d'orgueil et pour punir par son absence ceux qui l'ont méconnue : non, mais elle s'est ensevelie dans la solitude pour y dérober à tous les regards de nouvelles amours ! — Voilà ce que j'ai pensé souvent, et cependant j'ai respecté votre fuite ! et aujourd'hui je vous croirais si vous me disiez : Je n'aime personne!

Jeannin, qui avait presque l'embonpoint d'un financier de théâtre, s'arrêta pour reprendre haleine, essoufflé par cette tirade creuse, par cet amphigouri de lieux communs. Il n'était pas satisfait de lui-même et maudissait la stérilité de son imagination. Il aurait voulu trouver

LA CONSTANTIN.

quelques phrases ronflantes et mettre la main sur quelque mouvement pathétique et naturel, mais rien ne venait. Il regarda mademoiselle de Guerchi d'un air dolent et à fendre le cœur. Celle-ci restait immobile sur son siége, et la même expression d'incrédulité paraissait toujours sur ses traits.

Il fallut qu'il se décidât à reprendre la parole.

— Mais ce mot que je vous demande, vous ne le prononcez pas. Ce que j'ai appris est donc vrai! vous l'aimez!

Elle laissa échapper un mouvement de surprise.

— C'est de lui qu'il faut vous parler pour vous faire perdre cette insensibilité qui me tue! Ainsi mes anciens soupçons étaient vrais : vous me trompiez pour lui! Ah! l'instinct de la jalousie ne m'égarait pas quand il m'a porté à rompre avec cet homme, à repousser l'amitié perfide qu'il continuait à m'offrir! Il est de retour à Paris, et je le verrai! Mais que dis-je? de retour, il a feint de s'éloigner peut-être, et caché dans cette retraite, il a bravé impunément mon désespoir et ma vengeance!

Jusque là, la demoiselle avait joué serré. Mais maintenant elle ne comprenait rien à ce que disait le trésorier de l'épargne. De qui voulait-il parler? Du duc de Vitry? Elle l'avait cru d'abord. Mais le duc ne la connaissait que depuis quelques mois, depuis son exil de la cour. Ce ne pouvait être lui qui avait excité la jalousie de son ancien amant, et puis, que signifiaient ces paroles : J'ai repoussé son amitié : il est de retour à Paris, etc., etc.? Jeannin devina son embarras et s'applaudit de cette tactique qui allait la forcer à risquer un pas hors de ses retranchemens. En effet, il y a certaines femmes qu'on jette dans une perplexité cruelle quand on n'attache pas un nom propre à leurs amours. C'est les lancer dans l'infini, les faire marcher à tâtons dans les ténèbres. Leur dire : *Vous l'avez aimé*, équivaut à les obliger de demander : De qui voulez-vous parler?

Ce ne fut pas précisément cette phrase qu'employa mademoiselle de Guerchi : perdue dans ses suppositions, elle se contenta de répondre :

— Votre langage m'étonne, et je ne le comprends pas.

La glace était rompue. Le trésorier s'élança droit au but. Saisissant une des mains d'Angélique, il lui dit :

— Vous n'avez pas revu le commandeur de Jars?

— Le commandeur de Jars? reprit-elle.

— Jurez-moi, Angélique, jurez-moi que vous ne l'aimez pas.

— Eh! mon Dieu! qui vous a mis en tête que je pensais à lui? Il y a plus de quatre mois que je ne l'ai aperçu, et je n'aurais su dire s'il est mort ou vivant. Il a été absent de Paris? en voilà la première nouvelle.

— Ma fortune est à vous, Angélique! répétez-moi que vous ne l'aimez pas! que vous ne l'avez jamais aimé, ajouta-t-il d'une voix lente et en attachant sur elle un regard plein d'une douloureuse anxiété.

Son intention cependant n'était pas de lui faire perdre contenance; il savait au contraire qu'une femme comme Angélique n'est jamais plus à son aise que quand on lui fournit l'occasion d'un mensonge de cette nature. D'ailleurs, il avait fait précéder cette redoutable interrogation d'un mot magique : *Ma fortune est à vous :* et l'espoir que ce mot réveillait valait bien un parjure. Elle répondit hardiment d'une voix ferme et sans baisser les yeux.

— Lui! jamais!

— Je vous crois, s'écria Jeannin en se précipitant à ses genoux et en couvrant de baisers la main qu'il n'avait pas quittée. Ainsi, je puis retrouver mon bonheur d'autrefois. Écoutez, Angélique; je quitte Paris, ma mère est morte, et je retourne en Espagne. Voulez-vous me suivre ?

— Moi?

— J'ai hésité long-temps à venir vous trouver, je craignais tant d'être repoussé! Je pars demain. Abandonnez Paris, abandonnez ce monde qui vous a calomniée, venez avec moi. Dans quinze jours vous serez ma femme.

— Vous me trompez!

— Que je meure à vos pieds, si ce n'est mon désir! voulez-vous que je le signe avec mon sang?

— Relevez-vous, dit-elle toute émue. Voilà donc un homme qui m'aime et qui me venge de toutes les injures dont on m'a accablée! Je vous remercie mille fois, moins de ce que vous faites pour moi que de la consolation que vous m'apportez. Vous me diriez maintenant : Je suis obligé de me séparer de vous, que le plaisir de savoir que j'ai votre estime l'emporterait sur tout le reste. Ce serait un souvenir que je garderais toujours, comme j'avais gardé le vôtre, ingrat, qui m'accusiez de vous avoir trompé!

Le trésorier paraissait ivre de joie. Il débita mille extravagances, répéta de mille façons différentes et avec force hyperboles ridicules qu'il était le plus heureux des hommes. Mademoiselle de Guerchi, qui tenait à prendre ses précautions, lui demanda d'un ton câlin :

— Qui a pu vous donner de pareils soupçons sur le commandeur ? A-t-il poussé la méchanceté jusqu'à se vanter d'avoir été aimé par moi ?

— Il ne m'en a jamais rien dit : je le craignais seulement.

Elle le rassura de nouveau. La conversation dura quelque temps encore sur un ton langoureux. On se fit mille sermens, mille protestations d'amour. Jeannin redoutait que ce départ si précipité ne contrariât sa maîtresse : il offrait de le retarder de quelques jours ; mais elle n'y voulut pas consentir, et il fut convenu que le lendemain à midi un équipage viendrait prendre Angélique et la conduirait à un endroit hors la ville, où le trésorier lui donna rendez-vous.

Maître Quennebert, l'œil et l'oreille toujours aux aguets, n'avait pas perdu un mot de cette conversation, et la dernière proposition du trésorier avait changé la nature de ses idées.

— Pardieu ! se disait-il en lui-même, voilà un gros homme qui m'a furieusement l'air de faire une sottise et de jouer le rôle d'une dupe. C'est singulier, quand on n'est pas partie intéressée dans une affaire, avec quelle perspicacité on voit les choses ! Ce gentilhomme se laisse attraper par une fine mouche, ou je ne m'y connais pas.

LA CONSTANTIN.

Peut-être que ma veuve fait les mêmes réflexions que moi, ce qui n'empêche pas qu'elle n'y voit goutte pour ce qui la concerne. Voilà le monde : on n'a le choix qu'entre deux rôles : trompeur ou trompé. Que fait madame Rapally ?

En ce moment un chuchotement étouffé se fit entendre à l'autre bout de la chambre. Mais Quennebert, protégé par la distance et l'obscurité, laissa la veuve marmoter dans l'ombre, et regarda de nouveau dans la chambre voisine. Ce qu'il vit le confirma dans son opinion. La donzelle sautait, riait, gesticulait, se faisait compliment à elle-même sur cette bonne fortune improvisée.

— Comment ! il m'aime à ce point ! se disait-elle. Pauvre Jeannin ! et moi qui autrefois ne me suis pas fait scrupule... Est-ce heureux que le commandeur de Jars, le plus bavard et le plus fat des hommes, ne lui ait rien dit ! Oui, certes, nous partirons demain. Il ne faut pas laisser à une indiscrétion le temps de lui apprendre ce qu'il ignore. Mais le duc de Vitry ?... Vraiment j'en suis fâchée pour lui... il s'éloigne... il ne donne pas de ses nouvelles... et puis il est marié, lui. Oh ! si je pouvais reparaître un jour à la cour !... Qui aurait cru cela, bon Dieu ?... J'ai besoin de me raisonner pour me persuader que ce n'est pas un rêve... Oui, il était là, tout-à-l'heure, à mes pieds, et me disant : Angélique, vous serez ma femme ! Oh ! par exemple, il peut se reposer sur moi du soin de son honneur ! Trahir un homme qui vous aime ainsi, qui vous donne son nom, ce serait infâme ! et jamais, non, jamais il n'aura ce reproche à me faire... j'aimerais mieux...

CRIMES CÉLÈBRES.

Un bruit assez violent et encore confus interrompit ce soliloque. Tantôt c'étaient des éclats de rire, tantôt comme des voix qui se querellaient. On poussa un cri, puis pendant quelques secondes on n'entendit plus rien. Inquiète, et ne sachant à quoi attribuer ce tumulte, dans cet hôtel ordinairement si paisible, mademoiselle de Guerchi s'avança vers la porte de la chambre, soit pour appeler, soit pour la fermer en dedans, lorsqu'elle s'ouvrit avec fracas. Elle recula épouvantée, et s'écria :

— Le commandeur de Jars !

— Vrai Dieu ! dit Quennebert derrière sa tapisserie, voilà une amusante comédie ! Est-ce que le commandeur vient aussi faire amende honorable ? Mais que vois-je ?...

Il venait d'apercevoir le jeune homme que de Jars avait baptisé du titre et du nom du chevalier de Moranges et avec lequel le lecteur a fait connaissance dans le cabaret de la rue Saint-André-des-Arts. Cette vue avait produit sur le notaire l'effet de la foudre. Il restait immobile, tremblant, sans haleine : ses genoux se dérobaient sous lui, et un voile épais couvrit un instant ses yeux. Cependant il se remit, il parvint à dominer sa surprise et son effroi. Il se rapprocha de la tapisserie : mais quiconque lui aurait adressé la parole en ce moment n'aurait pu obtenir de lui une réponse. Il n'eût pas entendu le diable lui-même criant à ses oreilles, et une épée nue suspendue sur sa tête ne l'aurait pas fait changer de place.

Avant que mademoiselle de Guerchi eût eu de son côté le temps de revenir de sa frayeur, le commandeur lui dit :

— Foi de gentilhomme, ma toute belle, quand vous

seriez devenue abbesse de Montmartre, on n'aurait pas plus de peine à pénétrer jusqu'à vous. J'ai rencontré en bas un drôle qui voulait me barrer le passage et qui m'a forcé de lui administrer une verte correction. Ce qu'on m'a dit à mon retour est-il vrai? Faites-vous pénitence, et avez-vous intention de vous cloîtrer?

— Monsieur, répondit Angélique avec un air de dignité, quels que soient mes projets, j'ai droit de m'étonner et de cette violence et de cette visite à une pareille heure.

— Avant tout, reprit de Jars en tournant sur ses talons, permettez que je vous présente mon neveu le chevalier de Moranges.

— Le chevalier de Moranges! dit tout bas maître Quennebert: et ce nom se grava dans sa mémoire pour ne plus en sortir.

— Un jeune homme, continua le commandeur, que je ramène des pays étrangers : bonne façon, vous voyez, charmante tournure! Allons, bel innocent, levez vos grands yeux noirs, et baisez la main de madame, je vous y convie.

— Monsieur le commandeur, sortez de chez moi, je vous l'ordonne, ou j'appelle...

— Qui donc? votre livrée? Mais j'ai battu votre faquin de laquais, je vous l'ai dit, et c'est tout au plus s'il serait en état maintenant de porter droit un flambeau pour m'éclairer. Sortir! Quoi! c'est ainsi que vous recevez un ancien ami! Prenez donc un siége, chevalier.

Il s'avança vers mademoiselle de Guerchi, et malgré

CRIMES CÉLÈBRES.

sa résistance, saisissant une de ses mains, il la fit asseoir et s'assit à côté d'elle.

—Ça, dit-il, mon enfant, parlons raison. Je comprends que devant un inconnu vous vous croyiez obligée de paraître embarrassée de mes façons d'agir. Mais il sait tout, et ne s'étonne de rien de ce qu'il voit et entend. Ainsi, point de pruderie. Je suis arrivé hier, et aujourd'hui seulement j'ai découvert votre retraite. Je ne vous demande pas ce qui s'est passé pendant mon absence, Dieu seul le sait qui ne m'en dira rien, et vous qui me feriez des mensonges : autant vous dispenser de ce petit péché. Mais me voici, joyeux comme autrefois, plus amoureux que jamais, et disposé à reprendre mes habitudes.

La donzelle, étourdie par cette entrée bruyante, par ce début de matamore, et voyant bien qu'une feinte dignité ne servirait à rien qu'à lui attirer quelque nouvelle impertinence, eut l'air de se résigner à sa position. Pendant tout ce temps, Quennebert examinait le chevalier de Moranges. Celui-ci était assis en face de la tapisserie. Son costume d'une coupe élégante faisait ressortir tous les avantages de sa personne. Ses cheveux d'un noir brillant contrastaient avec la blancheur de son teint. Ses grands yeux voilés par des paupières brunes et de longs cils soyeux, avaient un regard pénétrant et une expression singulière, mélange d'audace et de faiblesse : ses lèvres étaient minces, un peu pâles et relevées souvent par un sourire ironique : ses mains parfaitement belles, ses pieds presque mignons, et il montrait avec une sorte d'affectation complaisante une jambe faite au tour que lais-

LA CONSTANTIN.

saient entrevoir d'amples bottines retombant à plis brisés sur les chevilles, et garnies d'une riche guipure du goût le plus nouveau. Le chevalier paraissait avoir dix-huit ans au plus, et la nature avait refusé à son charmant visage le signe distinctif de son sexe. Aucun duvet n'ombrageait encore son menton : seulement une petite ligne brune courait sur sa lèvre supérieure. Avec sa beauté un peu efféminée, ses formes gracieuses, son regard tantôt caressant, tantôt hardi comme celui d'un page, il avait l'aspect d'un adorable vaurien destiné à faire naître des passions subites et des caprices étranges. Pendant que son oncle prétendu prenait brutalement ses aises, Quennebert remarqua que le chevalier commençait déjà à coqueter devant la belle et lui adressait à la dérobée de tendres et langoureuses œillades. Ce manége redoublait encore sa curiosité.

— Mon enfant, dit le commandeur, depuis que je ne vous ai vue, il m'est arrivé une fortune, cent mille livres, ni plus ni moins. Une mienne tante a jugé à propos de décéder; et comme elle était d'une humeur quinteuse et méchante, pour faire enrager encore après sa mort les parens qui l'avaient soignée, elle m'a nommé son unique héritier. Cent mille livres! c'est une somme assez ronde, et il y a là de quoi mener grand train et faire belle figure pendant deux années. Nous mangerons ensemble le capital avec le revenu, si vous le voulez. Vous ne me répondez pas? Est-ce que par hasard le cœur serait pris par un autre? Ah! j'en serais, morbleu, désolé... pour l'heureux mortel que vous favorisez, car je ne souffrirai pas de rival, je vous en avertis.

— Monsieur le commandeur, répondit Angélique, vous oubliez en me parlant de la sorte que je ne vous ai donné aucun droit sur mes actions.

— Est-ce que nous avons rompu ?

A cette singulière question elle fit un mouvement.

De Jars continua :

— Ne nous sommes-nous pas quittés la dernière fois en bonne intelligence? Je sais bien qu'il y a de cela quelques mois, que vous ne m'avez pas revu ; mais je vous explique les motifs légitimes de mon absence, et on prend au moins le temps de pleurer les morts avant de les remplacer. Enfin, voilà qui est convenu, n'est-ce pas ? j'ai un successeur.

Mademoiselle de Guerchi s'était contenue à grand' peine et avait fait effort sur elle-même pour boire jusqu'à la lie ce calice amer, mais elle ne pouvait supporter plus long-temps ces humiliations. Après avoir adressé au jeune chevalier, qui la lorgnait toujours, un regard douloureux, elle prit le parti de fondre en larmes ; elle dit d'une voix qu'entrecoupaient les sanglots, qu'elle était bien malheureuse d'être traitée ainsi, qu'elle ne le méritait pas, et que le ciel la punissait de la faute qu'elle avait commise en cédant à l'amour du commandeur. C'était à jurer qu'elle parlait sincèrement et du fond du cœur. Si maître Quennebert n'avait été témoin de la scène précédente, s'il n'avait su à quoi s'en tenir sur la vertu réelle de la demoiselle, il se serait peut-être senti ému par des plaintes si touchantes. Le chevalier paraissait profondément impressionné par la douleur d'Angélique, et pendant que

LA CONSTANTIN.

son oncle se promenait à grands pas dans la chambre, jurant comme un païen, il se rapprochait peu à peu d'elle et témoignait par ses gestes tout l'intérêt qu'il prenait à sa position.

Le notaire était dans une étrange et perplexe situation d'esprit; il ne savait pas encore si ce qu'il voyait était un jeu concerté entre de Jars et Jeannin, mais ce dont il était sûr, c'était que la pitié du chevalier de Moranges, manifestée par des soupirs et des regards passionnés, n'était que de l'hypocrisie. S'il eût été seul, il n'aurait peut-être pas résisté, quoi qu'il pût arriver, à l'envie de s'élancer tête baissée dans cet imbroglio, certain de lui donner une face imprévue et de produire par son aspect l'effet terrible de la tête de Méduse. Mais la présence de la veuve Rapally le retint; il aurait ruiné ses espérances dans l'avenir, et tari la source dorée qui s'ouvrait pour lui, pour le plaisir de faire un superbe coup de théâtre. Par prudence et par intérêt il resta dans la coulisse.

Les larmes de la demoiselle et les mines du chevalier n'amenaient pas le commandeur à résipiscence ; au contraire, sa mauvaise humeur s'exhalait en termes encore plus énergiques. Il faisait résonner sur le parquet ébranlé ses talons éperonnés, il enfonçait sur le coin de sa tête son chapeau à plumes, et avait toutes les allures de ces pourfendeurs des comédies espagnoles. Tout-à-coup il parut prendre une résolution sérieuse : sa physionomie changea d'expression, elle devint froide de courroucée qu'elle était, et s'avançant vers Angélique, il lui dit avec une tranquillité plus menaçante que son courroux :

— Le nom de mon rival?

— Vous ne le saurez pas, dit-elle.

— Son nom, madame?

— Jamais! c'est trop souffrir vos insultes. Je n'ai aucun compte à vous rendre.

— Ah! je l'apprendrai malgré vous, et je connais qui me le dira! Croyez-vous donc que vous vous jouerez ainsi de moi et de mon amour? Non, non! Je vous ai crue fidèle autrefois, j'ai fermé l'oreille à des bruits que je traitais de calomnies. On savait ma passion insensée pour vous, je me suis rendu le jouet et la fable de la ville; vous m'ôtez mon aveuglement, eh bien! oui, mes yeux sont ouverts maintenant, et je vois qui doit poursuivre et atteindre ma vengeance. Il y a un homme que j'ai jadis appelé mon ami, je n'ai pas voulu croire à une trahison de sa part; on m'avait prévenu, et j'ai repoussé tous les avis. Mais j'irai le trouver cet homme, je lui dirai: Vous m'avez volé le bien qui m'appartenait, vous êtes un infâme! j'aurai votre vie ou vous aurez la mienne; et si le ciel est juste je le tuerai. Ah! madame, vous ne me demandez pas le nom de cet homme! vous savez bien de qui je veux parler !

Cette menace avait fait comprendre à mademoiselle de Guerchi le danger qu'elle courait. D'abord elle avait cru que la visite du commandeur était peut-être un piège pour l'éprouver ; cependant, la grossièreté de ses paroles, le cynisme de ses propositions, en présence d'un tiers, l'avaient détournée de cette idée. Nul homme n'aurait pu penser que le succès dût suivre des moyens de

LA CONSTANTIN.

séduction aussi révoltans, et s'il eût voulu la convaincre de perfidie, le commandeur se serait présenté seul et aurait employé des armes plus persuasives; il croyait avoir encore des droits, et il les revendiquait de manière à les perdre. Mais du moment qu'il menaçait de chercher querelle à un rival qu'il désignait assez clairement, et de lui révéler un secret qu'elle avait tant d'intérêt à cacher, la pauvre fille perdit complètement la tête. Elle regardait de Jars d'un air effrayé, et ce fut d'une voix tremblante qu'elle lui dit :

— J'ignore de qui vous voulez parler.

— Vous l'ignorez! Je chargerai demain le trésorier de l'épargne, Jeannin de Castille, de venir vous l'apprendre une heure avant notre duel.

— Oh! non, non, vous ne le ferez pas, s'écria-t-elle en joignant les mains.

— Adieu, madame.

— Vous ne partirez pas ainsi, je ne vous laisserai pas sortir avant d'avoir reçu de vous cette promesse.

Elle s'attacha des deux mains à son manteau ; puis se retournant vers le chevalier de Moranges :

— Vous êtes jeune, monsieur, je ne vous ai pas offensé, prenez ma défense! ayez pitié de moi, et aidez-moi à le fléchir.

— Mon oncle, dit le chevalier d'un ton suppliant, soyez généreux, et ne réduisez pas une femme au désespoir.

— Prières inutiles! répondit le commandeur.

— Que voulez-vous que je fasse? reprit Angélique,

que je me condamne à la retraite pour me punir? je suis prête; que je ne le revoie plus? mais, mon Dieu! laissez-moi le temps, différez votre vengeance d'un jour seulement. Demain soir, je vous le jure, vous n'aurez plus rien à craindre. Moi, je croyais que vous m'aviez oubliée, abandonnée; et comment aurais-je cru le contraire? partir sans me prévenir, rester absent sans me donner de vos nouvelles... Et qui vous a dit que je n'ai pas pleuré cet abandon? que du fond de cette solitude où l'ennui dévorait mes jours, je n'ai pas cherché à savoir quelle cause vous retenait loin de moi? pourquoi je ne vous voyais plus? Vous aviez quitté Paris, le savais-je? m'en aviez-vous instruite? Ah! promettez-moi, si vous m'aimez, que vous éviterez ce duel; promettez-moi que vous n'irez pas trouver demain cet homme!

La demoiselle pensait faire merveille avec cette éloquence accompagnée de larmes et de regards pathétiques. En l'entendant demander un sursis de vingt-quatre heures, et jurer que ce temps Jeannin serait définitivement congédié, le commandeur et le chevalier se mordirent les lèvres pour ne pas éclater de rire. Le premier reprit son sang-froid pendant qu'Angélique, toujours à genoux, pressait ses mains. Il la força de relever la tête, et la regardant fixement, il lui dit:

— Demain, madame, si même ce n'est ce soir, demain, je lui apprendrai tout, et nous nous battrons.

Il la repoussa et se dirigea vers la porte.

— Malheureuse! s'écria Angélique.

Elle voulut se relever et s'élancer après lui, mais soit

LA CONSTANTIN.

que son émotion fût réelle, soit qu'elle employât l'évanouissement comme dernier moyen de persuasion, elle jeta un cri déchirant, et le chevalier fut obligé de la soutenir.

De Jars voyant son neveu avec ce fardeau sur les bras, fut saisi d'un fou rire et sortit précipitamment. Deux minutes après, il rentrait au cabaret de la rue Saint-André-des-Arts.

— Comment! seul? dit Jeannin.

— Seul.

— Et le chevalier, qu'en as-tu fait?

— Je l'ai laissé en tête-à-tête avec la belle, évanouie, pâmée, suffoquée... Ah! ah! ah! Elle est tombée sans connaissance dans ses bras... Ah! ah! ah!

— Le petit drôle est capable, dans la position fâcheuse où elle se trouve, de me supplanter.

— Tu crois?... Ah! ah! ah!

Et de Jars se mit à rire de si bon cœur et si bruyamment, que son digne ami, cédant à la contagion de l'exemple, faillit étouffer.

Pendant le premier moment de silence qui suivit le départ du commandeur, maître Quennebert entendit encore marmotter à l'autre extrémité de la chambre la veuve Rapally, mais moins que jamais il était disposé à s'occuper d'elle.

— Pardieu, se dit-il, voici une scène qui promet d'être encore plus curieuse que les autres. Je ne crois pas que jamais homme se soit trouvé dans une position pareille à la mienne. La main me démange en diable, et il me prend, malgré l'intérêt qui me cloue à cette place, de furieuses envies d'aller souffleter ce chevalier de Moranges! Si je pouvais avoir une preuve de tout ceci! Ah! écoutons, la demoiselle rouvre les yeux.

En effet, Angélique promena autour d'elle des regards effarés; elle passa à plusieurs reprises la main sur son front, comme pour rappeler ses idées confuses.

— Il est parti! s'écria-t-elle : ah! pourquoi ne l'avez-vous pas retenu? Il fallait me laisser, moi, et vous attacher à lui.

— Calmez-vous, répondit le chevalier, calmez-vous, au nom du ciel! Je verrai mon oncle, j'obtiendrai de lui qu'il ne vous perde pas. Ne pleurez pas ainsi, vos larmes me déchirent le cœur. Oh! mon Dieu, qu'il faut être cruel pour vous affliger! je n'en aurais pas la force, moi! je ne pourrais pas vous voir pleurer sans me sentir désarmé, et toute ma colère, fût-elle légitime, tomberait devant un seul de vos regards.

— Bon jeune homme! dit Angélique.

— Imbécile! murmura maître Quennebert. Ah bien oui, laisse-toi prendre au miel de ses paroles... Comment diantre tout ceci va-t-il finir? Satan lui-même n'inventerait pas une pareille intrigue!

— Avant de vous croire coupable, continua le chevalier, il me faudrait des preuves, des preuves accablantes! et encore qui sait ce qu'une parole de vous jetterait de trouble et d'incertitude dans mon esprit?.. Oh! oui, quand le monde entier vous accuserait et déposerait contre vous, c'est en vous, en vous seule que j'aurais foi.

LA CONSTANTIN.

Je suis jeune, madame, je n'ai pas encore aimé... je ne savais pas encore, il n'y a qu'un instant, comment en moins de temps qu'il n'en faut aux yeux pour regarder et admirer, une pensée soudaine s'empare du cœur et le bouleverse, comment des traits qu'on ne doit plus revoir peut-être y laissent leur image fixée pour la vie ! et cependant, si une femme que je n'aurais pas connue était venue vers moi en s'écriant : J'implore votre secours, sauvez-moi, protégez-moi ! j'aurais mis, sans balancer, mon bras et mon épée à son service, je me serais dévoué pour elle ! Vous, madame, vous qui êtes si belle, vous pour qui je consentirais à mourir, qu'exigez-vous ? dites ce que vous voulez que je fasse.

— Empêchez ce duel, cette entrevue entre votre oncle et l'homme qu'il a nommé. Mais répondez-moi ; vous ne savez pas mentir, vous !

— Oui, compte là-dessus, sotte que tu es, dit dans son coin maître Quennebert ; tu n'es qu'un enfant à ce jeu-là, auprès du chevalier. Si tu savais à qui tu as affaire !

— A votre âge, continua Angélique, on ne sait pas déguiser sa pensée... le cœur n'est pas corrompu, on a de la pitié. Il me vient une idée affreuse, un soupçon horrible ! j'entrevois une ruse infernale... un piége où l'on veut m'entraîner en riant. Dites-moi, tout ceci n'est-il pas un jeu ? Une pauvre femme est exposée à tant de perfidie... on se plaît à troubler son cœur et sa raison, on enivre sa vanité, on l'entoure d'hommages, de flatteries, de séductions, et après on se joue d'elle, on la méprise, on l'insulte... Se sont-ils concertés ensemble? cet amour, cette jalousie, ne sont-ils qu'un mensonge?

— Oh! madame, reprit le chevalier avec l'expression d'une profonde indignation, pouvez-vous supposer tant de perversité dans le cœur d'un homme? Je ne connais pas celui que le commandeur vous a accusée d'aimer, mais, quel qu'il soit, je le crois digne de votre amour; il n'aurait pas consenti à cette lâcheté. Le commandeur aussi en est incapable; la jalousie l'égare et le rend furieux... Mais je ne dépends pas de lui, madame, je suis maître de moi, de mes actions. J'empêcherai ce duel, je laisserai à celui qui vous aime et que vous aimez, hélas! je le vois bien, l'illusion et l'ignorance qui font son bonheur. Vous serez heureuse avec lui, et moi... je ne vous reverrai plus.... il me restera, madame, un souvenir et la joie de vous avoir servie.

Angélique leva ses beaux yeux sur le chevalier, et lui adressa dans un long regard un remerciement plus éloquent que ne l'auraient été toutes les paroles.

— Dieu me damne, pensa maître Quennebert, si la donzelle ne lui fait pas déjà les yeux doux! Au fait, quand on se noie on se raccroche à toutes les branches.

— Je vous comprends, madame, reprit le chevalier; j'entends ce langage muet: vous me remerciez pour lui, j'obéis; vous me priez de vous quitter... oui, madame, oui, je sors: dussé-je y risquer ma vie, je m'opposerai à cette rencontre, j'étoufferai cette confidence fatale. Mais une dernière prière... Me sera-t-il permis de vous revoir une fois seulement avant de quitter cette ville où je n'au-

LA CONSTANTIN.

rais dû jamais venir ? j'en repartirai dans quelques jours, demain, dès que je saurai que vous êtes heureuse; mais ne me refusez pas ce que je vous demande, que je voie encore une fois votre regard se lever sur moi, et je partirai, je fuirai pour toujours. Mais si je ne réussis pas, et je m'engage sur l'honneur à faire tous mes efforts, mais enfin si la jalousie du commandeur le rend insensible à mes prières et à mes larmes, si celui que vous aimez vient vous accabler de reproches, s'il vous abandonne à son tour, me chasserez-vous de votre présence si j'ose vous dire alors : Je vous aime !... Répondez, répondez!

— Partez, dit-elle, et méritez ma reconnaissance ou mon amour.

Le chevalier saisit une de ses mains qu'il couvrit de baisers ardens.

— Une pareille impudence passe toute imagination, murmura Quennebert; heureusement que la pièce est finie pour ce soir ; sans cela, je ferais quelque sottise. Pardieu, la demoiselle ne se doute guère quel sera le dénouement de la comédie.

Il ne le savait pas non plus. C'était véritablement la soirée aux aventures. Il était écrit que dans l'espace de deux heures Angélique aurait en abrégé toutes les émotions, toutes les péripéties de sa vie de femme galante, espoir, craintes, bonheur, humiliations, mensonges, amour ébauché, double et triple intrigue, et, pour terminer, un coup de théâtre inattendu.

Le chevalier tenait encore la main d'Angélique, lorsqu'un bruit de pas et de voix se fit de nouveau entendre.

— Est-ce lui qui revient ? s'écria la demoiselle en se dégageant brusquement des étreintes passionnées du chevalier. Cela n'est pas possible !... Mon Dieu ! mon Dieu ! c'est sa voix !

Elle pâlit et resta les regards fixés sur la porte, les mains étendues et sans avoir la force de faire un pas en avant ou en arrière.

Le jeune homme écoutait, ne reconnaissant pas la voix du commandeur ni celle du trésorier.

— Sa voix ! pensa maître Quennebert: est-ce que par hasard ce serait un quatrième amoureux?

Le bruit approchait toujours.

— Cachez-vous, dit Angélique en montrant de la main au chevalier une porte conduisant dans une autre chambre en face de la tapisserie derrière laquelle la veuve et son notaire étaient en observation; cachez-vous là... un escalier dérobé... vous pourrez sortir.

— Moi, me cacher ! reprit Moranges avec un air de bravache; allons donc ! je reste.

Le conseil pourtant eût été bon à suivre, et deux secondes après le chevalier put se repentir *in petto* de ne l'avoir pas écouté, car il vit entrer un homme de grande taille, jeune, vigoureux, et dans un état d'exaltation extrême. Angélique se précipita vers lui en s'écriant :

— Ah ! monsieur le duc, c'est vous !

— Que viens-je d'apprendre, Angélique ? dit le duc de Vitry. On m'a dit en bas que ce soir trois hommes s'étaient introduits chez vous. Deux seulement sont sortis... le troisième, où est-il ? Ah ! je ne le chercherai pas

LA CONSTANTIN.

long-temps, ajouta-t-il en apercevant le chevalier qui faisait assez bonne contenance.

— Au nom du ciel! s'écria la demoiselle, au nom du ciel! écoutez-moi!

— Non, non, rien! Ce n'est pas vous que j'interroge maintenant. Qui êtes-vous, monsieur?

Le naturel hargneux et goguenard du chevalier l'emporta encore dans ce moment critique sur le sentiment du danger qu'il courait. Il répondit insolemment :

— Ce qu'il me plaît d'être, monsieur : et, ma foi, je vous trouve plaisant de me le demander sur ce ton.

Le duc bondit de fureur et porta la main sur son épée. Angélique voulut le retenir.

— Vous voulez le soustraire à ma vengeance, perfide! dit-il en reculant de quelques pas, et barrant le passage de la porte. Défendez votre vie, monsieur!

— Et vous la vôtre!

Ils dégaînèrent en même temps.

Un double cri de terreur retentit dans la chambre et derrière la tapisserie. C'était Angélique et la veuve Rapally, qui, en voyant briller les épées nues, n'avaient pu retenir leur effroi. Cette dernière avait eu une telle frayeur, qu'elle tomba lourdement et évanouie sur le parquet.

Cet incident sauva probablement la vie au jeune homme, qui, à l'aspect de son adversaire écumant de rage et maître des issues, commençait à sentir son sang se glacer dans ses veines.

— Qu'est-ce donc? dit le duc. Y a-t-il ici des ennemis

CRIMES CÉLÈBRES.

invisibles? Et se précipitant, sans songer qu'il laissait la porte libre, du côté où le cri était parti, il sonda vivement la tapisserie avec la pointe de son épée. Le chevalier, abandonnant tout-à-coup son allure de fanfaron, sauta, comme un chat poursuivi par un dogue, d'un bout de la chambre à l'autre; mais il ne put se sauver si lestement que le duc n'eût le temps de s'apercevoir de sa fuite et de s'élancer sur ses pas, au risque tous deux de se rompre le cou dans les chambres et sur les escaliers plongés dans l'obscurité.

Tout cela s'était passé en quelques secondes avec la rapidité de l'éclair. La porte de l'hôtel s'ouvrit et se referma deux fois de suite avec bruit. Les deux ennemis avaient gagné la rue, l'un fuyant toujours devant l'autre.

— Bon Dieu! quels événemens! dit la demoiselle de Guerchi. C'était à en mourir de peur! Que va-t-il arriver maintenant, et que répondre au duc si c'est lui qui revient?

Un craquement étrange se fit entendre dans la chambre. Angélique s'arrêta, frappée d'une terreur nouvelle, en se rappelant le cri qu'elle avait entendu. Ses cheveux, déjà en désordre, rompirent leurs derniers liens, et se dressèrent sur son front lorsqu'elle vit les personnages de la tapisserie remuer et s'agiter comme des êtres vivans et s'incliner vers elle. Elle tomba à genoux, en fermant les yeux, et priant Dieu et tous les saints du paradis de venir à son aide. Une main vigoureuse la saisit, la força à se relever, et un homme inconnu, sorti de dessous terre ou des murailles, prenant le seul flambeau qui

LA CONSTANTIN.

ne se fût pas éteint dans cette bagarre, l'entraîna à demi mourante dans la pièce voisine.

Cet homme, comme le lecteur l'a déjà deviné, était maître Quennebert. Aussitôt que le chevalier et le duc avaient disparu, il avait couru du côté où était la veuve, et après s'être assuré qu'elle était sans connaissance, hors d'état de rien voir et de rien entendre, et que le lendemain il pourrait lui faire sur la fin de cette aventure tel conte qu'il voudrait, il était revenu à son coin, et, rassemblant toutes ses forces, il avait poussé si vigoureusement la tapisserie, que les clous qui la retenaient sur les planches vermoulues s'étaient détachés, et qu'il s'était frayé une ouverture. Il avait mis tant d'ardeur à démolir la cloison, l'intérêt qui le poussait était si grand, le dominait à tel point, qu'il lui fit oublier le sac de douze cents livres que la veuve lui avait donné.

— Qui êtes-vous? que me voulez-vous? criait mademoiselle de Guerchi en se débattant.

— Silence! répondit Quennebert.

— Ne me tuez pas! par pitié!

— Qui songe à vous tuer? Mais taisez-vous; je ne veux pas que vos cris attirent du monde. J'ai besoin d'être seul avec vous quelques minutes. Encore une fois, taisez-vous! Ne me forcez pas à employer la violence, obéissez, et il ne vous sera fait aucun mal.

— Mais, monsieur, qui êtes-vous?

— Ni voleur, ni assassin, voilà ce qui vous importe à savoir, le reste ne vous regarde pas. Vous avez ici des plumes, du papier?

— Oui, en voici, monsieur.
— C'est bien. Asseyez-vous devant cette table.
— Pourquoi?
— Asseyez-vous et répondez. Le premier homme qui est venu ce soir, c'est messire Jeannin?
— Messire Jeannin de Castille.
— Trésorier de l'épargne?
— Oui.
— Bon. Le second est le commandeur de Jars; le jeune homme qui l'accompagnait, son neveu, le chevalier de Moranges. Le dernier venu est un duc, je crois?
— Le duc de Vitry.
— Écrivez maintenant ce que je vais vous dicter.

Il parla lentement, et la demoiselle de Guerchi, obéissant à son injonction, prit la plume.

« Aujourd'hui, dit Quennebert, aujourd'hui, vingtième jour du mois de novembre 1658, moi..... » Vos noms?

— Angélique-Louise de Guerchi.
— Mettez. « Moi, Angélique-Louise de Guerchi, j'ai reçu, dans l'appartement que j'occupe, hôtel de la duchesse d'Étampes, au coin des rues Gît-le-Cœur et du Hurepoix, d'abord, vers sept heures et demie de la soirée, la visite de messire Jeannin de Castille, trésorier de l'épargne; en second lieu, la visite du commandeur de Jars, lequel était accompagné d'un jeune homme, son neveu, et appelé par lui le chevalier de Moranges; en troisième lieu, et après le départ du commandeur de Jars, pendant que j'étais seule avec ledit chevalier de

LA CONSTANTIN.

Moranges, la visite du duc de Vitry, qui a tiré l'épée contre le chevalier, et qui l'a forcé à prendre la fuite. »

— A la ligne maintenant et en grosses lettres :

SIGNALEMENT DUDIT CHEVALIER DE MORANGES.

— Mais je ne l'ai vu qu'un instant, dit Angélique, et je ne puis me rappeler...

— Écrivez donc. Je me rappelle parfaitement, moi, et cela suffit.

« Taille de cinq pieds environ. » — Le chevalier, dit Quennebert en s'interrompant, a quatre pieds onze pouces trois lignes et demie; mais je n'ai que faire d'une exactitude rigoureuse.

Angélique leva sur lui des regards où se peignait la stupéfaction.

— Vous le connaissez donc? demanda-t-elle.

— Je l'ai vu ce soir pour la première fois, mais j'ai le coup d'œil très-juste.

« Taille de cinq pieds environ, cheveux noirs, yeux noirs, nez aquilin, bouche grande et pincée, front haut, visage ovale, teint pâle, point de barbe. »

— A la ligne encore et en grosses lettres :

SIGNES PARTICULIERS.

« Une petite tache brune au cou, derrière l'oreille droite; une autre plus petite à la main gauche. »

— Vous avez fini? mettez au bas vos nom et prénoms.

— Que voulez-vous faire de cet écrit?

CRIMES CÉLÈBRES.

— Si je ne vous l'ai pas dit d'abord, c'est que je désire que vous ne le sachiez pas ; ainsi, toute demande à cet égard est inutile. Au reste, ajouta le notaire en pliant le papier et en le serrant dans une des poches de son pourpoint, je ne vous recommande nullement le secret. Vous êtes libre de dire à qui bon vous semblera que vous avez écrit le signalement du chevalier de Moranges sous la dictée d'un homme inconnu, entré chez vous sans que vous sachiez comment, par le plafond, par la cheminée, comme vous voudrez, mais qui est décidé à prendre un chemin plus commode pour sortir. N'y a-t-il pas un escalier dérobé? Indiquez-le-moi. Je ne me soucie pas de rencontrer quelqu'un peut-être en me retirant.

Angélique lui indiqua une porte cachée sous un rideau de damas. Quennebert la salua et la quitta, la laissant persuadée qu'elle avait eu une entrevue avec le diable. Ce ne fut que le lendemain qu'elle put s'expliquer par l'inspection de la tapisserie cette apparition surnaturelle ; mais sa frayeur était telle, le mystère qui entourait cet homme lui inspirait tant de crainte, que, malgré la permission qu'il lui avait donnée de raconter cette aventure, elle n'en parla à personne, et ne se plaignit même pas à sa voisine, la veuve Rapally, de la curiosité qui l'avait portée à épier ses actions.

Nous avons laissé de Jars et Jeannin, riant à gorge déployée, dans le cabaret de la rue Saint-André-des-Arts.

— Comment! disait le second, tu crois qu'Angélique a pris véritablement au sérieux ma proposition? Là! de bonne foi, elle pense que je veux l'épouser?

LA CONSTANTIN.

— Je t'en réponds. Sans cela, se serait-elle tant troublée ? Se serait-elle évanouie quand je l'ai menacée de t'apprendre que j'avais aussi bien que toi des droits sur elle ? Se faire épouser ! mais c'est la rage de toutes les créatures de son espèce, et il n'y en a pas une qui comprenne pourquoi un homme d'honneur rougirait de lui donner son nom. Si tu avais vu son effroi, ses larmes, il y avait de quoi fendre le cœur ou faire crever de rire.

— Eh ! eh ! dit Jeannin, il est tard déjà. Attendons-nous le chevalier ?

— Allons le rejoindre.

— Aussi bien, il ne pense peut-être pas à revenir. Nous allons faire une scène horrible, crier à la trahison, à la perfidie, rosser ton neveu. Payons, et allons-nous-en.

Ils sortirent du cabaret, échauffés tous deux par le vin qu'ils avaient bu copieusement. Ils sentirent le besoin de respirer l'air frais de la nuit, et au lieu de descendre la rue Pavée, ils prirent la résolution de suivre la rue Saint-André-des-Arts jusqu'au pont Saint-Michel, pour revenir à l'hôtel en faisant le tour.

Au moment où de Jars ouvrait l'avis de quitter le cabaret, le chevalier détalait à toutes jambes ; ce n'était pas qu'il manquât complètement de courage. Dans l'impossibilité d'éviter son adversaire, peut-être eût-il retrouvé l'audace qui lui avait fait mettre l'épée à la main, mais il était novice dans le métier des armes, assez faible de corps, et la partie lui semblait trop inégale pour qu'il ne la refusât pas, si ce n'est à la dernière extrémité. En sortant de l'hôtel il se jeta précipitamment dans la rue Gît-le-Cœur, et entendant la porte se refermer, il disparut par la petite rue étroite et tortueuse de l'Hirondelle, espérant faire perdre sa trace à Vitry ; mais celui-ci, incertain dans le premier moment, se guida sur le bruit des pas. Le chevalier, cherchant toujours à tromper cette poursuite obstinée, tourna à droite, et revint par le haut de la rue Saint-André jusqu'à l'église qui s'élevait à cette époque là où est actuellement la place. Il crut avoir trouvé un refuge : on rebâtissait l'église pour l'agrandir, et tout autour du vieux monument étaient des pierres amoncelées derrière lesquelles il se glissa. Deux fois il entendit passer Vitry devant lui, deux fois il se tint en garde contre une attaque furieuse ; ces marches et contremarches durèrent quelques minutes. Il espérait échapper au danger, et déjà il attendait que la lune, qui avait déchiré les nuages, s'obscurcît de nouveau pour gagner à pas de loup et dans l'obscurité une des rues environnantes. Tout-à-coup il vit se dresser devant lui une ombre, et une voix menaçante s'écria :

— Ah ! te voilà enfin, lâche !

Le péril lui inspira une énergie factice, une sorte de courage fébrile : son épée se croisa contre l'épée de son ennemi. Ce fut un singulier combat, plein de chances diverses et d'incertitudes. La science de l'escrime était inutile sur un terrain où l'on trébuchait à chaque pas, où les membres se heurtaient contre des masses immobiles, tantôt éclairées, tantôt sombres. Le fer criait sur le fer, les pieds des adversaires se touchaient, plusieurs

Duel entre le Duc de Velus et le Chevalier de Mirepoix.

LA CONSTANTIN.

fois l'épée de l'un perça le manteau de l'autre, plusieurs fois ces mots retentirent: Meurs! meurs! Et toujours plus souple, plus agile, plus insaisissable, le combattant qui semblait atteint se relevait sans blessure et menaçait à son tour. Il n'y avait ni trêve, ni repos, ni feintes habiles, ni ruses de spadassins, il fallait donner ou recevoir la mort au hasard. Les coups s'égaraient dans l'air, les épées étincelaient au-dessus de la tête, brillaient en même temps sur la poitrine, se détournaient au moment de frapper, se cherchaient dans le vide, et se rencontraient de nouveau. Enfin, l'un des deux voulant porter un coup à droite, sentit un fer aigu lui déchirer la poitrine. Il poussa un grand cri, recula de quelques pas, et, épuisé par ce dernier effort, tomba à la renverse sur une grande pierre, où il resta sans mouvement, les bras ouverts et comme étendus sur une croix.

L'autre prit la fuite.

— Écoute donc, de Jars, dit Jeannin en s'arrêtant, on se bat par ici, c'est un bruit d'épées.

Ils se penchèrent tous deux.

— Je n'entends plus rien.

— Tiens, encore! C'est du côté de l'église.

— Quel effroyable cri!

Ils se précipitèrent vers la place; elle était sombre, calme, déserte. Leurs regards se portèrent dans toutes les directions.

— Je n'aperçois âme qui vive, dit Jeannin, et je crains bien que le pauvre diable qui vient de pousser ce long cri n'ait marmotté sa dernière prière.

CRIMES CÉLÈBRES.

— Je ne sais pourquoi, reprit de Jars, je tremble ainsi. Cet accent déchirant m'a fait courir un frisson subit de la tête aux pieds. Est-ce que tu n'as pas cru reconnaître la voix du chevalier?

— Le chevalier est chez la Guerchi, et s'il en était sorti, il n'aurait pas traversé cette place pour venir nous rejoindre. Allons-nous-en, et paix aux trépassés.

— Regarde, Jeannin; qu'y a-t-il là devant nous?

— Sur cette pierre?... Un homme renversé!

— Et baigné dans son sang, s'écria de Jars, qui déjà s'était élancé de ce côté. Ah! dit-il, c'est lui! c'est lui!... Vois, ses yeux sont fermés, ses mains froides... Mon enfant!... Il ne m'entend pas... Oh! qui donc l'a tué?

Il tomba à genoux, se jeta sur le corps et donna toutes les marques du plus violent désespoir.

— Allons, dit Jeannin, qu'étonnait une pareille explosion de douleur de la part d'un homme habitué aux duels et qui dans maintes occasions semblables n'avait pas fait preuve d'une sensibilité si profonde, allons, reviens à toi, et ne te désole pas ainsi comme une femme; le coup n'est peut-être pas mortel. Commençons par étancher la blessure et appelons du secours.

— Non, non...

— Tu es fou!

— N'appelle pas, au nom du ciel! La blessure est là près du cœur... Ton mouchoir, Jeannin, pour arrêter le sang... Maintenant, aide-moi à le soulever...

— Ah ça, suis-je éveillé ou le jouet d'un rêve? dit

LA CONSTANTIN.

Jeannin qui venait de porter les mains sur le chevalier, c'est...

— Tais-toi, sur ta tête ; tu sauras tout, mais silence ! il y a là quelqu'un qui nous regarde !

En effet, à quelques pas devant eux, était un homme debout, enveloppé dans un manteau et immobile.

— Que faites-vous là? dit de Jars.

Et vous, messeigneurs? répondit tranquillement et d'une voix assurée maître Quennebert.

— Votre curiosité pourrait vous coûter cher, monsieur ; nous n'avons pas l'habitude de laisser épier nos actions.

— Et moi, j'ai celle de ne pas m'aventurer imprudemment, mes nobles cavaliers. Vous êtes deux contre moi , mais, ajouta-t-il en écartant son manteau et en frappant de la main sur deux pistolets passés dans sa ceinture, voici qui rendrait la partie plus égale. Vous vous êtes mépris sur mes intentions : je ne voulais pas vous épier, le hasard seul m'a amené ici, et dans cet endroit désert, à cette heure de la nuit, votre position, vous en conviendrez, est assez étrange pour attirer la curiosité d'un homme aussi peu disposé à chercher querelle qu'à se laisser intimider par des menaces.

— C'est aussi le hasard, répondit de Jars, qui nous a conduits dans ce lieu. Nous traversions cette place, mon ami et moi, lorsque nous avons entendu des gémissemens ; nous nous sommes approchés, et nous avons vu ce jeune cavalier, que nous ne connaissons pas, percé d'un coup d'épée.

Maître Quennebert se pencha sur le blessé à un instant où la lune jetait une lueur douteuse ; il l'examina et dit :

— Je ne le connais pas plus que vous. Si l'on nous surprenait ainsi, nous pourrions passer facilement pour trois malfaiteurs tenant conciliabule près du corps de leur victime. Que prétendez-vous faire ?

— Le transporter chez un médecin. Il y aurait de l'inhumanité à le laisser sans secours, et même nous perdons là en discours inutiles un temps précieux.

— Êtes-vous du quartier ?

— Non, dit le trésorier.

— Je n'en suis pas non plus, dit Quennebert : mais je crois avoir entendu citer le nom d'un chirurgien qui demeure près d'ici, rue Hautefeuille.

— J'en connais un, reprit vivement de Jars, un homme habile.

— Disposez de moi.

— Volontiers, monsieur, car c'est assez loin.

— Je suis à vous.

De Jars et Jeannin soulevèrent le chevalier et le prirent par dessous les bras ; maître Quennebert lui soutint les jambes, et chargés de leur fardeau ils se mirent en route. Ils marchaient lentement, regardant autour d'eux, précaution d'autant plus nécessaire que le ciel s'était presque entièrement dégagé ; ils se glissèrent le long des maisons qui s'élevaient des deux côtés du pont Saint-Michel, gagnèrent à droite les petites rues de la Cité, et après bien des détours, après avoir évité toute rencontre,

LA CONSTANTIN.

ils s'arrêtèrent devant la porte d'une maison située derrière l'hôtel de ville.

— Merci, monsieur, dit de Jars, merci, nous n'avons plus besoin de votre aide.

Au même instant, maître Quennebert laissa retomber brusquement sur le pavé les jambes du chevalier, que le commandeur et le trésorier soutenaient toujours ; il recula de deux pas, tira ses pistolets de sa ceinture, et posant le doigt sur la détente :

— Ne bougez pas, messieurs, ou vous êtes morts.

Tous deux, quoique embarrassés de leur fardeau, firent le geste de porter la main à leur épée.

— Pas un mouvement, pas un cri, ou je vous tue.

L'argument était sans réplique et fort convaincant même pour deux duellistes. L'homme le plus brave pâlit à l'aspect de la mort imprévue, inévitable, et celui qui les menaçait paraissait homme résolu à exécuter sans hésitation ce qu'il disait ; il fallait obéir ou se faire clouer par une balle sur la muraille.

— Que voulez-vous donc, monsieur? demanda Jeannin.

Quennebert reprit sans changer d'attitude :

— Commandeur de Jars, et vous, messire Jeannin de Castille, trésorier de l'épargne... Vous voyez, mes gentilshommes, qu'outre l'avantage des armes qui frappent vite et sûrement, j'ai encore sur vous, moi, que vous ne connaissez pas, l'avantage de savoir qui vous êtes ; vous allez monter le blessé dans cette maison, où je ne prétends pas vous suivre ; je n'ai nul besoin de vous y accompagner, mais en sortant vous me retrouverez à cette porte. Après l'avoir remis aux mains du médecin, vous vous procurerez là-haut du papier et vous écrirez, — retenez bien ceci, — que le 20 novembre 1658, vers minuit, vous avez transporté, avec l'aide d'un inconnu, dans cette maison que vous désignerez, un jeune homme que vous appelez le chevalier de Moranges et que vous faites passer pour votre neveu...

— Qui l'est en effet.

— Soit.

— Mais qui vous a appris...

— Laissez-moi continuer : lequel avait été blessé dans un combat à l'épée, le même soir, derrière l'église Saint-André-des-Arts, par le duc de Vitry...

— Le duc de Vitry !... Comment savez-vous ?

— Je le sais, peu importe comment. Après cette déclaration, vous ajouterez que ledit chevalier de Moranges n'est autre que Joséphine-Charlotte Boullenois, que vous, commandeur, vous avez enlevée, il y a quatre mois, du couvent de la Raquette, dont vous avez fait votre maîtresse, et que vous cachez sous un déguisement d'homme ; puis, vous signerez. Suis-je bien instruit ?

De Jars et Jeannin restèrent quelques secondes muets de surprise. Le premier balbutia :

— Nous direz-vous, monsieur, qui vous êtes ?

— Le diable en personne si vous voulez. Eh bien ! ferez-vous ce que je désire ? En supposant que je sois assez maladroit pour ne point vous tuer à deux pas de distance, me laisserez-vous vous demander au grand jour et

LA CONSTANTIN.

tout haut ce que je vous demande la nuit et à l'oreille? et ne croyez pas en être quitte avec une fausse déclaration, qu'il me serait difficile de lire à la clarté de la lune ; ne croyez pas non plus que vous profiterez d'un moment de surprise en me la remettant : vous vous approcherez de moi l'épée dans le fourreau comme maintenant. Si cette condition n'est pas observée, je fais feu, et l'on vient au bruit. Demain, je dis autre chose que ce que je vous ai dit, je crie la vérité dans tous les carrefours, sur les places, sous les fenêtres du Louvre. Céder ainsi à une menace, c'est dur pour des hommes de cœur, j'en conviens ; mais réfléchissez que vous êtes en ma puissance, et qu'il n'y a pas de honte à racheter sa vie quand on ne peut la défendre. Votre réponse ?

Malgré toute sa bravoure naturelle, Jeannin, qui se trouvait compromis dans une affaire qui ne lui rapportait aucun bénéfice, et qui ne se souciait nullement de passer pour complice d'un rapt, se pencha vers le commandeur :

— Ma foi! je pense que le plus sage est de céder.

De Jars, avant de répondre, voulut s'assurer s'il n'y avait pas moyen de tromper la surveillance de son ennemi et de l'attaquer à l'improviste; sa main était restée posée sur la garde de son épée, sans faire un mouvement, mais prête à la tirer :

— Quelqu'un! dit-il, on vient de ce côté! entendez-vous?

— Ruse de guerre, répondit Quennebert : le bruit fût-il réel, je ne tournerai pas la tête, et si votre épée remue dans le fourreau, vous êtes mort !

CRIMES CÉLÈBRES.

— Allons, dit de Jars, je me rends à discrétion, mais ce n'est pas pour moi, monsieur, c'est pour mon ami et cette femme. Cependant, nous pourrions demander un gage de votre silence : cette preuve écrite que vous exigez, vous ne vous en servirez pas demain pour nous perdre?

— Je ne sais encore quel usage j'en ferai. Messieurs, décidez-vous, ou vous ne porterez au médecin qu'un cadavre; vous n'avez aucun moyen d'échapper.

Pour la première fois, le blessé fit entendre un faible gémissement.

— Il faut la sauver, s'écria de Jars : j'obéirai!

— Et moi, je jure sur l'honneur que je ne chercherai jamais à retirer cette femme de vos mains, et que je ne troublerai pas votre conquête. Faites-vous ouvrir, messieurs, et demeurez aussi long-temps que vous le jugerez nécessaire : je suis patient. Priez Dieu qu'elle en revienne : quant à moi, je souhaite qu'elle meure.

Ils entrèrent, et Quennebert, s'enveloppant de nouveau dans son manteau, se promena devant la maison, prêtant de temps à autre l'oreille. Au bout de deux heures environ, le commandeur et le trésorier redescendirent. Ainsi qu'il avait été convenu, ils lui remirent un papier écrit.

— J'ai grand' peur, dit de Jars, que ce ne soit un extrait mortuaire.

— Que le ciel vous entende, commandeur! Adieu, messieurs.

Il se retira en marchant à reculons, armé de ses pis-

LA CONSTANTIN.

tolets et toujours sur l'offensive, jusqu'à ce qu'il fût assez loin pour n'avoir plus à craindre une attaque.

Les deux gentilshommes, retournant de temps à autre la tête, s'éloignèrent rapidement, l'oreille basse, humiliés d'avoir été obligés de céder à un manant, et inquiets, surtout de Jars, de l'état dans lequel était le blessé.

Le lendemain de ces scènes étranges, il y eut des explications entre les différens personnages qui s'y étaient trouvés mêlés, ou comme acteurs ou comme témoins. Quand maître Quennebert fut rentré chez l'ami qui lui avait offert l'hospitalité pour la nuit, il s'aperçut que l'intérêt qu'il avait pris aux aventures du chevalier de Moranges avait totalement distrait son attention du sac de douze cents livres qu'il devait à la générosité de la veuve. Cet argent lui était nécessaire; il retourna chez elle. Celle-ci était à peine revenue de l'horrible frayeur qu'elle avait éprouvée. Son évanouissement s'était prolongé bien au-delà du temps où le notaire avait quitté l'hôtel, où Angélique, n'osant pas revenir dans cette chambre ensorcelée, s'était mise à l'abri de nouvelles apparitions dans la partie la plus reculée de son appartement. Madame Rapally en reprenant ses sens avait appelé d'une voix faible et tremblante; personne n'ayant répondu, elle s'était traînée dans l'obscurité. Alarmée de se trouver seule, elle s'était blottie au fond de son lit, et tout le reste de la nuit elle avait rêvé épées nues, duel, assassinat. Quand le jour parut, sans prévenir ses serviteurs, elle s'aventura à rentrer dans cette pièce mystérieuse; le sac d'écus s'était ouvert en tombant, l'argent était semé sur le carreau, la cloison brisée, la tapisserie déchirée et pendante. La veuve faillit se trouver mal de nouveau, elle crut apercevoir partout des taches de sang, mais une inspection plus attentive la rassura un peu : elle ramassa à droite et à gauche les écus épars, et fut agréablement surprise en voyant que pas un ne manquait à l'appel. Mais comment et pourquoi maître Quennebert les avait-il abandonnés? Qu'était-il devenu? Elle se perdait dans les suppositions les plus bizarres, dans les conjectures les plus extravagantes, lorsque le notaire se présenta chez elle. Comprenant dès les premiers mots qu'elle était dans une ignorance complète, il lui expliqua qu'au moment intéressant où le tête-à-tête de mademoiselle de Guerchi et du chevalier avait été si brusquement interrompu par l'arrivée du duc, il regardait avec une attention qui l'absorbait tellement, qu'il ne s'était pas aperçu que la tapisserie et la cloison cédaient sous le poids de son corps; que lorsque le duc avait tiré son épée, lui Quennebert, manquant tout-à-coup de point d'appui, était tombé presque à plat ventre dans la chambre, au milieu de la bagarre, des meubles et des flambeaux renversés; qu'il n'avait eu que le temps de se relever, de dégaîner précipitamment, et qu'il était sorti en ferraillant aussi bien contre le chevalier que contre le duc; que tous trois ils s'étaient poursuivis à outrance, et qu'il s'était trouvé à une heure avancée de la nuit trop éloigné du quartier pour revenir à l'hôtel. Quennebert ajouta force protestations d'amitié, de dévouement, de reconnaissance, et, nanti des douze cents livres, il la laissa rassurée sur son

LA CONSTANTIN.

compte, mais toujours sous une impression de terreur. La cloison fut réparée dans la journée même.

Pendant que le notaire tranquillisait la veuve, Angélique épuisait toutes les ressources de sa science de femme galante pour détruire les soupçons du duc de Vitry. Elle se prétendit victime d'une attaque imprévue qu'elle n'avait nullement autorisée. Le jeune chevalier de Moranges s'était introduit chez elle sous le prétexte de lui apporter des nouvelles du duc, du seul homme qui occupait sa pensée et qu'elle aimait. Il l'avait vu, avait-il dit, quelques jours auparavant; il lui avait laissé craindre, par des réticences habilement calculées, que le duc l'oubliait, qu'une nouvelle conquête qu'il poursuivait était la cause de son absence. Elle avait repoussé cette insinuation, quoique son long silence pût autoriser la supposition la plus fâcheuse, les doutes les plus cruels. Enfin, le chevalier, s'enhardissant peu à peu, lui avait déclaré son amour; elle s'était levée et lui avait ordonné de sortir. Lorsque le duc était entré, il avait pris son trouble et son émotion, bien naturels en pareil cas, pour une preuve de sa culpabilité. Il fallut expliquer aussi la présence des deux autres hommes qu'on avait signalés à Vitry. Comme il n'avait aucun renseignement sur eux, que le domestique ne connaissait ni Jeannin ni de Jars, elle dit qu'en effet deux gentilshommes s'étaient présentés chez elle dans la même soirée; qu'en refusant de lui apprendre leurs noms, ils lui avaient demandé des nouvelles du duc, qu'elle les soupçonnait d'être d'intelligence avec le chevalier pour la perdre, peut-être pour l'aider à l'enlever, mais qu'elle ne savait rien de positif à leur égard, rien qui pût l'éclairer sur leurs projets. Contre son habitude, le duc ne se rendait pas facilement à ces mauvaises raisons. Malheureusement pour lui, la demoiselle pouvait se placer sur un terrain favorable ; elle avait dû écouter d'abord, et avec la confiance que donne l'amour, des individus qui lui parlaient de celui qu'elle chérissait. De ce mensonge aux reproches amers de n'avoir pas pris plus de souci de son inquiétude mortelle il n'y avait qu'un pas : au lieu de se défendre, elle se plaignit, elle accusa ; elle eut même l'air de croire que les propos du chevalier pouvaient avoir un fond de vérité, si bien que le duc, quoiqu'il ne fût coupable d'aucune infidélité, et qu'il eût d'excellentes raisons à donner pour justifier son silence, fut bientôt réduit, après avoir menacé, à se confondre en excuses, à implorer humblement son pardon. Quant au cri qu'il avait entendu et qu'elle supposait avoir été poussé par l'inconnu qui s'était précipité dans la chambre après leur départ, elle lui persuada que les oreilles lui avaient corné. Ce qu'il y avait de mieux pour elle, c'était de le détourner de prendre des renseignemens, et d'effacer, autant que possible, toute trace de cette affaire. Le résultat de cette conférence fut que le duc de Vitry devint plus amoureux encore et plus crédule qu'auparavant, et que, croyant avoir des torts à réparer, il se livra pieds et poings liés. Deux jours après, il installa sa maîtresse dans un autre hôtel.

De son côté, la veuve Rapally voulut absolument déménager, et alla demeurer dans une maison qui lui appartenait sur le pont Saint-Michel.

LA CONSTANTIN.

Le commandeur était vivement affecté de l'état de Charlotte Boullenois. Le médecin entre les mains de qui il l'avait remise n'avait pu, à l'inspection des blessures, répondre de la guérison. Ce n'était pas que de Jars fût susceptible d'un amour bien profond, mais Charlotte était jeune, d'une grande beauté ; l'aventure était romanesque et pleine d'un mystère piquant. Il y avait quelque chose d'insolent, une sorte de défi scandaleux jeté à la curiosité et à la morale publiques, dans ce rapt et ce déguisement, dans cette possession cachée et avouée en même temps. Puis, le caractère hardi et bizarre de la belle, qui, non contente d'une intrigue vulgaire, avait foulé aux pieds tous les préjugés, toutes les convenances, et s'était précipitée tête baissée dans la débauche, sans mesure et sans frein, ce mélange des vices des deux sexes, de cet amour effréné de courtisane et des goûts d'un homme : les chevaux, le vin, l'escrime, cette nature excentrique, comme on dirait de nos jours, tout cela ravivait chez lui une passion qui, autrement, se serait vite éteinte dans son cœur blasé. Il ne voulut pas suivre le conseil de Jeannin, qui était d'avis de quitter Paris au moins pour quelques semaines, quoiqu'il craignît comme lui que la déclaration qu'ils avaient été forcés de donner à l'inconnu ne leur attirât une mauvaise affaire. Le trésorier de l'épargne, qu'aucun intérêt de cœur ne retenait, s'absenta. Le commandeur resta bravement, et au bout de cinq ou six jours, n'entendant parler de rien, il s'habitua à l'idée qu'il en serait quitte pour la peur.

Tous les soirs, lorsque la nuit était venue, il se rendait, enveloppé d'un manteau, armé jusqu'aux dents et le chapeau rabattu sur les yeux, dans la maison du médecin. Pendant deux fois vingt-quatre heures, Charlotte, que nous continuerons, pour ne pas jeter de confusion dans le récit, d'appeler le chevalier de Moranges, avait été en danger de mort. Cependant, sa jeunesse et la force de sa constitution l'emportèrent sur la fièvre violente qui se déclara, et aussi sur l'habileté problématique du chirurgien Perregaud. Si de Jars était le seul qui pénétrât dans la maison auprès du chevalier, il n'était pas seul à s'inquiéter de sa santé. Maître Quennebert rôdait dans le quartier. Comme il ne voulait pas qu'on le remarquât, des hommes postés par lui le tenaient au courant de ce qui s'y passait. Leurs instructions se bornaient à observer et à lui apprendre s'ils voyaient un convoi sortir de la maison; ils avaient ordre de s'informer du nom du défunt et de l'en prévenir à l'instant même. Mais cette surveillance extérieure était inutile ou exercée négligemment. A toutes ses demandes, c'était toujours la même réponse: Nous ne savons rien. Il prit alors le parti de s'adresser directement à celui qui pouvait lui donner les renseignemens positifs qu'il désirait.

Une nuit, le commandeur sortait de chez Perregaud; la journée avait été bonne, on espérait que le chevalier allait définitivement entrer en convalescence. De Jars s'était à peine éloigné de vingt pas, qu'il sentit une main se poser sur son épaule. Il se retourna et vit un homme que l'obscurité profonde l'empêcha de reconnaître.

LA CONSTANTIN.

— Pardon si je vous arrête, commandeur de Jars, dit Quennebert, mais j'ai deux mots à vous dire.

— Ah! c'est vous, monsieur, reprit le commandeur: venez-vous enfin me donner l'occasion que je souhaitais?

— Je ne vous comprends pas.

— La partie est plus égale cette fois, vous ne me prenez pas à l'improviste, presque désarmé, et si vous êtes un homme de cœur, nous mesurerons la longueur de nos épées.

— Moi, me battre avec vous! et pourquoi? vous ne m'avez pas offensé.

— Trêve de raillerie, monsieur: ne me faites pas repentir d'avoir été plus généreux que vous. Je vous aurais tué déjà si je l'avais voulu. J'aurais pu appuyer le canon de ce pistolet sur votre poitrine et tirer, ou vous dire: Rends-toi à merci, comme vous me l'avez dit dernièrement.

— Et à quoi cela vous eût-il servi, commandeur?

— A assurer un secret que vous ne deviez pas connaître.

— C'est ce qui aurait pu vous arriver de plus fâcheux. Moi mort, le papier que vous avez signé aurait parlé. Ah! vous croyez qu'après m'avoir tué en guet-apens, vous n'auriez qu'à vous baisser sur mon cadavre, à fouiller dans les poches de mon pourpoint, et à reprendre, pour l'anéantir, l'écrit qui vous accuse? C'est faire peu d'honneur à mon bon sens et à mon intelligence. Vous pouvez à toute force vous en passer, vous autres grands seigneurs: la loi est pour vous. Mais quand un homme de rien, quand un manant comme moi s'aventure dans quelque affaire qui sonnerait mal aux oreilles de la justice, il prend ses précautions; il ne lui suffit pas d'avoir raison, il faut encore qu'il assure son impunité et conserve tous les avantages que lui donnent le bon droit, son adresse et son courage. Je désirerais ne pas vous humilier une seconde fois : ainsi brisons là. Cet écrit est déposé chez mon notaire, et s'il reste un jour, un seul sans me voir, il doit l'ouvrir et le rendre public. Ainsi toutes les chances sont encore pour moi. Maintenant que vous êtes prévenu, je ne veux pas faire mal à propos le rodomont. Je suis tout disposé à reconnaître la distance des rangs, et, si vous l'exigez, à vous parler la tête découverte.

— Qu'avez-vous à me demander, monsieur?
— Des nouvelles du chevalier de Moranges.
— Il est mal, très-mal.
— Écoutez, commandeur, ne dissimulez pas avec moi. On croit ordinairement ce qu'on espère; moi je désire si vivement que je n'ose pas vous croire. Je vous ai vu sortir de la maison du chirurgien, et votre démarche et vos gestes n'indiquaient pas un homme qui vient d'apprendre de mauvaises nouvelles, tout au contraire. Vous regardiez le ciel, vous vous frottiez les mains et marchiez lestement sur la pointe du pied. Ce ne sont pas là les signes de la douleur.

— Vous êtes un habile observateur, monsieur.
— Je vous l'ai déjà dit, commandeur, des espèces de serfs à moitié affranchis, que leur volonté ou le hasard

LA CONSTANTIN.

jette hors du cercle étroit et obscur de leur misérable existence, sont tenus d'avoir les oreilles toujours ouvertes et des yeux de lynx. Si je vous avais fait cette brève réponse, à vous, sur le seul soupçon que je pouvais mentir, vous auriez dit à vos valets : — Corrigez ce faquin. — Moi, je suis obligé de vous prouver que vous n'avez pas voulu me dire la vérité. Je me tiens donc pour assuré, dès à présent, que le chevalier n'est pas ce soir en danger de mort.

— Si vous étiez si bien instruit, pourquoi me l'avez-vous demandé?

— Mais je ne le sais, répondit Quennebert, que depuis que vous m'avez affirmé le contraire.

— Monsieur! s'écria de Jars, qui ne souffrait qu'impatiemment cette froide et railleuse politesse.

— Rendez-moi justice, commandeur. Le joug vous pèse; mais convenez pourtant que j'ai la main légère. Voilà huit jours déjà que je vous tiens à ma disposition : avez-vous été inquiété? votre secret a-t-il été trahi? Non. Ma conduite est encore et restera la même. Je souhaite, quelque chagrin que vous puissiez en ressentir, je souhaite que le chevalier meure de sa blessure. Je n'ai pas, moi, les mêmes raisons que vous de l'aimer, vous le comprenez facilement sans que j'aie besoin de vous expliquer mon intérêt. Mais un souhait ne détermine rien en pareille affaire, il n'amène ni ne chasse la fièvre. Je vous ai dit que je ne voulais pas rendre au chevalier son véritable nom. Je ferai peut-être usage de cet écrit, peut-être ne m'en servirai-je pas. Si je suis obligé de le produire, je vous avertirai. De votre côté, jurez-moi sur l'honneur que vous ne me cacherez rien, que soit que vous restiez à Paris, soit que vous en sortiez, je serai instruit par vous de ce qui concerne le chevalier. S'il revient à la santé, ou s'il meurt, vous me l'apprendrez ; c'est un secret entre nous deux, et il est inutile que vous le révéliez au prétendu Moranges.

— Vous jurez, monsieur, de m'avertir si vous usez de la preuve que je vous ai donnée? Quel gage aurai-je de votre parole?

— Ma conduite jusqu'à ce jour, et la promesse que je vous fais sans y être forcé.

— C'est que vous espérez ne pas attendre longtemps.

— Oui, mais une indiscrétion me serait aussi nuisible qu'à vous. Je ne vous en veux pas, commandeur ; vous ne m'avez ravi aucun bien : je ne réclame rien de vous. Ce qui vous paraît un trésor est un fardeau pour moi et le deviendra peut-être pour vous plus tard. Je demande seulement à savoir quand vous en serez débarrassé par votre volonté ou celle de Dieu. Il y a aujourd'hui espoir de sauver le chevalier, n'est-ce pas ?

— Oui, monsieur.

— Me promettez-vous, s'il sort sain et sauf de cette maison, de m'en instruire ?

— Je le promets.

— Et dans le cas contraire, vous m'avertirez également ?

— Également. Mais à qui adresser cet avis ?

LA CONSTANTIN.

— J'aurais cru que depuis notre entretien vous saviez qui je suis, et qu'il était inutile de vous apprendre mon nom. Mais je n'ai pas de raison de le cacher : maître Quennebert, notaire, à Saint-Denis. Je ne veux pas vous retenir plus long-temps, commandeur; excusez un simple bourgeois qui se permet de dicter des conditions à un noble seigneur. Le hasard m'a bien servi une fois pour vingt autres où il me donnera le désavantage.

De Jars ne répondit rien, salua d'un signe de tête le notaire, et s'éloigna, non sans grommeler entre ses dents et sans s'irriter tout bas des humiliations qu'il était obligé de supporter patiemment.

— Insolent comme un valet qui ne craint pas les étrivières! se disait-il : avec quel orgueil le faquin abuse de sa position! Il m'ôte son chapeau en me mettant le pied sur la gorge. Ah! si jamais je puis avoir mon tour, monsieur le tabellion, vous passerez un mauvais quart d'heure.

Chacun explique à sa manière le point d'honneur. De Jars se serait fait couper par morceaux plutôt que de ne pas tenir la promesse qu'il avait faite à Quennebert huit jours auparavant. Sa parole, dans cette circonstance critique, avait racheté sa vie. Dès lors, y manquer eût été à ses yeux une lâcheté. Mais l'engagement qu'il venait de prendre n'avait pas pour lui la même sanction morale; il n'avait cédé en second lieu à aucune menace, évité aucun danger sérieux, et une capitulation de conscience à cet égard ne l'aurait pas embarrassé. Il aurait volontiers cherché une occasion et un endroit favorable pour une rencontre avec le notaire, il l'aurait insulté jusqu'à le forcer à se battre, et il ne lui venait pas à l'idée qu'un bourgeois pût ferrailler victorieusement contre lui. Mais cette mort, qui ne devait pas assurer son secret, n'eût fait que rendre sa conduite moins excusable encore, et malgré son rang et ses protestations, il n'était pas assez certain de l'impunité pour se charger d'un nouveau méfait. Force lui fut donc de conclure qu'il fallait se soumettre et ronger son frein.

— Pardieu! dit-il, je sais ce qui gêne le rustre. Eh bien! dussé-je en souffrir moi-même, j'empêcherai de tout mon pouvoir que la chaîne ne se brise. Oui, c'est cela ; je le surveillerai de mon côté, et sans qu'il se doute de quelle main partent les coups, je lui tiendrai peut-être à mon tour une épée nue suspendue sur la tête.

En attendant qu'il pût exécuter ses projets de vengeance, le commandeur de Jars tint sa parole. Ce fut par lui que, un mois environ après cette entrevue, Quennebert apprit que le chevalier de Moranges, parfaitement rétabli, avait quitté la maison du chirurgien Perregaud. Mais le triste dénouement de cette équipée parut avoir calmé son humeur aventureuse. On n'entendit plus parler du beau chevalier. Ceux qui l'avaient connu perdirent son souvenir, à l'exception toutefois de la demoiselle de Guerchi, qui se rappelait toujours ses paroles passionnées, ses beaux yeux qui exprimaient si bien l'amour, et ses baisers ardens. Elle avait voulu en vain chasser son image. Comme le duc de Vitry assurait qu'il devait avoir tué sur le coup son adversaire, elle se disait qu'il

LA CONSTANTIN.

n'y avait pas d'infidélité à aimer un mort, et elle continua à vivre grassement de la réalité, tout en gardant ses plus douces pensées et ses regrets inutiles pour un autre qu'elle n'espérait plus revoir.

Nous demandons maintenant au lecteur la permission de lui faire franchir un espace de plus d'une année, et d'introduire sur la scène un personnage secondaire, mais qu'il est impossible de laisser plus long-temps dans l'ombre.

Nous avons dit que les amours de Quennebert et de la veuve Rapally étaient vus avec jalousie par un quidam, arrière-cousin du défunt mari. Ce soupirant rebuté n'avait pas un amour plus sincère et des motifs plus honorables que le notaire. Quoique doué d'un physique qui ne devait pas lui attirer beaucoup de conquêtes, il estimait ses avantages personnels au moins à l'égal des charmes de sa parente, et sous ce rapport on ne saurait lui reprocher un amour-propre exagéré. Mais toutes ses œillades avaient été en pure perte. Le cœur de madame Rapally était prévenu en faveur de son rival, et ce n'est pas chose facile de supplanter une passion enracinée dans le cœur d'une veuve de quarante-six ans, assez sotte pour croire qu'elle inspire les désirs qu'elle ressent. Le malheureux Trumeau en avait fait vingt fois l'épreuve. Ses déclarations préparées à l'avance, les soupçons qu'il cherchait habilement à éveiller, ne lui avaient valu que des rebuffades et de mauvais complimens. Mais la persévérance était sa qualité dominante; d'ailleurs, il ne pouvait s'habituer à l'idée de voir passer la fortune de la veuve en d'autres mains que les siennes, et chacun de ses mécomptes redoublait son envie de brouiller les affaires de son compétiteur. Il était à l'affût de tout ce qui pouvait donner matière à une dénonciation. Il jaunissait à ce métier stérile, et séchait sur pied, si bien que de simple rival il était devenu ennemi irréconciliable. Il avait conçu une implacable haine contre le notaire. L'emporter sur lui, l'éconduire à son tour, après une lutte aussi longue et aussi obstinée, après tant de défaites successives, lui eût paru une victoire incomplète, une vengeance trop douce.

Quennebert n'ignorait pas avec quelle ardeur infatigable Trumeau cherchait à le desservir; il aurait pu, il est vrai, renverser facilement tout cet échafaudage de méchancetés, de mauvais propos et d'insinuations perfides. Il se serait fort peu inquiété des manœuvres de son rival, s'il eût voulu profiter des avantages que lui faisait madame Rapally. La plus grande difficulté pour lui était non pas de triompher, mais de s'arrêter au milieu de son triomphe, d'entretenir l'espoir sans lasser la patience de la veuve. Ses affaires étaient mauvaises. De jour en jour cette fortune, dont il arrachait de temps à autres quelques bribes, sous prétexte d'emprunts, lui devenait plus nécessaire. Il n'osait pourtant s'en emparer; c'était le supplice de Tantale. Ses créanciers le poursuivaient impitoyablement. Passé un dernier délai, qu'on lui avait accordé à grand'peine, c'en était fait de lui, de sa réputation, de son avenir.

On était au commencement de février 1660. Un matin, Trumeau se rendit chez sa cousine; il y avait près d'un

LA CONSTANTIN.

mois qu'il n'y avait été, et Quennebert et la veuve croyaient qu'il avait de guerre lasse abandonné la partie. Mais, au contraire, sa haine était plus forte que jamais, et, sur des indices qui lui étaient parvenus, il s'était procuré une preuve qui devait perdre son rival. Quand il se présenta, ses regards trahissaient une satisfaction intérieure qui se contenait à peine. Il avait à la main un petit rouleau de papier attaché avec un bout de ruban. La veuve était seule et enfoncée dans un large fauteuil devant une cheminée. Elle relisait pour la vingtième fois une lettre que Quennebert lui avait écrite la veille. L'épître devait être sur un ton bien brûlant, à en juger par l'air heureux et épanoui de la bonne dame. Trumeau devina facilement de qui était ce griffonnage, et cette vue, au lieu de l'irriter, amena un sourire sur ses lèvres.

— Ah! c'est vous, cousin, dit la veuve en repliant le précieux papier et en le glissant sous sa collerette; bonjour: il y a long-temps qu'on ne vous a vu? plus de quinze jours, il me semble. Est-ce que vous avez été malade?

— Vous vous êtes aperçue de mon absence, cousine? c'est fort aimable à vous assurément, et vous ne m'avez pas habitué à de si charmantes attentions. Non, je n'ai pas été malade, grâce à Dieu : mais j'ai pris la résolution de ne plus vous importuner aussi souvent. Quelques visites d'amitié, comme celle que je vous fais aujourd'hui, voilà ce qui vous convient, n'est-ce pas? Donnez-moi donc des nouvelles de votre beau soupirant, de maître Quennebert.

— Vous avez l'air bien railleur en parlant de lui, Trumeau : auriez-vous appris quelque chose de fâcheux?

— Non, cousine, et je serais désolé qu'il lui arrivât quelque malheur.

— Vous ne dites pas ce que vous pensez, car vous le détestez.

— Franchement, je n'ai pas de raison de l'aimer. Sans lui, je serais peut-être heureux maintenant : mon amour vous aurait peut-être touchée. Mais enfin il a fallu me résigner, et puisque vous lui avez donné la préférence, ajouta-t-il avec un soupir, eh bien! je souhaite que vous ne vous en repentiez jamais.

— Merci de vos bons souhaits, cousin ; je suis charmée de vous voir dans ces dispositions bienveillantes. Il ne faut pas m'en vouloir si je ne vous ai pas aimé d'amour : vous savez que le cœur ne raisonne pas.

— Je ne vous demande qu'une chose.

— Laquelle ?

— C'est dans votre intérêt que je parle, bien plus que dans le mien. Pour votre bonheur, ne laissez pas ce beau tabellion prendre trop d'empire sur vous. Vous direz qu'en ma qualité de rival éconduit je dois chercher à lui nuire, mais pourtant s'il est vrai qu'il vous aime moins qu'il ne le dit....

— Allons, allons, taisez-vous, méchante langue : allez-vous encore recommencer vos propos calomnieux? Vous jouez un vilain jeu, Trumeau. J'ai toujours caché à maître Quennebert les perfidies et les mensonges que vous débitez sur son compte. S'il les savait, il vous ferait un mauvais parti, et vous seriez sans doute fort embarrassé de les soutenir en sa présence.

LA CONSTANTIN.

— Nullement, je vous jure : et je crois, au contraire, que si je disais un mot, c'est lui qui serait le plus penaud de nous deux. Oui, je me suis laissé rebuter, mépriser, injurier par vous. J'ai passé pour calomniateur quand je disais : Ce galant coureur de veuves vous aime non pour vos beaux yeux, mais pour votre coffre-fort. Il vous amuse par de belles promesses ; mais pour vous épouser, jamais....

— Plaît-il ? interrompit madame Rapally.

— Je dis ce que je sais. Vous ne serez jamais madame Quennebert.

— Vraiment ?

— Vraiment.

— La jalousie vous a fait perdre le peu de cervelle que vous aviez en partage, Trumeau. Depuis qu'on ne vous a vu, cousin, il s'est passé de graves événemens, et je devais vous écrire aujourd'hui même pour vous inviter à la noce.

— A la noce ?

— Oui. Je me marie demain.

— Demain ?.... avec Quennebert ?.... balbutia Trumeau.

— Avec Quennebert, répéta la veuve d'un air triomphant.

— Cela n'est pas possible ! s'écria Trumeau.

— Cela est si possible que vous le verrez demain, et je vous prie, à l'avenir, de ne plus voir en lui un rival, mais mon mari. L'offenser, ce serait m'offenser moi-même.

Le ton avec lequel elle prononça ces paroles ne permettait pas à Trumeau de douter de la vérité de cette nouvelle ; il baissa la tête et garda quelques instans le silence, comme un homme qui réfléchit avant de prendre une détermination bien arrêtée. Il tournait et retournait entre ses doigts le petit rouleau de papier, témoignant par ses gestes de l'incertitude où il était s'il devait ou non le déplier et en donner lecture. Enfin il le replaça dans la poche de son pourpoint, se leva, et s'approchant de la cousine :

— Je vous demande pardon, dit-il : ce mariage change complètement la nature de mes idées. Du moment que maître Quennebert vous épouse, je n'ai plus aucun grief contre lui. Mes soupçons étaient injustes, je dois le reconnaître, et j'espère que vous voudrez bien oublier, en faveur du motif qui me faisait agir, la vivacité de mes attaques. Je ne me permettrai plus un mot, et l'avenir, j'en suis sûr, vous apprendra, cousine, quel est mon dévouement à vos intérêts.

Madame Rapally était trop heureuse, trop certaine d'être aimée, pour ne pas pardonner aisément. Avec la satisfaction et la fausse générosité d'une femme qui a inspiré deux violentes passions, et qui a la bonté de plaindre celui qu'elle éconduit, elle tendit la main à Trumeau. Celui-ci la prit respectueusement et la baisa en faisant une grimace sournoise. Ils se séparèrent en bonne intelligence, et il fut convenu que Trumeau assisterait à la bénédiction nuptiale, qui devait être donnée dans une église située derrière l'hôtel de ville, nouveau quartier

LA CONSTANTIN.

que la veuve avait été habiter, après avoir vendu avantageusement sa maison du pont Saint-Michel.

— Parbleu! s'écria Trumeau en sortant, j'aurais fait une grande sottise si je m'étais hâté de parler. Je le tiens donc enfin ce misérable Quennebert! Il est assez imprudent pour s'enferrer lui-même. Il se jette dans le précipice, et il ne me laisse pas même la peine de l'y pousser.

Le lendemain la cérémonie eut lieu. Quennebert conduisit à l'autel son intéressante future, parée comme une châsse, rayonnante, épanouie, et si affreusement laide sous sa ridicule parure, que le beau notaire en avait honte et sentait le rouge lui monter au front. Au moment où ils entraient dans l'église, un cercueil, sur lequel était posée une épée, et que suivait un seul homme qui paraissait appartenir, par ses vêtemens et ses manières, à la classe noble, arrivait par la même porte. La noce céda le pas à l'enterrement: les vivans se rangèrent pour laisser passer le mort. L'homme qui suivait le convoi jeta à la dérobée un regard sur Quennebert et tressaillit involontairement, comme si sa vue lui eût causé une impression pénible.

— Quelle fâcheuse rencontre! murmura madame Rapally; c'est peut-être d'un mauvais augure!

— Je vous réponds du contraire, reprit Quennebert en souriant.

Les deux cérémonies eurent lieu en même temps dans deux chapelles contiguës, et les chants de mort qui troublaient si fort la veuve, qui semblaient résonner à son oreille comme une prédiction sinistre, comme un lugubre avertissement, produisaient un effet tout opposé sur Quennebert, et déridaient sa physionomie habituellement soucieuse, si bien que Trumeau et les autres invités, qui n'étaient pas dans le secret de cette hilarité, s'en étonnaient et finissaient par croire qu'il s'estimait réellement heureux de posséder légitimement les charmes de madame Rapally.

Celle-ci passa une journée remplie par une douce attente. Le soir venu, elle se retira dans sa chambre : il n'y avait pas deux minutes qu'elle y était entrée, qu'elle jeta un grand cri. Elle venait de trouver et de lire un papier que Trumeau avait eu l'adresse, sans être aperçu, de déposer sur le lit même. La révélation qu'il contenait était si terrible, qu'elle tomba sans connaissance sur le parquet.

Quennebert, qui, dans la chambre voisine, réfléchissait sans rire à son bonheur, accourut au bruit et releva sa femme. En jetant les yeux sur le papier, il poussa à son tour un cri de surprise et de colère ; mais, dans quelque situation qu'il se trouvât, il n'était jamais long à prendre un parti. Il prit madame Quennebert dans ses bras, la plaça, toujours évanouie, sur le lit, appela sa servante, et après lui avoir recommandé de prodiguer ses soins à sa maîtresse, et surtout de la rassurer de sa part quand elle reprendrait ses sens, il quitta précipitamment la maison. Une heure après il entrait, presque de force et malgré l'opposition des domestiques, chez le commandeur de Jars. Il lui présenta le papier fatal, et lui dit :

LA CONSTANTIN.

— Parlez franchement, commandeur! Avez-vous voulu vous venger de la longue dépendance dans laquelle je vous ai tenu? Je ne le crois pas: car, après ce qui est arrivé, vous savez que maintenant je n'ai plus rien à craindre. Vous seul, cependant, étiez instruit de ce secret, et peut-être, ne pouvant faire plus, avez-vous pris votre revanche en détruisant mon bonheur à venir, en semant la défiance et les reproches entre moi et ma femme?

Le commandeur jura qu'il était étranger à cette révélation.

— Si ce n'est vous, reprit Quennebert, ce doit être alors un misérable nommé Trumeau, que l'instinct de la jalousie a mis sur la trace de la vérité. Mais il n'en sait que la moitié, et je n'ai été ni assez amoureux ni assez sot pour me laisser prendre au piége. Je vous avais promis d'être discret, de ne pas abuser de mes avantages, et j'ai tenu ma promesse tant que je l'ai pu sans danger pour moi. Mais aujourd'hui, vous comprenez qu'il faut que je me défende, et je ne le puis qu'en invoquant votre témoignage. Ainsi, partez cette nuit, quittez Paris, choisissez-vous une retraite sûre, où l'on ne puisse vous découvrir, car demain je parlerai. Si j'en suis quitte pour des pleurs de femme, si je n'ai qu'à apaiser et à convaincre une épouse en larmes, vous pourrez revenir sans être inquiété; mais si le coup, comme il n'est que trop probable, est parti de la main d'un rival furieux d'avoir été éconduit, l'affaire n'en restera pas là assurément: la justice voudra s'en mêler, et alors il faudra bien que je retire ma tête du nœud coulant qu'on s'apprête déjà à serrer.

— Vous avez raison, monsieur, répondit le commandeur; je ne veux pas risquer mon crédit à la cour à braver votre dénonciation. Voilà une bonne fortune qui me coûte cher, et qui me guérira, je vous jure, de l'envie de courir désormais les aventures. Mes préparatifs ne seront pas longs, et dès demain matin je serai loin de Paris.

Quennebert le salua, et rentra chez lui consoler son Ariane.

L'accusation que, par suite de cette découverte, on pouvait former contre maître Quennebert était extrêmement grave; il ne s'agissait rien moins que de sa tête. Mais il était tranquille, et savait bien par quel argument victorieux il se tirerait de cette mauvaise affaire.

L'amour platonique de Louise de Guerchi pour le beau chevalier de Moranges n'avait fait qu'un tort moral au duc de Vitry. Après sa réconciliation avec son amant et l'explication satisfaisante qu'elle lui avait donnée, la demoiselle n'avait pas jugé à propos, nous l'avons déjà dit, de faire plus long-temps la cruelle, et il en était résulté, au bout d'un an, un inconvénient qu'il fallait aviser aux moyens de cacher. Angélique, il est vrai, habituée à cette position, n'en éprouvait ni chagrin ni honte: au contraire, elle y voyait un gage de sécurité pour son avenir, un lien qui retiendrait le duc près d'elle. Mais celui-ci, qui croyait apparemment avoir séduit une vertu de premier ordre, se désolait de voir la réputation de sa

LA CONSTANTIN.

maîtresse ainsi compromise; il redoutait le scandale, si bien qu'Angélique, pour ne pas paraître prendre trop peu de souci de sa propre considération, fut obligée de se mettre à l'unisson, et de se lamenter conjointement avec son amant.

Un soir, peu de temps avant le mariage de maître Quennebert, la belle mademoiselle de Guerchi partit, aux yeux du monde, pour un voyage de quinze jours ou trois semaines. Elle fit dans une voiture de poste le tour de Paris, et y rentra secrètement par une barrière où l'attendait le duc avec une chaise. Les porteurs la conduisirent dans la maison où de Jars avait transporté son prétendu neveu lors de son duel. La pauvre fille, qui devait payer cher ses péchés amoureux, y resta vingt-quatre heures, et en sortit clouée dans une bière. Le corps fut caché dans une des caves de l'hôtel du prince de Condé, et consumé dans de la chaux vive. Le surlendemain de cette mort affreuse, le commandeur de Jars se présenta de nouveau dans cette maison, y retint une chambre et y installa le chevalier.

Cette maison, dans laquelle il faut bien faire pénétrer le lecteur, formait l'angle de la rue de la Tixeranderie et de la rue des Deux-Portes. Elle n'avait aucune apparence, aucune décoration qui pût la faire remarquer, si ce n'est une double enseigne ainsi conçue: MARIE LEROUX, FEMME CONSTANTIN, MATRONE JURÉE; et plus bas: CLAUDE PERREGAUD, CHIRURGIEN. Cette inscription occupait la façade qui regardait la rue de la Tixeranderie, et qui n'était percée que de quelques étroites ouvertures, les fenêtres s'ouvraient sur la cour. L'entrée, au seuil de laquelle aboutissaient les premières marches d'un escalier tortueux et tournant sur lui-même, était à droite de l'arcade basse qui s'arrondissait comme la voûte d'une arche à l'extrémité de la rue des Deux-Portes. Cette habitation, d'un aspect sale, pauvre et délabré, était pourtant fréquentée par de riches personnages : de brillans équipages stationnaient souvent aux alentours. Souvent aussi, pendant la nuit, de grandes dames s'y glissaient furtivement sous des noms supposés, et y restaient quelques jours, au bout desquels les secrets meurtriers de la science infâme exercée par la Constantin et Claude Perregaud leur rendaient l'apparence de l'honneur et leur refaisaient une réputation de vertu. Au premier et au second étage étaient une douzaine de chambres, où s'accomplissaient des mystères abominables. La pièce qui servait de salon d'attente et de réception était meublée d'une façon bizarre et encombrée d'objets d'une forme étrange et inconnue. C'était à la fois le cabinet de travail d'un chirurgien, le laboratoire d'un apothicaire et d'un alchimiste, et le repaire d'un sorcier. Il y avait là, pêle-mêle, des instrumens de toutes sortes, des fourneaux, des cornues, des livres contenant les plus absurdes rêveries de l'esprit humain. On y voyait les vingt volumes in-folio composés par Albert le Grand, les œuvres de son disciple Thomas de Cantopré, d'Alchindus, d'Averroës, d'Avicenne, d'Alchabitim, de David de Plaine-Campy, dit l'Édelphe, chirurgien de Louis XIII, et auteur du célèbre livre l'Hydre morbi-

LA CONSTANTIN.

fique exterminée par l'Hercule chimique. A côté d'une tête d'airain faite sur le modèle de celle du cordelier anglais Bâcon, qui répondait aux questions qu'on lui adressait, et qui pouvait prédire l'avenir par le moyen *du miroir almucheſi et de la combinaison des règles de la perspective*, était une coque d'œuf, la même dont Cayet, au dire de d'Aubigné, s'était servi autrefois pour *faire des hommes avec des germes, des mandragores et de la soie cramoisie, sur un feu lent*. Dans des armoires, dont les panneaux à coulisses s'ouvraient par des ressorts cachés, étaient des bocaux remplis de drogues malfaisantes et d'une action malheureusement trop efficace : aux deux places les plus apparentes et en regard l'un de l'autre étaient deux portraits d'Hiérophile, médecin grec, et de Agnodice, son élève, qui, la première, exerça à Athènes la profession de sage-femme. Il y avait déjà plusieurs années que la Constantin et Claude Perregaud avaient mis en commun leur criminelle industrie, et jamais ils n'avaient été inquiétés. Beaucoup de personnes avaient leur secret, mais toutes étaient intéressées à le taire, et les deux complices avaient fini par se persuader que l'impunité leur était assurée. Un soir pourtant, Claude Perregaud rentra la figure bouleversée, pâle et tremblant de tous ses membres. Il avait été instruit dans la soirée que la justice avait des soupçons sur eux. Quelque temps auparavant, les vicaires généraux et les pénitenciers avaient envoyé une députation au premier président, et avaient cru devoir l'avertir que depuis un an, six cents femmes s'étaient accusées en confession d'avoir, à l'aide de breuvages, tué leur fruit. Sur cette première révélation la justice avait pris l'éveil, et la nuit même on devait faire une descente dans la maison. Ils se consultèrent quelque temps, et, comme il arrive d'ordinaire, ils ne purent s'arrêter à aucun avis raisonnable. Le danger seul leur rendit leur présence d'esprit. Vers le milieu de la nuit on frappa violemment à la porte de la rue, et ils entendirent distinctement l'ordre d'ouvrir au nom du roi.

— Nous pouvons encore nous sauver, s'écria le chirurgien éclairé par une inspiration soudaine. Il se précipita dans la chambre où était couché le prétendu chevalier, et lui dit :

— Des gens de justice vont monter ! s'ils découvrent votre sexe, vous êtes perdue et nous aussi. Laissez-moi faire.

Sur un signe de lui la femme Constantin descendit, et la visite domiciliaire commença dans les chambres du premier étage, pendant que Claude Perregaud faisait une incision à la main droite du chevalier, incision peu douloureuse et destinée à remplacer une blessure faite par une épée. La chirurgie et la médecine étaient à cette époque si confuses, embarrassées de tant d'appareils, hérissées de tant d'absurdités scientifiques, que cette profusion d'objets étranges qui encombrait le plancher et les tablettes, que les titres mêmes de certains traités qu'on n'avait pas eu le temps de faire disparaître n'excitèrent aucun étonnement. Par bonheur pour eux, le chevalier était dans ce moment leur seul pensionnaire. On arriva

LA CONSTANTIN.

à la chambre qu'il occupait, et les premiers objets qui frappèrent la vue des visiteurs furent le chapeau, les bottines éperonnées et l'épée du blessé. Claude Perregaud leva à peine les yeux sur ceux qui entrèrent; il fit signe seulement de ne point faire de bruit, et continua le pansement. Trompé complètement par les apparences, le chef de la bande demanda le nom du malade et la cause de cette blessure. La Constantin répondit que c'était le jeune chevalier de Moranges, neveu du commandeur de Jars, qui avait eu une affaire d'honneur, et que son oncle avait amené la nuit même, il y avait à peine une heure. Celui qui faisait ces questions inscrivit sur un livret ces précieux renseignemens, et se retira sans avoir rien découvert.

Tout aurait été à merveille s'il se fût agi seulement de guérir le chevalier d'une blessure au bras. Mais quand Perregaud lui fit présent d'une maladie improvisée, la Constantin avait déjà commencé à appliquer ses remèdes destructeurs. Une fièvre violente se déclara, et le troisième jour le chevalier mourut en couches. C'était son convoi qu'accompagnait de Jars, et que maître Quennebert avait rencontré à la porte de l'église le jour de son mariage.

Ce que le notaire avait prévu arriva. Madame Quennebert, furieuse d'avoir été trompée, ne voulut pas ajouter foi à la justification de son mari; et Trumeau, qui ne perdait pas de temps, fit lancer contre lui, dès le lendemain, une accusation de bigamie. C'était en effet une copie de son contrat de mariage avec Joséphine-Charlotte

Boullenois qu'il avait déposée dans la chambre nuptiale. Un hasard lui avait fait découvrir la vérité, et il mettait son rival au défi de représenter l'acte mortuaire de sa première femme. Charlotte Boullenois, après deux ans de mariage, avait formé une demande en séparation, à laquelle s'était d'abord opposé Quennebert. Pendant la procédure instruite à ce sujet, elle s'était retirée au couvent de la Raquette, où de Jars avait noué une intrigue avec elle, et l'avait, sans beaucoup de peine, déterminée à se laisser enlever. Il avait caché sa conquête sous un déguisement d'homme, auquel se prêtait merveilleusement les formes un peu masculines et les goûts étranges de Charlotte. Dans les premiers temps, Quennebert s'était livré à des recherches actives mais infructueuses. Peu à peu il s'était habitué à ce divorce forcé et à cette liberté de fait, dont il avait usé largement. Ses affaires s'en étaient ressenties, et lorsqu'il eut fait la connaissance de la veuve Rapally, dont la fortune pouvait réparer ses désordres, il avait été obligé de répondre par une réserve extrême aux avances qu'elle lui faisait. Enfin, il en était venu au point, ou d'être jeté en prison, ou de consentir à un mariage malgré le danger qu'il courait. Il avait fixé une époque, déterminé à quitter Paris quelques jours après la cérémonie, et à emmener sa femme aussitôt qu'il aurait satisfait ses créanciers. Dans cet intervalle et pendant que Trumeau s'applaudissait de sa découverte, son bonheur avait voulu que le prétendu chevalier de Moranges retournât chez la Constantin. Comme il n'avait jamais perdu de vue de Jars, qu'il avait

LA CONSTANTIN.

toujours épié ses démarches, il avait été instruit de toutes les circonstances, et la célébration de son second mariage étant postérieure d'un jour à la mort de Charlotte Boullenois, il ne pouvait avoir aucun démêlé sérieux avec la justice. Il représenta l'attestation écrite par mademoiselle de Guerchi et celle que lui avait donnée le commandeur : il fit exhumer le corps. Cette dernière preuve prouva la vérité de toutes ses assertions, quelque extraordinaires et invraisemblables qu'elles eussent paru d'abord. Mais ces révélations rappelèrent l'attention sur la Constantin et Perregaud. La justice une fois sur la trace saisit tous les fils, et un arrêt du parlement les condamna à « estre pendus et estranglés à une potence » plantée pour cet effet au carrefour de la Croix-du-» Trahoir, leurs corps morts y demeurer vingt-quatre » heures, puis portés au gibet de Paris, etc., etc. »

Il fut constaté qu'ils avaient amassé tous deux des sommes énormes dans cet infâme métier. On découvrit par des notes éparses dans des registres saisis chez eux, des scandales et des désordres tels, que pour ne pas compromettre un grand nombre de personnages haut placés on borna l'accusation au double empoisonnement d'Angélique de Guerchi et de Charlotte Boullenois.

A. ARNOULD.

L'HOMME

AU

MASQUE DE FER.

Le Masque de fer

L'HOMME AU MASQUE DE FER.

Voilà bientôt cent ans que cette curieuse énigme exerce tour à tour l'imagination des romanciers, des dramaturges, et la patience des érudits. Il n'y a pas de sujet plus obscur, plus incertain, et en même temps plus populaire. C'est comme une légende dont personne ne sait le mot et à laquelle tout le monde ajoute foi. Cette longue captivité, qu'ont accompagnée de si étranges précautions, excite toujours une compassion involontaire, une sorte de terreur dont il est impossible de se défendre, et le mystère qui plane sur la victime augmente encore la pitié qu'elle inspire. Peut-être si l'on eût connu d'une manière certaine le véritable héros de cette lugubre histoire, l'aurait-on déjà oublié. Un nom propre eût fait redescendre cette grande infortune au rang des infortunes vulgaires, qui épuisent bien vite l'intérêt et les larmes. Mais cet être retranché du monde, où l'on ne peut retrouver sa trace, où sa disparition n'a pas laissé de vide : ce captif désigné entre tous les autres pour un supplice sans exemple, à qui on a donné une prison dans une prison, comme si les murs d'un cachot ne devaient pas peser assez étroitement sur lui, nous apparaît semblable à une personnification poétique de la souffrance qui résume en elle toutes les injustices de la tyrannie, toutes les misères humaines. Quel était cet homme masqué? Avait-il échangé contre le silence de la réclusion, la vie voluptueuse du courtisan, ou les intrigues du diplomate, ou l'échafaud du proscrit, ou le bruit du champ de bataille? Qu'avait-il perdu? ou l'amour, ou la gloire, ou le trône? Quels étaient ses regrets, à lui qui n'avait plus d'espérance? Étaient-ce des imprécations qu'il exhalait, des malédictions sur ses bourreaux et des blasphèmes contre le ciel, ou seulement les soupirs d'une âme patiente et résignée? Le même malheur arrache des plaintes diverses selon ceux qui souffrent; et quand on pénètre par l'imagination sous les voûtes de Pignerol et d'Exilles, quand on se renferme aux îles Sainte-Marguerite et à la Bastille, témoins successifs de cette longue agonie, chacun, livré au hasard des conjectures, se représente le prisonnier suivant son caprice et ses sympathies, et lui compose une douleur avec ses propres émotions. On voudrait interroger ses réflexions solitaires, sentir battre le cœur qui animait cette machine vivante, et chercher la trace des larmes qui ont coulé derrière ce masque impassible. L'imagination s'exalte sur cette destinée muette, sur ce long monologue de la pensée que le visage ne trahissait pas ; sur cet isolement de quarante années resserré dans une double enceinte de pierre et de fer. Elle prête alors à l'objet de ses rêveries une grandeur majestueuse, elle rattache le mystère de cette existence aux intérêts les plus élevés, et s'obstine à voir dans le pri-

L'HOMME AU MASQUE DE FER.

sonnier la victime d'un profond secret d'état, immolée peut-être au repos des peuples et au salut d'une monarchie.

La réflexion plus froide modère-t-elle ce premier entraînement? vient-elle détruire cette croyance comme une illusion poétique? Je ne le crois pas. Il me semble au contraire que le bon sens seconde ici l'élan de l'imagination. En effet, n'est-il pas naturel de penser qu'un secret gardé pendant de si longues années avec tant de précautions et de persévérance, sur le nom, l'âge et la figure du prisonnier, a dû être commandé par une nécessité politique des plus puissantes? Les passions humaines, telles que la colère, la haine, la vengeance, n'ont pas ce caractère d'acharnement et de durée. La cruauté même n'explique pas de pareils ordres. En supposant que Louis XIV eût été le plus cruel des princes, n'avait-il pas mille tortures à choisir, plutôt que d'inventer ce supplice bizarre? Pourquoi se serait-il placé volontairement dans l'obligation de maintenir autour d'un prisonnier ces précautions infinies et cette surveillance éternelle? Ne pouvait-il pas craindre que le mot de cette effrayante énigme ne sortît quelque jour des murailles où il le tenait renfermé? source perpétuelle d'inquiétudes pour son règne! Et cependant il a respecté la vie d'un captif si difficile à garder, si dangereux à découvrir! Une mort obscure eût tout prévenu : il n'a pas voulu l'ordonner. Est-ce là de la haine, de la colère, de la passion enfin? Non sans doute! et ce qu'il faut conclure de cette conduite, c'est qu'un intérêt purement politique a dicté les

CRIMES CÉLÈBRES.

mesures prises contre le prisonnier ; c'est que la conscience du roi, qui se prêtait aux rigueurs strictement nécessaires pour assurer le secret, ne put se décider à aller plus loin, ni à disposer des jours d'un infortuné qui, probablement, n'était coupable d'aucun crime.

Les courtisans n'ont pas pour habitude de s'incliner devant l'ennemi de leur maître : aussi, les égards, les respects même témoignés au prisonnier masqué par le gouverneur Saint-Mars et le ministre Louvois, semblent prouver à la fois et l'innocence de ce personnage et sa haute importance.

Je n'ai, pour ma part, aucune prétention à l'érudition de bouquiniste, et je n'ai jamais vu dans l'histoire de l'homme au masque de fer qu'un exécrable abus de la force, un crime abominable dont l'impunité révolte. Lorsque, il y a quelques années, nous entreprîmes, M. Fournier et moi, de transporter ce sujet sur la scène, nous lûmes attentivement et nous comparâmes les différentes versions publiées jusqu'à cette époque. Deux relations ont paru depuis le succès du drame représenté à l'Odéon : l'une est une lettre de M. Billiard, adressée à l'Institut historique, et qui reproduit la relation que nous avions adoptée d'après Soulavie ; l'autre est un ouvrage du bibliophile Jacob, qui introduit un système nouveau, et qui fait preuve de recherches approfondies et d'une immense lecture. L'ouvrage du bibliophile n'a point ébranlé ma conviction. S'il eût paru avant le drame, je n'en aurais pas moins suivi la donnée que j'ai préférée en 1831, non seulement parce qu'elle est incontestablement la plus

L'HOMME AU MASQUE DE FER.

dramatique, mais parce qu'à mes yeux elle est la seule vraisemblable, parce que seule elle réunit les présomptions morales qui sont d'un si grand poids dans un pareil sujet, où tout est ténèbres et incertitude. On dira peut-être que les écrivains qui travaillent pour le théâtre se laissent trop facilement séduire à l'appât du merveilleux et du pathétique; qu'ils sont disposés à sacrifier la logique à l'effet, l'approbation des savans aux applaudissemens du parterre. Mais on pourrait répondre que, de leur côté, les érudits font trop souvent des sacrifices à l'amour des dates plus ou moins exactes, à l'interprétation d'un passage obscur avant eux et que la discussion n'éclaire pas toujours, à l'art ingénieux de grouper des chiffres et de coudre des phrases éparses dans quelques douzaines de bouquins. Cette étrange captivité est aussi curieuse à étudier, aussi importante à expliquer par les rigueurs dont on l'a entourée et par sa durée, que par les circonstances douteuses qui l'ont provoquée. Là où l'érudition seule ne suffit pas, où chaque dénicheur de textes reçoit à son tour le démenti qu'il a donné à son prédécesseur, il faut bien se laisser guider par une autre lumière que celle de la science, et l'on verra par l'exposé de tous les systèmes, qu'aucun d'eux n'est établi sur une base inébranlable. La question est double quand il s'agit de l'homme au masque de fer. Après ce premier mystère : *Quel est l'homme au masque?* se présente cette seconde énigme : *Quel motif a prolongé jusqu'à la mort ce supplice inconnu?* Et c'est alors qu'il faudrait, pour réduire l'imagination au silence, une preuve positive, mathématique, et non pas de simples inductions.

Sans soutenir et affirmer que l'abbé Soulavie a levé le voile qui cachait la vérité, je suis persuadé, je le répète, que nul système n'est préférable au sien et ne s'appuie sur de plus fortes présomptions. Ce n'est pas le succès immense et prolongé du drame qui me donne cette conviction inébranlable, mais la facilité avec laquelle on bat en brèche les opinions contraires, en les réfutant les unes par les autres. Si ce n'était chez moi en quelque sorte une affaire de conscience, j'aurais pu aisément, dans un livre où les élémens de réussite sont tous différens de ceux nécessaires au théâtre, inventer un roman plein d'intérêt avec les amours prétendus de Buckingham et de la reine, ou encore supposer un mariage secret entre le cardinal Mazarin et Anne d'Autriche, en m'aidant d'un livre de Saint-Mihiel, livre que le bibliophile déclare n'avoir pas lu, quoique assurément il ne soit ni rare ni difficile à trouver. J'aurais pu également faire ici la paraphrase de la pièce, et rétablir, pour leur faire jouer le même rôle avec moins de développement, les personnages historiques dont le drame avait quelquefois déguisé les noms et grandi l'importance et les proportions, tout en conservant à leurs actions un caractère de vraisemblance. Quelque fable qu'on invente, quelques combinaisons qu'on mette en jeu, rien ne saurait détruire l'intérêt qu'excitent les différentes histoires écrites sur le masque de fer, et les détails presque toujours contradictoires d'auteurs ou de témoins qui, tous, se prétendaient très-instruits. Il faut bien qu'il en soit ainsi, puis-

L'HOMME AU MASQUE DE FER.

que tout ouvrage, même médiocre, même détestable sur ce sujet, n'a jamais manqué de réussir, tel, par exemple, qu'un imbroglio du chevalier de Mouhy, espèce de spadassin plumitif aux gages de Voltaire, imbroglio qui parut en 1746, sans nom d'auteur, à La Haye, chez Pierre de Hondt, et formant six petites parties, sous le titre du *Masque de fer, ou les Aventures admirables du père et du fils*; tel encore qu'un roman absurde de Regnault-Warin, et un autre de madame Guénard, en 4 vol. in-18. — Paris, 1837.

Au théâtre, l'auteur est obligé de prendre un parti exclusif. Il est soumis aux lois inflexibles de la logique, il obéit à sa pensée première, et tout ce qui le gêne ou lui fait obstacle est mis à néant. Le livre est fait, au contraire, pour la discussion. Nous plaçons sous les yeux du lecteur les pièces d'un procès qui n'est pas encore définitivement jugé, et qui, probablement, à moins d'une découverte heureuse due au hasard, ne le sera jamais.

Le premier qui ait parlé du prisonnier est l'auteur anonyme des *Mémoires de Perse*, en un volume in-12, publié en 1745, par la compagnie des libraires associés d'Amsterdam [1].

« N'ayant d'autre dessein, dit l'auteur (page 20, deuxième édition), que de raconter *des choses ignorées, ou qui n'ont point été écrites, ou qu'il est impossible de taire*, nous allons passer à un fait *peu connu*, qui concerne le prince *Giafer* (Louis de Bourbon, comte de Vermandois, fils de Louis XIV et de mademoiselle de la Vallière); qu'*Ali-Homajou* (le duc d'Orléans, régent) alla visiter dans la forteresse d'*Ispahan* (la Bastille), où il était prisonnier depuis *plusieurs années*. Cette visite n'eut vraisemblablement point d'autre motif que de s'assurer de l'existence d'un prince cru mort de la peste depuis plus de trente ans, et dont les obsèques s'étaient faites en présence de toute une armée.

» *Cha-Abas* (Louis XIV) avait un fils légitime, *Sephi-Mirza* (Louis, dauphin de France), et un fils naturel, *Giafer*. Ces deux princes, différens de caractère comme de naissance, étaient toujours en querelle et en rivalité. Un jour, *Giafer* s'oublia au point de donner un soufflet à *Sephi-Mirza*. *Cha-Abas*, informé de l'outrage qu'avait reçu l'héritier de sa couronne, assemble ses conseillers les plus intimes, et leur expose la conduite du coupable, qui doit être puni de mort selon les lois du pays; mais un des ministres, plus sensible que les autres à l'affliction de *Cha-Abas*, imagina d'envoyer *Giafer* à l'armée, qui était alors sur les frontières, du côté du *Feldran* (la Flandre), de le faire passer pour mort peu de jours après son arrivée, et de le transporter de nuit, avec le plus grand secret, dans la citadelle de l'île d'*Ormus* (les îles Sainte-Marguerite), pendant qu'on célébrerait ses obsèques aux yeux de l'armée, et de le retenir dans une prison perpétuelle.

» Cet avis prévalut, et fut exécuté par l'entremise de gens fidèles et discrets, de telle sorte que le prince dont l'armée pleurait la mort prématurée, conduit par des chemins détournés à l'île d'*Ormus*, était remis entre les mains du commandant de cette île, lequel avait reçu

L'HOMME AU MASQUE DE FER.

d'avance l'ordre de ne laisser voir son prisonnier à qui que ce fût. Un seul domestique, possesseur de ce secret d'état, avait été massacré en route par les gens de l'escorte, qui lui défigurèrent le visage à coups de poignard, afin d'empêcher qu'il fût reconnu.

» Le commandant de la citadelle d'*Ormus* traitait son prisonnier avec le plus profond respect; il le servait lui-même, et prenait les plats, à la porte de l'appartement, des mains des cuisiniers, dont aucun n'a jamais vu le visage de *Giafer*. Ce prince s'avisa un jour de graver son nom sur le dos d'une assiette avec la pointe d'un couteau. Un esclave, entre les mains de qui tomba cette assiette, crut faire sa cour en la portant au commandant, et se flatta d'en être récompensé; mais ce malheureux fut trompé, et on s'en défit sur-le-champ, afin d'ensevelir avec cet homme un secret d'une si grande importance.

» *Giafer* resta plusieurs années dans la citadelle d'*Ormus*. On ne la lui fit quitter pour le transporter dans celle d'*Ispahan* que lorsque *Cha-Abas*, en reconnaissance de la fidélité du commandant, lui donna le gouvernement de celle d'*Ispahan*, qui vint à vaquer.

» On prenait la précaution, tant à *Ormus* qu'à *Ispahan*, de faire mettre un masque au prince lorsque, pour cause de maladie ou pour quelque autre sujet, on était obligé de l'exposer à la vue. Plusieurs personnes dignes de foi ont affirmé avoir vu plusieurs fois ce prisonnier masqué, et ont rapporté qu'il tutoyait le gouverneur, qui, au contraire, lui rendait des respects infinis.

CRIMES CÉLÈBRES.

» Si l'on se demande pourquoi, ayant de beaucoup survécu à *Cha-Abas* et à *Sephi-Mirza*, *Giafer* n'a pas été élargi, comme il semble que cela aurait dû être, qu'on fasse attention qu'il n'était pas possible de rétablir dans son état, son rang et ses dignités, un prince dont le tombeau existait encore et des obsèques duquel il y avait non seulement des témoins, mais des preuves par écrit, dont, quelque chose qu'on pût imaginer, on n'aurait pas détruit l'authenticité dans l'esprit des peuples, encore persuadés aujourd'hui que *Giafer* est mort de la peste au camp de l'armée du *Feldran*. *Ali-Homajou* mourut peu de temps après la visite qu'il fit à *Giafer*. »

Cette version, source première de toutes les controverses sur ce sujet, fut adoptée d'abord généralement. Elle se rapportait assez bien, et avant un examen sérieux, à des faits qui s'étaient passés sous le règne de Louis XIV.

Le comte de Vermandois partit en effet pour l'armée de Flandre peu de temps après avoir reparu à la cour, dont le roi l'avait exilé, parce qu'il s'était trouvé dans des débauches *italiennes* avec plusieurs gentilshommes.

Le roi, dit mademoiselle de Montpensier (*Mémoires de mademoiselle de Montpensier*, tom. XLIII, pag. 474, 2ᵉ série de la collection des Mémoires relatifs à l'Histoire de France, publiée par Petitot), *n'avait pas été content de sa conduite et ne le voulait point voir. Le jeune prince, qui donna par là beaucoup de chagrin à sa mère, et qui fut si bien prêché qu'on croyait qu'il se fût fait un si fort honnête homme*, ne resta à la cour que quatre

L'HOMME AU MASQUE DE FER.

jours, arriva au camp devant Courtray au commencement du mois de novembre 1683, se trouva mal le 12 au soir, et mourut le 19 d'une fièvre maligne. Mademoiselle de Montpensier dit que le comte de Vermandois *tomba malade d'avoir bu trop d'eau-de-vie.*

Les objections de toute nature ne manquent pas contre ce système.

D'abord, si pendant les quatre jours seulement qu'il reparut à la cour, et dont, à raison du peu d'intervalle de temps, il était aisé de connaître l'emploi, le comte de Vermandois eût donné un soufflet au dauphin, un fait aussi monstrueux aurait été su de tout le monde, et il n'en est question nulle part que dans les *Mémoires de Perse.* Ce qui rend le soufflet plus invraisemblable encore, c'est la différence d'âge entre les deux princes. Le dauphin, né le 1ᵉʳ novembre 1661, père du duc de Bourgogne, né le 6 août 1682, avait vingt-deux ans, six ans de plus que le comte de Vermandois. Mais la réfutation la plus complète est tirée d'une lettre de Barbézieux à Saint-Mars, écrite le 13 août 1691 : « Lorsque vous aurez quelque chose à me mander du prisonnier qui est sous votre garde depuis *vingt ans,* je vous prie d'user des mêmes précautions que vous faisiez quand vous écriviez à M. de Louvois. » Le comte de Vermandois, mort officiellement en 1683, ne peut être l'inconnu prisonnier depuis *vingt ans* en 1691.

Six ans après que l'homme au masque eut été signalé à la curiosité des anecdotiers, Voltaire fit paraître, sous le pseudonyme de M. de *Francheville,* le *Siècle de*

CRIMES CÉLÈBRES.

Louis XIV, en 2 vol. in-8°. Berlin, 1751. On chercha aussitôt dans cet ouvrage, attendu depuis long-temps, quelques détails sur le prisonnier mystérieux qui faisait le sujet de tous les entretiens.

« Voltaire s'était hasardé enfin à parler de ce prisonnier plus explicitement qu'on n'avait fait jusque alors, et à faire entrer dans l'histoire *un événement que tous les historiens ont ignoré* (tom. II, pag. 11, 1re édition, chapitre XXV); il assignait une date au commencement de cette captivité *quelques mois après la mort du cardinal Mazarin* (1661); il donnait le portrait de l'inconnu, qui était, selon lui, *d'une taille au-dessus de l'ordinaire, jeune, et de la figure la plus belle et la plus noble, admirablement bien fait, ayant la peau un peu brune, et qui intéressait par le seul son de sa voix, ne se plaignant jamais de son état et ne laissant pas entrevoir ce qu'il pouvait être ;* il n'oublia pas de décrire *le masque, dont la mentonnière avait des ressorts d'acier, qui laissaient au prisonnier la liberté de manger avec ce masque sur son visage ;* enfin, il fixa l'époque de la mort de cet homme, *enterré,* disait-il, *en 1704, la nuit, à la paroisse Saint-Paul.* »

Le récit de Voltaire reproduisait les principales circonstances de celui des *Mémoires de Perse,* hormis le roman qui amène dans ce livre l'emprisonnement de *Giafer ;* quand ce prisonnier fut envoyé à l'île Sainte-Marguerite, à la Bastille, sous la garde de Saint-Mars, *officier de confiance,* il portait son masque dans la route ; on avait ordre de le tuer s'il se découvrait. Le marquis

L'HOMME AU MASQUE DE FER.

de Louvois alla le voir dans cette île, et lui parla debout avec une considération qui tenait du respect; il fut mené en 1690 à la Bastille, où il fut logé aussi bien qu'on peut l'être dans ce château; on ne lui refusait rien de ce qu'il demandait; son plus grand goût était pour le linge d'une finesse extraordinaire et pour les dentelles; il jouait de la guitare; on lui faisait la plus grande chère, et le gouverneur s'asseyait rarement devant lui.

Voltaire ajouta encore plusieurs particularités qui lui avaient été fournies par M. de Bernaville, successeur de Saint-Mars, et par un vieux médecin de la Bastille, qui avait soigné le prisonnier dans ses maladies, et n'avait jamais vu son visage, *quoiqu'il eût souvent examiné sa langue et le reste de son corps.* — Il raconta aussi que M. de Chamillart fut le *dernier ministre qui eut cet étrange secret,* et que son gendre, le maréchal de La Feuillade, l'ayant conjuré à genoux de lui apprendre ce que c'était que le Masque de fer, Chamillart mourant (1721) répondit qu'il avait fait serment de ne jamais révéler ce secret d'état. A ces détails certifiés par le duc de la Feuillade, Voltaire joignait une réflexion bien remarquable : « Ce qui redouble l'étonnement, c'est que QUAND ON ENVOYA CET INCONNU DANS L'ILE SAINTE-MARGUERITE, IL NE DISPARUT EN EUROPE AUCUN PERSONNAGE CONSIDÉRABLE. »

La supposition du comte de Vermandois avait été traitée d'anecdote absurde et romanesque, *dans laquelle la vraisemblance même n'est pas observée,* par le baron C... (Crunyngen, selon P. Marchand), dans une lettre

CRIMES CÉLÈBRES.

insérée dans la Bibliothèque raisonnée des ouvrages des savans de l'Europe, numéro de juin 1745; mais la discussion était ranimée, et quelques savans de Hollande accréditèrent une opinion basée tant bien que mal (comme tous les systèmes, du reste,) sur l'histoire.

Suivant cette nouvelle version, le prisonnier masqué était un jeune seigneur étranger, gentilhomme de la chambre d'Anne d'Autriche, et véritable père de Louis XIV. Cette anecdote avait pris naissance dans un livre in-12 imprimé en 1692, à Cologne, chez Pierre Marteau, et intitulé : *Les Amours d'Anne d'Autriche, épouse de Louis XIII, avec M. le C. D. R., le véritable père de Louis XIV, roi de France ; où l'on voit au long comment on s'y prit pour donner un héritier à la couronne, les ressorts qu'on fit jouer pour cela; et enfin le dénouement de cette comédie.* Ce libelle eut cinq éditions : en 1692, 1693, 1696, 1722, 1738. Celle de 1696 porte sur son titre le nom de *Cardinal de Richelieu*, au lieu des trois lettres C. D. R. Mais c'est une erreur évidente de l'imprimeur, comme on peut s'en convaincre par la lecture de l'ouvrage. On a cru que ces trois lettres C. D. R. signifiaient le *Comte de Rivière;* d'autres y ont vu le *Comte de Rochefort,* dont les mémoires rédigés par Sandras de Courtilz offrent ces initiales.

« Cette relation, dit l'auteur, écrivain orangiste aux gages du roi Guillaume, développe le grand mystère d'iniquité de la véritable origine de Louis XIV. Quoiqu'elle soit ici quelque chose d'assez nouveau et d'assez inconnu, elle n'est rien moins que cela en France. La froideur

L'HOMME AU MASQUE DE FER.

reconnue de Louis XIII, la naissance extraordinaire de Louis-Dieudonné, ainsi nommé parce qu'il naquit après vingt-trois ans de mariage stérile, sans compter plusieurs autres circonstances remarquables, prouvent si clairement et d'une manière si convaincante cette génération empruntée, qu'il faut avoir une effronterie extrême pour prétendre qu'elle soit la production du prince qui passe pour en être le père. Les fameuses barricades de Paris et la formidable révolte qui se fit contre Louis XIV à son avénement au trône, et qui fut soutenue par des chefs si distingués, publièrent si hautement sa naissance illégitime, que tout le monde en parlait ; et comme la raison le confirmait, à peine y avait-il quelqu'un qui eût des doutes et des scrupules là-dessus. »

Voici, en quelques lignes, cette fable assez habilement imaginée.

« Le cardinal de Richelieu, voyant avec orgueil l'amour de Gaston, duc d'Orléans, frère du roi, pour sa nièce *Parisiatis* (madame de Combalet), forme le projet de la lui faire épouser. Gaston, offensé d'une telle proposition, n'y répond qu'en donnant un soufflet au cardinal ; le Père Joseph insinue au ministre et à sa nièce l'idée de priver Gaston de la couronne, que semblait lui promettre l'impuissance reconnue de Louis XIII. Ils introduisent dans la chambre d'Anne d'Autriche un jeune homme, le C. D. R., dont la reine avait déjà remarqué l'amour discret et sans espoir. Anne d'Autriche, veuve quoique mariée, n'oppose qu'une faible résistance, et le lendemain va dire au cardinal : — Eh bien ! vous avez gagné votre méchante cause ; mais prenez-y garde, monsieur le prélat, et faites en sorte que je trouve cette miséricorde et cette bonté céleste dont vous m'avez flattée par vos pieux sophismes. Ayez soin de mon âme, je vous en charge, car je me suis abandonnée ! — Cet excessif débordement de vie continuant, la bienheureuse nouvelle de la grossesse de la reine ne fut pas long-temps à se débiter dans le royaume. Ainsi naquit Louis XIV, fils de Louis XIII, par voie de transsubstantiation. Si cette histoire plaît au public, dit le pamphlétaire, on ne tardera pas à donner la suite, qui contient la fatale catastrophe du C. D. R., et la fin de ses plaisirs, qui lui coûtèrent cher. »

Malgré le grand succès de cette première partie, la suite n'a jamais paru. Il faut avouer qu'une semblable histoire (qui du reste ne convainquit personne de la bâtardise de Louis XIV) était néanmoins un excellent prologue aux infortunes du prisonnier masqué, et sans doute elle contribua à augmenter l'intérêt de curiosité qui s'attacha à cette singulière et mystérieuse histoire. L'opinion des savans de Hollande trouva peu de partisans, et fut bientôt abandonnée pour une nouvelle supposition.

Lagrange-Chancel est le troisième historien qui ait parlé du prisonnier renfermé aux îles Sainte-Marguerite. Il était âgé de quatre-vingt-neuf ans, lorsque, excité par la haine de Fréron contre Voltaire, il adressa, de son château d'Antoniat, en Périgord, à l'*Année littéraire* (tome III, page 188), une lettre qui réfutait la narration du *Siècle de Louis XIV*, et qui citait des faits que sa

L'HOMME AU MASQUE DE FER.

propre captivité aux lieux que le prisonnier avait habités vingt ans avant lui l'avait mis à même de recueillir.

« Le séjour que j'ai fait, dit Lagrange-Chancel, aux îles Sainte-Marguerite, où la détention du *Masque de fer* n'était plus un secret d'état dans le temps que j'y arrivai, m'en a appris des particularités qu'un historien plus exact que M. de Voltaire dans ses recherches, aurait pu savoir comme moi, s'il s'était donné la peine de s'instruire. Cet événement extraordinaire, qu'il place en 1662, quelques mois après la mort du cardinal Mazarin, n'est arrivé qu'en 1669, huit ans après la mort de cette éminence. M. de La Motte-Guérin, qui commandait dans ces îles du temps que j'y étais détenu, m'assura que ce prisonnier était le duc de Beaufort, qu'on disait avoir été tué au siége de Candie, et dont on ne put trouver le corps, suivant toutes les relations de ce temps-là. Il me dit aussi que le sieur de Saint-Mars, qui obtint le gouvernement de ces îles après celui de Pignerol, avait de grands égards pour ce prisonnier : qu'il le servait toujours lui-même en vaisselle d'argent, et lui fournissait souvent des habits aussi chers qu'il paraissait le désirer ; que dans les maladies où il avait besoin de médecin ou de chirurgien, il était obligé, sous peine de la vie, de ne paraître en leur présence qu'avec son masque de fer, et que lorsqu'il était seul il pouvait s'arracher le poil de la barbe avec des pincettes d'acier très-poli et très-luisant. J'en vis une de celles qui lui servaient à cet usage entre les mains du sieur de Formanoir, neveu de Saint-Mars, et lieutenant d'une compagnie franche préposée pour la garde des prisonniers. Plusieurs personnes m'ont raconté que lorsque Saint-Mars alla prendre possession de la Bastille, où il conduisit son prisonnier, on entendit ce dernier, qui portait son masque de fer, dire à son conducteur : — *Est-ce que le roi en veut à ma vie ?* — Non, MON PRINCE, répondit Saint-Mars ; votre vie est en sûreté ; vous n'avez qu'à vous laisser conduire.

» J'ai su, de plus, d'un homme nommé Dubuisson, caissier du fameux Samuel Bernard, qui, après avoir été quelques années à la Bastille, fut conduit aux îles Sainte-Marguerite, qu'il était dans une chambre avec quelques autres prisonniers, précisément au-dessus de celle qui était occupée par cet inconnu ; que par le tuyau de leur cheminée ils pouvaient s'entretenir et se communiquer leurs pensées ; mais que celui-ci lui ayant demandé pourquoi il s'obstinait à leur taire son nom et ses aventures, il leur avait répondu : *Que cet aveu lui* COUTERAIT LA VIE, *aussi bien qu'à ceux auxquels il aurait révélé son secret,*.....

» Quoi qu'il en soit, aujourd'hui que le nom et la qualité de cette victime de la politique ne sont plus des secrets où l'État soit intéressé, j'ai cru qu'en instruisant le public de ce qui est venu à ma connaissance, je devais arrêter le cours des idées que chacun s'est forgées à sa fantaisie, sur la foi d'un auteur qui s'est fait une grande réputation par le merveilleux, joint à l'air de vérité qu'on admire dans ses écrits, même dans la Vie de Charles XII. »

L'HOMME AU MASQUE DE FER.

Ce système, suivant le bibliophile Jacob, est plus raisonnable que les autres.

« Dès l'année 1664, dit-il, le duc de Beaufort, par son insubordination et sa légèreté, avait compromis plusieurs expéditions maritimes. En octobre 1666, Louis XIV lui adresse des reproches avec beaucoup de ménagemens, et l'invite à se rendre de plus en plus capable de le servir par l'augmentation des talens qu'il possède, et par la cessation des défauts qu'il peut y avoir dans sa conduite. Je ne doute pas, ajoute-t-il, que vous ne reconnaissiez que vous m'êtes d'autant plus obligé de cette marque de bienveillance, qu'il y a peu d'exemples de rois qui en aient usé de la sorte (*OEuvres de Louis XIV*, tom. V, pag. 388). On citerait plusieurs occasions où le duc de Beaufort fut très-funeste à la marine du roi. L'*Histoire de la marine*, par M. Eugène Sue, qui renferme une foule de renseignemens neufs et curieux, a fort bien précisé la position du roi des halles vis-à-vis de Colbert et de Louis XIV. Colbert, de son cabinet, voulait diriger toutes les manœuvres de la flotte que commandait le grand-maître de la navigation avec toute l'inconséquence de son caractère frondeur et matamore (Eugène Sue, 1er vol., pièces justificatives). En 1669, Louis XIV envoya le duc de Beaufort pour secourir Candie, assiégée par les Turcs. Beaufort fut tué dans une sortie, le 26 juin, sept heures après son arrivée. Le duc de Navailles, qui commandait avec lui l'escadre française, dit seulement : « Il rencontra en chemin un gros de Turcs qui pressaient quelques-unes de nos troupes; il se mit à leur tête et combattit avec valeur; mais il fut abandonné, et *l'on n'a jamais pu savoir depuis ce qu'il était devenu.* » (*Mémoires du duc de Navailles*, livre IV, pag. 243.)

Le bruit de sa mort se répandit rapidement en France et en Italie, où, dans les magnifiques obsèques qui lui furent faites à Paris, à Rome et à Venise, on prononça diverses oraisons funèbres. Néanmoins, comme son corps n'avait pas été retrouvé parmi les morts, bien des gens crurent qu'il reparaîtrait.

Guy Patin mentionne dans deux lettres cette opinion, qui n'est pas la sienne, mais qui paraît avoir eu quelque crédit.

« Plusieurs veulent gager que monsieur de Beaufort n'est pas mort! *O utinam!* » (Guy Patin. 26 septembre 1669.)

« On dit que monsieur de Vivonne a, par commission, la charge de vice-amiral de France pour vingt ans; mais il y en a encore qui veulent que monsieur de Beaufort n'est pas mort et qu'il est seulement prisonnier dans une île de Turquie; le croira qui voudra; pour moi, je le tiens mort et ne voudrais pas l'être aussi certainement que lui. » (*Id.* 14 janvier 1670.)

Voici les objections à ce système:

« Plusieurs relations du siége de Candie, dit le bibliophile, écrites par des témoins oculaires et imprimées à cette époque, avaient rapporté que les Turcs, selon leur usage, coupèrent la tête du duc de Beaufort sur le champ de bataille, et que cette tête fut exposée à Constantino-

L'HOMME AU MASQUE DE FER.

ple : de là les détails que Sandras de Courtilz répéta dans les *Mémoires du marquis de Montbrun*, et dans les *Mémoires d'Artagnan*; et, en effet, on conçoit bien que le corps nu et sans tête n'ait pas été reconnu parmi les morts. M. Eugène Sue, dans son *Histoire de la Marine* (tome II, chap. VI), a adopté cette version, conforme au récit de Philibert de Jarry et du marquis de Ville, qui ont laissé des lettres et des mémoires manuscrits à la bibliothèque du roi.

» Mais sans faire valoir le danger et les difficultés d'un enlèvement que le cimeterre des Ottomans pouvait d'ailleurs remplacer d'un jour à l'autre dans ce mémorable siége, on se bornera ici à déclarer positivement que la correspondance de Saint-Mars depuis 1669 jusqu'en 1680 [2], ne permet pas de supposer que le gouverneur de Pignerol eut sous sa dépendance, pendant cet intervalle de temps, quelque grand prisonnier d'état autre que Fouquet et Lauzun. »

Sans nous ranger à l'avis du savant critique sur ce dernier point, nous pouvons ajouter aux considérations qu'il fait valoir le peu de probabilité que Louis XIV ait cru devoir prendre des mesures si rigoureuses contre le duc de Beaufort. Quelque frondeur et matamore que fût ce dernier, il ne portait pas tellement ombrage à la puissance royale qu'elle fût obligée de le frapper si secrètement; et d'un autre côté, on ne peut penser que Louis XIV, paisiblement assis sur son trône et vainqueur des ennemis de sa minorité, ait poursuivi dans le duc de Beaufort le vieux rebelle de la Fronde.

En outre, et pour mieux détruire cette version, le bibliophile fait observer que le goût avéré de l'*homme au masque de fer* pour le beau linge et les dentelles, sa réserve habituelle et son extrême délicatesse, ne s'accordent guère avec le portrait tant soit peu brutal que les historiens nous ont laissé du *roi des halles*.

Quant à l'induction qu'on voudrait tirer de l'anagramme du nom de *Marchiali*, où l'on trouve ces deux mots: *hic amiral*, nous ne pensons pas que les geôliers de Pignerol s'amusassent à proposer des énigmes à l'esprit pénétrant de leurs contemporains; d'ailleurs l'anagramme pourrait s'appliquer également au comte de Vermandois, nommé amiral à l'âge de vingt-deux mois.

L'abbé Papon, parcourant la Provence, parle ainsi du *Masque de fer*, dont il alla visiter la prison.

« C'est à l'île Sainte-Marguerite que fut transporté vers la fin du dernier siècle le fameux *prisonnier au masque de fer*, dont on ne saura jamais peut-être le nom; il n'y avait que peu de personnes attachées à son service qui eussent la liberté de lui parler. Un jour que M. de Saint-Mars s'entretenait avec lui en se tenant hors de la chambre dans une espèce de corridor, pour voir de loin ceux qui viendraient, le fils d'un de ses amis arrive et s'avance vers l'endroit où il entend du bruit; le gouverneur, qui l'aperçoit, ferme aussitôt la porte de la chambre, court précipitamment au-devant du jeune homme, et d'un air troublé, il lui demande s'il a entendu quelque chose. Dès qu'il fut assuré du contraire, il le fit repartir le jour même, et il écrivit à son ami que peu s'en était fallu que

L'HOMME AU MASQUE DE FER.

cette aventure n'eût coûté cher à son fils, et qu'il le lui renvoie de peur de quelque autre imprudence.

» J'eus la curiosité, le 2 février 1778, d'entrer dans la chambre de cet infortuné prisonnier ; elle n'est éclairée que par une fenêtre du côté du nord, regardant la mer, ouverte à quinze pieds au-dessus du chemin de ronde, percée dans un mur fort épais, et fermée par trois grilles de fer placées à une distance égale, ce qui faisait un intervalle de deux toises entre les sentinelles et le prisonnier. Je trouvai dans la citadelle un officier de la compagnie franche, âgé de soixante-dix-neuf ans ; il me dit que son père, qui servait dans la même compagnie, lui avait plusieurs fois raconté qu'un frater aperçut un jour, sous la fenêtre du prisonnier, quelque chose de blanc qui flottait sur l'eau ; il l'alla prendre et l'apporta à monsieur de Saint-Mars ; c'était une chemise très-fine, pliée avec assez de négligence, et sur laquelle le prisonnier avait écrit d'un bout à l'autre.

» Monsieur de Saint-Mars, après l'avoir déployée et avoir lu quelques lignes, demanda au frater, d'un air fort embarrassé, s'il n'avait pas eu la curiosité de lire le contenu. Celui-ci lui protesta plusieurs fois qu'il n'avait rien lu ; mais deux jours après il fut trouvé mort dans son lit. C'est un fait que l'officier a entendu raconter tant de fois à son père et à l'aumônier du fort de ce temps-là, qu'il le regarde comme incontestable. Le fait suivant me paraît également certain, d'après tous les témoignages que j'ai recueillis sur les lieux et dans le monastère de Lerins, où la tradition s'en est conservée.

» On cherchait une personne du sexe pour servir le prisonnier ; une femme du village de Mongin vint s'offrir, dans la persuasion que ce serait un moyen de faire la fortune de ses enfans ; mais quand on lui dit qu'il fallait renoncer à les voir, et même à ne conserver aucune liaison avec le reste des hommes, elle refusa de s'enfermer avec un prisonnier dont la connaissance coûtait si cher. Je dois dire encore qu'on avait mis aux deux extrémités du fort, du côté de la mer, deux sentinelles qui avaient ordre de tirer sur les bateaux qui s'approcheraient à une certaine distance.

» La personne qui servait le prisonnier mourut à l'île Sainte-Marguerite. Le frère de l'officier dont je viens de parler, qui était pour certaines choses l'homme de confiance de monsieur de Saint-Mars, a souvent dit à son fils qu'il avait été prendre le mort, à l'heure de minuit, dans la prison, et qu'il l'avait porté sur ses épaules dans le lieu de la sépulture ; il croyait que c'était le prisonnier lui-même qui était décédé ; mais c'était, comme je viens de vous le dire, la personne qui le servait, et ce fut alors qu'on chercha une femme pour le remplacer. »

L'abbé Papon donnait des détails curieux et jusque là inconnus : mais comme il ne citait aucun nom, sa relation ne pouvait amener aucune réfutation. Voltaire ne répondit pas à Lagrange-Chancel, mort la même année. Fréron, qui voulait se venger du portrait sanglant que Voltaire avait tracé de lui dans *l'Écossaise*, lui suscita un adversaire plus redoutable. Sainte-Foix mit en avant un système tout-à-fait nouveau que lui avait

L'HOMME AU MASQUE DE FER.

fourni un passage de Hume. Il écrivit dans *l'Année littéraire* (1768, tome IV) que *le prisonnier masqué était le duc de Monmouth*, fils naturel de Charles II, condamné pour crime de rébellion, et décapité à Londres le 15 juillet 1685.

Voici le passage de l'historien anglais :

« Le bruit courut à Londres que le duc de Monmouth était sauvé, et qu'un de ses partisans, qui lui ressemblait beaucoup, avait consenti à mourir à sa place, pendant que le véritable condamné, secrètement transféré en France, devait y subir une prison perpétuelle. »

L'extrême affection que le peuple anglais portait au duc de Monmouth, et l'idée qu'avait ce jeune prince que la nation n'attendait qu'un chef pour chasser Jacques II, lui firent former une entreprise qui aurait peut-être réussi si elle eût été conduite avec plus de prudence. Il débarqua à Lime, dans le canton de Dorset, n'ayant que cent vingt hommes ; six mille se joignirent bientôt à lui ; quelques villes se déclarèrent en sa faveur, et il s'y fit proclamer roi, soutenant que sa naissance était légitime et qu'il avait les preuves du mariage secret de Charles II avec Lucie Walthers sa mère. Il livra bataille à l'armée royale, et déjà la victoire se déclarait pour lui, lorsque la poudre et les balles manquèrent à ses troupes. Le lord Gray, qui commandait sa cavalerie, l'abandonna lâchement. Le malheureux Monmouth fut fait prisonnier, conduit à Londres et condamné à perdre la tête le 15 juillet 1685.

Les détails publiés dans le *Siècle de Louis XIV* sur la personne du prisonnier masqué s'accordaient avec la supposition du duc de Monmouth, qui avait pour lui tous les avantages du corps. Sainte-Foix avait de plus réuni tous les témoignages qui pouvaient appuyer son système. Il se servait du passage suivant d'un roman anonyme, *les Amours de Charles II et de Jacques II, rois d'Angleterre.*

« La nuit de la *prétendue* exécution du duc de Monmouth, le roi, accompagné de trois hommes, vint lui-même le tirer de la Tour. On lui couvrit la tête d'une espèce de capuchon, et le roi et les trois hommes entrèrent avec lui dans un carrosse. »

Il rapporta aussi que le père Tournemine étant allé avec le père Saunders, confesseur de Jacques II, rendre visite à la duchesse de Portsmouth après la mort de ce prince, la duchesse eut occasion de dire qu'elle reprocherait toujours au roi Jacques d'avoir laissé exécuter le duc de Monmouth, au mépris du serment qu'il avait fait sur l'hostie, près du lit de mort de Charles II, qui lui recommanda de ne jamais ôter la vie à son frère naturel, même en cas de révolte. Le père Saunders répondit avec vivacité : — Le roi Jacques a tenu son serment.

Ce serment solennel a été rapporté par Hume, mais il faut faire remarquer que les historiens ne sont pas d'accord sur ce point. L'histoire universelle de Guthry et Gray, celle d'Angleterre de Rapin Thoyras et de Barrow n'en disent rien.

« Un chirurgien anglais, nommé Nelaton, écrivait encore Sainte-Foix, qui allait tous les matins au café Procope, rendez-vous habituel des gens de lettres, avait souvent raconté qu'étant premier garçon chez un chirur-

L'HOMME AU MASQUE DE FER.

gien de la porte Saint-Antoine, on l'envoya chercher pour une saignée et qu'on le mena à la Bastille ; que le gouverneur l'introduisit dans une chambre où était un prisonnier qui se plaignait de grands maux de tête ; que ce prisonnier avait l'accent anglais, était vêtu d'une robe de chambre jaune et noire à grandes fleurs d'or, et ne montrait pas son visage, caché par une longue serviette nouée derrière le cou. »

L'argument ne valait pas grand' chose ; il n'était guère possible de prendre une serviette pour un masque ; il y avait à la Bastille un chirurgien, un médecin et un apothicaire, personne n'y pouvait pénétrer sans un ordre du ministre ; le viatique n'y entrait qu'avec la permission du lieutenant de police [3].

Ce système ne trouva pas d'abord de contradicteurs, et parut s'établir victorieusement, grâce peut-être au caractère batailleur et peu endurant de Sainte-Foix, qui supportait mal la critique, que personne ne se souciait d'irriter, et dont on craignait l'épée plus encore que la plume.

On savait que Saint-Mars conduisant le prisonnier à la Bastille s'était arrêté avec lui dans sa terre de Palteau. Fréron demanda des anecdotes à un petit-neveu de Saint-Mars, seigneur de la terre de Palteau en Champagne. Celui-ci répondit dans *l'Année littéraire*, juin 1768 :

« Comme il paraît par la lettre de monsieur de Sainte-Foix, dont vous venez de donner un extrait, que *l'homme au masque de fer* exerce toujours l'imagination de vos écrivains, je vais vous faire part de ce que je sais de ce prisonnier : il n'était connu aux îles Sainte-Marguerite et à la Bastille que sous le nom de *la Tour*. Le gouverneur et les autres officiers avaient des égards pour lui ; il obtenait tout ce qu'ils pouvaient accorder à un prisonnier. Il se promenait souvent ayant toujours un masque sur le visage. Ce n'est que depuis que le *Siècle* de M. de Voltaire a paru que j'ai ouï dire que ce masque était de fer et à ressorts ; peut-être a-t-on oublié de me parler de cette circonstance ; mais il n'avait ce masque que lorsqu'il sortait pour prendre l'air, ou qu'il était obligé de paraître devant quelque étranger.

» Le sieur de Blainvilliers, officier d'infanterie qui avait accès chez monsieur de Saint-Mars à Pignerol et aux îles Sainte-Marguerite, m'a dit plusieurs fois que le sort de *la Tour* ayant beaucoup excité la curiosité, pour la satisfaire il avait pris les armes et l'habit d'un soldat qui devait être en sentinelle dans une galerie sous les fenêtres de la chambre qu'occupait ce prisonnier aux îles Sainte-Marguerite ; que de là il l'avait très-bien vu, qu'il n'avait point son masque, qu'il était blanc de visage, grand et bien fait de corps, ayant la jambe un peu trop fournie par le bas, et les cheveux blancs quoiqu'il fût dans la force de l'âge. Il avait passé cette nuit-là presque entière à se promener dans sa chambre. Blainvilliers ajoutait qu'il était toujours vêtu de brun, qu'on lui donnait du beau linge et des livres, que le gouverneur et les officiers restaient debout devant lui et découverts jusqu'à ce qu'il les fît couvrir et asseoir ; qu'ils allaient souvent lui tenir compagnie et manger avec lui.

L'HOMME AU MASQUE DE FER.

» En 1698, monsieur de Saint-Mars passa du gouvernement des îles Sainte-Marguerite à la Bastille. En venant en prendre possession, il séjourna avec son prisonnier à sa terre de Pulteau; *l'homme au masque* arriva dans une litière que précédait celle de monsieur de Saint-Mars; ils étaient accompagnés de plusieurs gens à cheval. Les paysans allèrent au-devant de leur seigneur. Monsieur de Saint-Mars mangea avec son prisonnier, qui avait le dos opposé aux croisées de la salle à manger qui donnent sur la cour. Les paysans que j'ai interrogés ne purent voir s'il mangeait avec son masque, mais ils observaient très-bien que monsieur de Saint-Mars, qui était à table vis-à-vis de lui, avait deux pistolets à côté de son assiette; ils n'avaient pour être servis qu'un seul valet de chambre qui allait chercher les plats qu'on lui apportait dans l'antichambre, fermant soigneusement sur lui la porte de la salle à manger. Lorsque le prisonnier traversait la cour, il avait toujours son masque noir sur le visage. Les paysans remarquèrent qu'on lui voyait les dents et les lèvres, qu'il était grand et avait les cheveux blancs. Monsieur de Saint-Mars coucha dans un lit qu'on lui avait dressé auprès de celui de *l'homme au masque*. Monsieur de Blainvilliers m'a dit que lors de sa mort, arrivée en 1704, on l'enterra secrètement à Saint-Paul, et que l'on mit dans le cercueil des drogues pour consumer le corps. Je n'ai point ouï dire qu'il eût un accent étranger. »

Sainte-Foix réfuta l'histoire présentée au nom du sieur de Blainvilliers, ou du moins il se servit d'un détail de la lettre pour prouver que le prisonnier ne pouvait être le duc de Beaufort; il rappela une épigramme de madame de Choisy : « *Monsieur de Beaufort voudrait bien mordre et ne le peut pas.* » Ce n'était pas lui dont les paysans avaient pu voir les dents à travers le masque. Son système sembla prévaloir jusqu'au moment où le père Griffet, jésuite, confesseur à la Bastille, consacra au *Masque de fer* le chapitre XIII de son *Traité des différentes sortes de preuves qui servent à établir la vérité dans l'histoire*, in-12, Liége, 1769. Il cita le premier une pièce authentique constatant que cet homme masqué, sur lequel on discutait depuis si long-temps, avait existé ; le père Griffet produisit un extrait du journal manuscrit de monsieur Dujonca, lieutenant du roi à la Bastille en 1698, et des registres mortuaires de la paroisse Saint-Paul.

« Jeudi 8 septembre 1698, dit Dujonca, à trois heures de l'après-midi, monsieur de Saint-Mars, gouverneur de la Bastille, est arrivé pour sa première entrée, venant des îles Sainte-Marguerite et Saint-Honorat, ayant mené avec lui dans sa litière un ancien prisonnier qu'il avait à Pignerol, *dont le nom ne se dit pas*, lequel on a fait tenir *toujours masqué* et qui fut d'abord mis dans la tour de la Bassinière, en attendant la nuit, et que je conduisis moi-même sur les neuf heures du soir dans la troisième chambre de la tour de la Bertaudière [1], laquelle chambre j'avais eu soin de meubler de toutes choses [2] avant son arrivée, en ayant reçu l'ordre de monsieur de Saint-Mars. En le conduisant dans ladite chambre j'étais

L'HOMME AU MASQUE DE FER.

accompagné du sieur Rosarges, que monsieur de Saint-Mars avait amené avec lui, lequel était chargé de servir et de soigner ledit prisonnier, qui était nourri par le gouverneur. »

Le journal de Dujonca rapportait la mort du prisonnier en ces termes :

« Du lundi 19 novembre 1703. Le prisonnier inconnu, toujours masqué d'un masque de velours noir, que M. de Saint-Mars avait mené avec lui, venant de l'île Sainte-Marguerite, qu'il gardait depuis si long-temps, s'étant trouvé hier un peu plus mal en sortant de la messe, il est mort aujourd'hui sur les dix heures du soir, sans avoir eu une grande maladie, il ne se peut pas moins. M. Guiraut, notre aumônier, le confessa hier. Surpris de la mort, il n'a pu recevoir les sacremens, et notre aumônier l'a exhorté un moment avant de mourir. Il fut enterré le mardi 20 novembre, à quatre heures après midi, dans le cimetière de Saint-Paul, notre paroisse. Son enterrement coûta 40 livres. »

On cacha son nom et son âge aux prêtres de la paroisse. Les registres mortuaires portaient seulement :

« L'an 1703 et le 19 novembre, Marchiali, âgé de quarante-cinq ans ou environ, est décédé dans la Bastille, duquel le corps a été inhumé dans le cimetière de Saint-Paul, sa paroisse, le 20 du présent, en présence de M. Rosarges, et de M. Reilh, chirurgien-major de la Bastille, qui ont signé, ROSARGES, REILH. »

Dès qu'il fut mort, il est certain qu'on brûla généralement tout ce qui avait servi à son usage, comme linge, habits, matelas, couvertures et jusqu'aux portes de sa prison, le bois de lit et ses chaises. Son couvert d'argent fut fondu; et l'on fit regratter et blanchir les murailles de la chambre où il avait logé. On poussa les précautions au point d'en défaire les carreaux, dans la crainte sans doute qu'il n'eût caché quelque billet ou fait quelque marque qui eût pu faire connaître qui il était.

Le père Griffet, après avoir combattu l'opinion de Lagrange-Chancel et celle de Sainte-Foix, sembla pencher pour la version des *Mémoires de Perse*, que, selon lui, on n'avait pas réfutée encore par des preuves sans réplique. Il conclut en disant que pour former une décision il fallait savoir la date certaine de l'arrivée du prisonnier à Pignerol.

Sainte-Foix se hâta de répliquer, et soutint de nouveau son opinion. Il fit venir d'Arras l'extrait des registres capitulaires de la cathédrale, constatant que Louis XIV avait écrit lui-même au chapitre pour lui enjoindre de recevoir le corps du comte de Vermandois, décédé en la ville de Courtray; qu'il avait désiré que le défunt fût inhumé au milieu du chœur de l'église, dans le même caveau qu'Élisabeth, comtesse de Vermandois, et femme de Philippe d'Alsace, comte de Flandre, morte en 1182. On ne pouvait pas supposer que Louis XIV eût choisi un caveau de famille pour y faire enterrer une bûche.

Sainte-Foix n'avait pas connaissance de la lettre de Barbézieux, du 13 août 1691, que nous avons citée pour réfuter la supposition du comte de Vermandois. Cette lettre détruit aussi l'opinion que Sainte-Foix avait fait pré-

L'HOMME AU MASQUE DE FER.

valoir, puisque le duc de Monmouth fut condamné en 1685. Ce n'est pas de lui que Barbézieux aurait pu écrire en 1691 : *Le prisonnier que vous avez depuis* VINGT ANS.

La même année où Sainte-Foix se flattait d'avoir établi son système d'une manière victorieuse, le baron d'Heiss en présenta un autre dans une lettre datée de Phalsbourg, 28 juin 1770, et adressée au *Journal Encyclopédique*. Il y joignit une lettre traduite de l'italien, et insérée dans l'*Histoire abrégée de l'Europe*, par Jacques Bernard, qu'on publiait à Leyde, chez Claude Jordan, 1685 à 1687, en feuilles détachées. On apprenait par cette lettre (mois d'août 1687, article *Mantoue*), que le duc de Mantoue ayant dessein de *vendre* sa capitale au roi de France, son secrétaire l'en détourna, et lui persuada même de s'unir aux autres princes d'Italie pour s'opposer à l'ambition de Louis XIV. Le marquis d'Arcy, ambassadeur de France à la cour de Savoie, ayant eu connaissance de ses complots, l'accabla de civilités, le régala fort souvent, et l'invita enfin à une grande chasse à deux ou trois lieues de Turin. Ils partirent ensemble; mais à peu de distance de la ville ils furent enveloppés par douze cavaliers, qui enlevèrent le secrétaire, le *déguisèrent, le masquèrent et le conduisirent à Pignerol*. Le prisonnier ne resta pas long-temps dans cette forteresse, qui était *trop près de l'Italie, et quoiqu'il y fût gardé très-soigneusement, on craignait que les murailles ne parlassent*; on le transféra donc aux îles Sainte-Marguerite, *où il est à présent sous la garde de M. de Saint-Mars.*

Ce système, qui était destiné à être reproduit plus tard, ne fit pas d'abord grande sensation. Il est certain que le secrétaire du duc de Mantoue, nommé Matthioli, fut arrêté en 1679, par l'entremise de l'abbé d'Estrade et de Catinat, conduit à Pignerol dans le plus grand secret, et emprisonné sous la garde de M. de Saint-Mars; mais on ne peut le confondre avec le *Masque de fer*.

Catinat dit de Matthioli, dans une lettre à Louvois : « Personne ne sait le nom de ce *fripon*. »

Louvois écrit à Saint-Mars : « J'admire votre patience, et que vous attendiez un ordre pour *traiter un fripon comme il le mérite quand il vous manque de respect.* »

Saint-Mars répond au ministre : « J'ai chargé Blainvilliers de lui dire, en lui faisant voir *un gourdin*, qu'avec cela on rendait les extravagans honnêtes. »

Louvois écrit une autre fois : « Il faut *faire durer trois ou quatre ans les habits de ces sortes de gens.* »

Ce n'est pas là assurément ce prisonnier inconnu qu'on traitait avec tant d'égards, devant qui Louvois se découvrait, à qui on donnait du beau linge, des dentelles, etc., etc.

Tout semble indiquer d'ailleurs dans les correspondances de Saint-Mars, que ce malheureux, enfermé avec un jacobin aliéné, devint fou lui-même, et succomba vers la fin de l'année 1686.

Voltaire, qui, le premier peut-être, avait fourni cet inépuisable aliment à la controverse, garda le silence et ne se mêla nullement à ces débats. Quand tous ces sys-

L'HOMME AU MASQUE DE FER.

tèmes se furent produits, il entreprit de les réfuter tous. Il se moqua vivement, dans la septième édition du Dictionnaire philosophique, de la complaisance qu'on supposait à Louis XIV, qui aurait servi de sergent et de geôlier au roi Jacques II; puis au roi Guillaume et à la reine Anne, avec lesquels il fut en guerre. Persistant toujours à donner la date de 1661 ou 1662 au commencement de la captivité du *Masque de fer*; il combattit l'opinion de Lagrange-Chancel et celle du père Griffet; renouvelée des *Mémoires de Perse*. « Toutes ces illusions étant dissipées; dit-il; il reste à savoir qui était ce prisonnier *toujours masqué*; à quel âge il mourut. Il est clair que si on ne le laissait passer dans la cour de la Bastille, si on ne lui permettait de parler à son médecin que *couvert d'un masque*; c'était de peur qu'on ne reconnût dans ses traits quelque ressemblance *trop frappante*; il pouvait montrer sa langue et jamais son visage. Pour son âge; il dit lui-même à l'apothicaire de la Bastille; peu de jours avant sa mort; qu'il croyait avoir soixante ans; et le sieur Marsoban, chirurgien du maréchal de Richelieu; et ensuite du duc d'Orléans, régent; gendre de cet apothicaire, me l'a redit plus d'une fois. Celui qui écrit cet article en sait peut-être plus que le père Griffet. Il n'en dira pas davantage. »

Cet article du Dictionnaire philosophique fut suivi d'une addition de l'éditeur, attribuée par les éditeurs de Kehl à Voltaire lui-même. (*Questions sur l'Encyclopédie, distribuées en forme de dictionnaire.* Genève; 1791.) L'éditeur, qui s'appelle aussi l'auteur, rejette sans réfutation toutes les opinions qui étaient en lutte, y compris celle du baron d'Heiss. Selon le soupçon de l'éditeur, le *Masque de fer* était un frère aîné de Louis XIV. Anne d'Autriche l'avait eu d'un amant; et la naissance de ce fils aurait détrompé la reine sur sa prétendue stérilité. Après cette couche secrète, par le conseil du cardinal de Richelieu, un hasard avait été adroitement ménagé pour obliger absolument le roi à coucher en même lit avec la reine. Un second fils fut le fruit de cette rencontre conjugale; et Louis XIV avait ignoré jusqu'à sa majorité l'existence de son frère adultérin. La politique de Louis XIV, affectant un généreux respect pour l'honneur de la royauté, avait sauvé de grands embarras à la couronne et un horrible scandale à la mémoire d'Anne d'Autriche, en imaginant un moyen *sage et juste* d'ensevelir dans l'oubli la preuve vivante d'un amour illégitime. Ce moyen dispensait le roi de commettre une cruauté, qu'un monarque *moins consciencieux et moins magnanime* que Louis XIV eût estimée *nécessaire*.

Depuis cette déclaration, Voltaire s'abstint de revenir sur le *masque de fer*. Cette dernière opinion renversa celle de Sainte-Foix. Voltaire avait été initié à ce secret d'état par le maréchal de Richelieu. N'est-il pas permis de supposer que son indiscrétion naturelle l'entraîna à dire ce qu'il savait sous le voile d'un pseudonyme, ou du moins à énoncer une version qui approchait de la vérité, et que si plus tard il garda le silence, c'est qu'il reconnut ou qu'on lui fit reconnaître la dangereuse portée de ses paroles?

L'HOMME AU MASQUE DE FER.

Ce prince, devenu le prisonnier masqué, était-il illégitime ou un frère jumeau? La première de ces deux opinions fut soutenue par M. Quentin-Crawfurd; la seconde fut énoncée par l'abbé Soulavie dans les Mémoires du maréchal de Richelieu. En 1783, le marquis de Luchet, dans le *Journal des Gens du monde* (tome IV, n° 23, page 282 et suiv.), fit honneur à Buckingham de la paternité en litige. Il cita en témoignage une demoiselle de Saint-Quentin, ancienne maîtresse du ministre Barbézieux, qui mourut à Chartres vers le milieu du dix-huitième siècle, et qui avait dit publiquement que Louis XIV condamna son frère aîné à une prison perpétuelle, et que la *parfaite ressemblance* des deux frères nécessita l'invention du masque pour le prisonnier.

Le duc de Buckingham, venu en France en 1625, pour conduire en Angleterre Henriette de France, sœur de Louis XIII, qui avait été accordée au prince de Galles, montra, il est vrai, l'amour le plus vif pour la reine; et il paraît certain que cette princesse ne fut pas insensible à la passion qu'elle avait inspirée. Une pièce anonyme (*la Conférence du cardinal Mazarin avec le Gazetier*. Bruxelles, 1649) dit même qu'Anne d'Autriche en devint éperdument amoureuse; que ce duc lui rendit visite jusque dans son lit, et même qu'il lui tira son gant de la main, et qu'il le montra par vanité à plusieurs personnes de la cour, ce dont le roi s'offensa beaucoup. Une anecdote que l'on ne conteste pas, c'est que Buckingham tint un jour à la reine des propos si passionnés en présence de la marquise de Senecey, sa dame d'honneur, que celle-ci lui dit : « Taisez-vous, monsieur; on ne parle pas ainsi à une reine de France. » Cette nouvelle version faisait naître l'homme au masque au plus tard en 1637, mais une date positive détruisait la paternité de Buckingham, assassiné à Portsmouth le 2 septembre 1628.

Lors de la prise de la Bastille, le prisonnier masqué redevint un objet de mode et d'engouement. Le 13 août 1789, la dernière feuille des *Loisirs d'un Patriote français* annonça que le rédacteur anonyme prétendait avoir vu avec plusieurs autres papiers trouvés à la Bastille, une carte qui contenait le numéro inintelligible 64389000 et la note suivante : FOUQUET ARRIVANT DES ÎLES SAINTE-MARGUERITE, AVEC UN MASQUE DE FER ; ensuite trois x.x.x.; et au-dessous *Kersadion*. Le journaliste présumait que Fouquet avait réussi à se sauver, avait été repris, masqué et condamné à passer pour mort, en châtiment de sa tentative d'évasion. Ce système produisit une certaine impression, et on se rappela que le supplément du Siècle de Louis XIV avait fait dire à Chamillart : que *le masque de fer était un homme qui avait tous les secrets de M. Fouquet*. Mais l'authenticité de cette carte n'a jamais été prouvée, et on ne peut l'admettre sur la simple assertion d'un anonyme.

Depuis que les écrivains n'avaient plus besoin de l'approbation et du privilége du roi pour publier leurs pensées, chaque jour voyait éclore une brochure sur le masque de fer. Louis Dutens (*Correspondance interceptée*; in-12; 1789) reproduisit le système du baron d'Heiss, qu'il appuya de faits aussi neufs que singuliers.

L'HOMME AU MASQUE DE FER.

Il donna la preuve que Louis XIV avait fait enlever un ministre du duc de Mantoue, lequel avait été enfermé à Pignerol. Dutens donnait à la victime le nom de Girolamo Magni. Il cita aussi un mémoire rédigé, à l'instance du marquis de Castellane, gouverneur des îles Sainte-Marguerite, par un nommé Souchon (le même probablement que l'officier que Papon avait interrogé en 1778), fils d'un homme qui avait été cadet de la compagnie franche des îles, du temps de Saint-Mars, et alors âgé de soixante-dix-neuf ans. Ce mémoire rapporte en détail l'enlèvement du prisonnier masqué (en 1679), qu'il appelle un *ministre de l'empire*, et rapporte que le *prisonnier mourut aux îles Sainte-Marguerite neuf ans après sa disparition.*

Dutens enlevait par là à l'anecdote le merveilleux dont Voltaire l'avait entourée, et citait le témoignage du duc de Choiseul, qui, n'ayant pu arracher à Louis XV le secret du *masque de fer*, pria madame de Pompadour de le demander au roi, et apprit d'elle que le prisonnier était le *ministre d'un prince italien.* En même temps que Dutens affirmait que : « Il n'y a aucun point d'histoire mieux établi que le fait que le prisonnier au masque de fer fut un ministre du duc de Mantoue enlevé à Turin; » M. Quentin Crawfurd soutenait que le prisonnier était un fils d'Anne d'Autriche. Quelques années auparavant, l'avocat Bouche (*Essai sur l'histoire de Provence*, 2 vol. in-4°, 1785) avait traité cette histoire de fable inventée par Voltaire, et croyait que le prisonnier était *une femme.* Comme on le voit, la discussion n'apportait aucune lumière, et la confusion, loin de se dissiper, allait toujours en augmentant.

En 1790 parurent les mémoires du maréchal de Richelieu, qui avait confié ses notes, sa bibliothèque et ses correspondances à Soulavie. Avant de mettre sous les yeux du lecteur l'extrait de ces mémoires qui traite de l'homme au *masque de fer*, et qui a pour lui sinon une authenticité incontestable, du moins de fortes présomptions morales, quoi qu'on en puisse dire, et qui a rallié la grande majorité des opinions, parlons, pour mémoire seulement, de deux autres systèmes qui n'ont pu soutenir l'examen.

Suivant un mémoire manuscrit de M. de Bonac, ambassadeur de France à Constantinople en 1724, le patriarche arménien Arwedicks, ennemi mortel de notre religion, et auteur de la cruelle persécution que les catholiques avaient soufferte, fut exilé et enlevé, à la sollicitation des jésuites, par une barque française, pour être conduit en France et *mis dans une prison d'où il ne pourrait jamais sortir.* Arwedicks fut mené aux îles Sainte-Marguerite, et *de là à la Bastille, où il mourut.* Le gouvernement turc réclama instamment la délivrance du patriarche jusqu'en 1723, et le cabinet français nia toujours sa participation à cet enlèvement.

Si l'on ne savait pas qu'Arwedicks se convertit au catholicisme, et mourut libre à Paris, comme le prouve son extrait mortuaire conservé aux archives étrangères, il suffirait de cette phrase du manuscrit de M. de Bonac, disant que ce patriarche fut enlevé pendant l'ambassade

L'HOMME AU MASQUE DE FER.

de M. Fériol à Constantinople, qui succéda à M. de Châteauneuf, en 1699. Or, Saint-Mars arriva à la Bastille en 1698, avec son *prisonnier masqué*.

Plusieurs savans anglais avaient cru avec l'historien Gibbon, que *l'homme au masque* pouvait être Henri, second fils d'Olivier Cromwell, gardé en otage par Louis XIV.

Il est étrange, en effet, que ce second fils du protecteur soit rentré, en 1659, dans une obscurité si complète, qu'on ne sait ni où il a vécu, ni où il est mort. Mais pourquoi serait-il devenu prisonnier d'état en France, où son frère Richard avait la permission de séjourner ? En l'absence de toute espèce de preuves, il n'y a dans cette supposition aucune probabilité, même la plus légère.

Voici maintenant l'extrait des mémoires du maréchal de Richelieu :

« Sous le feu roi, il fut un temps où dans tous les ordres de la société on se demandait quel était ce fameux personnage connu sous le nom de *Masque de fer ?* mais je vis cette curiosité se ralentir quand Saint-Mars l'ayant conduit à la Bastille, on affecta de dire qu'on avait ordre de tuer ce prisonnier s'il se faisait connaître. Saint-Mars faisait entendre aussi que celui qui aurait le malheur de dévoiler qui il était subirait le même sort. Cette menace d'assassiner le prisonnier et les curieux du secret fit dès lors une telle impression, qu'on ne parla qu'à demi-mot, tant que le feu roi vécut, de ce mystérieux personnage. L'auteur anonyme des *Mémoires secrets de la cour de*

CRIMES CÉLÈBRES.

Perse, publiés chez l'étranger quinze ans après la mort de Louis XIV, est le premier qui osa parler du prisonnier et rapporter quelques anecdotes.

» Depuis ce temps-là, la liberté se manifestant tous les jours avec plus de hardiesse en France, dans la société et dans les livres, et la mémoire de Louis XIV perdant de plus en plus son ancienne influence, on raisonna librement sur ce prisonnier; cependant on me demande encore à la fin de mes jours, et soixante-dix ans après la mort de Louis XIV, quel était ce prisonnier au masque de fer.

» C'était la question que je faisais, en 1719, à la princesse adorable que le régent aimait, mais dont il était détesté, parce qu'elle m'aimait éperdument, et parce qu'elle ne devait avoir que du respect pour ce prince. Cependant comme on était persuadé dans ce temps-là que le régent était instruit du nom, des aventures et des causes de l'emprisonnement du masque, je tentai, plus curieux et plus hardi que tout autre, d'arracher du régent, par le moyen de ma princesse, le grand secret; elle était accoutumée à rebuter le duc d'Orléans, et à lui témoigner une grande aversion; mais comme il fut toujours passionnément amoureux d'elle, et comme à la moindre lueur de quelque espérance de bonheur il lui accordait tout ce qu'elle lui demandait, j'intéressai ma charmante princesse, déjà fort curieuse de son naturel, dans mon projet, et je l'engageai à faire entendre au régent qu'il serait heureux et qu'il serait satisfait, s'il voulait permettre la lecture des mémoires du Masque de fer qu'il avait.

L'HOMME AU MASQUE DE FER.

» Le duc d'Orléans n'avait jamais dévoilé aucun secret d'état. Il était d'une circonspection inouïe sur cet article, car Dubois, son précepteur, l'avait accoutumé à le garder. Il n'était pas probable qu'il délivrât ce mémoire, qui pouvait dévoiler la condition et l'origine du prisonnier masqué. Aussi la démarche de la princesse auprès du régent me paraissait-elle au moins inutile; mais l'amour, et un amour aussi pressant. . . . .
. . . .

Pour la récompenser, le régent lui délivra donc l'écrit, qu'elle m'envoya le lendemain enveloppé d'un billet chiffré, que les lois de l'histoire veulent que je rapporte en entier, comme un monument essentiel de notre histoire dont je garantis l'authenticité; car la princesse m'écrivait en chiffres quand elle me parlait le langage de la galanterie, et me disait dans ce billet quel traité avait été conclu, de son côté, pour avoir le mémoire, et du côté du régent, pour arriver au but si désiré. L'histoire défend les détails; mais en empruntant le langage modeste des patriarches, je puis dire que si Jacob, pour avoir en mariage celle des filles de Laban qu'il aimait le plus, fut obligé de l'acheter deux fois, le régent exigea de la princesse encore plus que le patriarche. Voici le billet chiffré : le mémoire historique le suivra.

2. 1. 17. 12. 9. 2. 20. 2. 1. 7. 14. 20. 10. 3. 21.
1. 11. 14. 1. 15. 16. 12. 17. 14. 2. 1. 21. 11. 20.
17. 12. 9. 14. 9. 2. 8. 20. 5. 20. 2. 2. 17. 8. 1. 2.
20. 9. 21. 21. 1. 5. 12. 17. 15. 00. 14. 1. 15. 14.
12. 9. 21. 5. 12. 9. 21. 16. 20. 14. 8. 3.

CRIMES CÉLÈBRES.

RELATION DE LA NAISSANCE ET DE L'ÉDUCATION DU PRINCE INFORTUNÉ SOUSTRAIT PAR LES CARDINAUX DE RICHELIEU ET DE MAZARIN A LA SOCIÉTÉ, ET RENFERMÉ PAR L'ORDRE DE LOUIS XIV,

Composée par le gouverneur de ce prince au lit de mort.

« Le prince infortuné que j'ay eslevé et gardé jusques vers la fin de mes jours, nasquit le 5 septembre 1638, à huit heures et demie du soir, pendant le souper du roi. Son frère, à présent régnant, était né le matin, à midy, pendant le disner de son père; mais autant la naissance du roy fut splendide et brillante, autant celle de son frère fut triste et cachée avec soin; car le roy, adverti par la sage-femme que la reyne devoit faire un second enfant, avoit fait rester en sa chambre le chancelier de France, la sage-femme, le premier aumosnier, le confesseur de la reyne et moy, pour être témoins de ce qu'il en arriveroit et de ce qu'il vouloit faire s'il naissoit un second enfant.

» Déjà depuis long-temps le roy étoit adverti par prophéties que sa femme feroit deux fils; car il estoit venu depuis plusieurs jours des pastres à Paris qui disoient en avoir eu inspiration divine, si bien qu'il se disoit dans Paris que si la reyne accouchoit de deux dauphins, comme on l'avoit prédit, ce seroit le comble du malheur de l'état. L'archevêque de Paris, qui fit venir ces devins, les fit renfermer tous les deux à Saint-Lazarre, parce que le peuple en estoit ému; ce qui donna beaucoup à penser au roy, à cause des troubles qu'il y avoit lieu de craindre

L'HOMME AU MASQUE DE FER.

dans son estat. Arriva ce qui avoit été prédit par les devins, soit que les constellations en eussent adverti les pastres, soit que la Providence voulût advertir Sa Majesté des malheurs qui pouvoient advenir à la France. Le cardinal, à qui le roy, par un messager, avoit fait savoir cette prophétie, avoit répondu qu'il falloit s'en adviser; que la naissance de deux dauphins n'étoit pas une chose impossible, et que dans ce cas il falloit soigneusement cacher le second, parce qu'il pourroit, à l'avenir, vouloir estre roy, combattre son frère pour soutenir une nouvelle ligue dans l'estat, et régner.

« Le roy estoit souffrant dans son incertitude, et la reyne, qui poussa des cris, nous fit craindre un second accouchement. Nous envoyâmes quérir le roy, qui pensa tomber à la renverse, pressentant qu'il alloit estre père de deux dauphins. Il dit à monseigneur l'évesque de Meaux, qu'il avoit prié de secourir la reyne, *ne quités pas mon espouse jusqu'à ce qu'elle soit délivrée; j'en ay une inquiétude mortelle.* Incontinent après, il nous assembla, l'évesque de Meaux, le chancellier, le sieur Honorat, la dame Peronète sage-femme, et moy, et il nous dit en présence de la reyne, afin qu'elle pût l'entendre, que nous en respondrions sur notre testo si nous publiions la naissance d'un second dauphin, et qu'il vouloit que sa naissance fût un secret de l'estat pour prévenir les malheurs qui pourroient arriver, la loy salique ne déclarant rien sur l'héritage du royaume en cas de naissance de deux fils aînés des roys.

« Ce qui avoit été prédit arriva, et la reyne accoucha

pendant le souper du roy d'un dauphin plus mignard et plus beau que le premier, qui ne cessa de se plaindre et de crier comme s'il eust déjà esprouvé du regret d'entrer dans la vie, où il aurait ensuite tant de souffrances à endurer. Le chancellier dressa le procès-verbal de cette merveilleuse naissance, unique dans notre histoire ; ensuite, sa majesté ne trouva pas bien fait le premier procès-verbal, ce qui fit qu'elle le brusla en notre présence et ordonna de le refaire plusieurs fois jusqu'à ce que sa majesté le trouva de son gré, quoique pût remontrer monsieur l'aumosnier, qui prétendoit que sa majesté ne pouvoit cacher la naissance d'un prince, à quoy le roy respondit qu'il y avoit en cela une raison d'estat.

« Ensuite le roy nous dit de signer nostre serment ; le chancellier le signa d'abord, puis monsieur l'aumosnier, puis le confesseur de la reyne, et je signai après. Le serment fut signé aussi par le chirurgien et la sage-femme qui délivra la reyne, et le roy attacha cette pièce au procès-verbal qu'il emporta, et dont je n'ai jamais ouï parler ; je me souviens que sa majesté s'entretint avec monseigneur le chancellier sur la formule de ce serment et qu'il parla long-temps fort bas de monseigneur le cardinal ; après quoy la sage-femme fut chargée de l'enfant dernier né, et comme on a toujours craint qu'elle ne parlât trop sur sa naissance, elle m'a dit qu'on l'avoit souvent menacée de la faire mourir si elle venoit à parler ; on nous défendit même de jamais parler de cet enfant entre nous qui estions les témoins de sa naissance.

« Pas un de nous n'a encore violé son serment, car

L'HOMME AU MASQUE DE FER.

sa majesté ne craignoit rien tant après elle que la guerre civile que ces deux enfans nés ensemble pourroient susciter, et le cardinal l'entretint toujours dans cette crainte, quand il s'empara ensuite de la surintendance de l'éducation de cet enfant. Le roy nous ordonna aussi de bien examiner ce malheureux prince, qui avait une verrue au dessus du coude gauche, une tasche jaunâtre à son col du côté droit, et une plus petite verrue au gras de la cuisse droite, parce que sa majesté, en cas de décès du premier né, entendoit et avec raison mettre en sa place l'enfant royal qu'il alloit nous donner en garde; pourquoy il requit notre seing du procès-verbal qu'il fit sceller d'un petit sceau royal en notre présence, et nous le signâmes selon l'ordre de sa majesté et après elle; et pour ce qui en fut des bergers qui avoient prophétisé sa naissance, jamais je n'ai pu en entendre parler, mais aussi je ne m'en suis enquis. Monsieur le cardinal, qui prit soin de cet enfant mystérieux, aura pu les dépayser.

« Pour ce qui est de l'enfance du second prince, la dame Péronète en fit comme d'un enfant sien d'abord, mais qui passa pour le fils bastard de quelque grand seigneur du temps, parce qu'on reconnut aux soins qu'elle en prennoit et aux dépenses qu'elle faisoit, que c'étoit un fils riche et chéri, encore qu'il fût désavoué.

« Quand le prince fut un peu grand, monsieur le cardinal Mazarin, qui fut chargé de son éducation après monseigneur le cardinal de Richelieu, me le fit bailler pour l'instruire et l'élever comme l'enfant d'un roy, mais en secret. La dame Péronète lui continua ses offices jusqu'à la mort, avec attachement d'elle à lui, et de lui à elle encore davantage. Le prince a été instruit en ma maison en Bourgogne avec tout le soin qui est deub à un fils de roy et frère de roy.

« J'ai eu de fréquentes conversations avec la reyne mère pendant les troubles de la France, et sa majesté me parut craindre que si jamais la naissance de cet enfant étoit connue du vivant de son frère le jeune roy, quelques mécontents n'en prissent raison de se révolter, parce que plusieurs médecins pensent que le dernier né de deux enfants jumeaux est le premier conçu, et par conséquent qu'il est roy de droit, tandis que ce sentiment n'est pas reconnu par d'autres de cet état.

« Cette crainte néanmoins ne put jamais engager la reyne à détruire les preuves par écrit de sa naissance, parce qu'en cas d'événement et de mort du jeune roy, elle entendoit faire reconnoître son frère, quoiqu'elle eût un autre enfant. Elle m'a souvent dit qu'elle conservait avec soin ces preuves par écrit dans sa cassette.

« J'ai donné au prince infortuné toute l'éducation que je voudrois qu'on me donnât à moi-même, et les fils des princes avoués n'en ont pas eu une meilleure. Tout ce que j'ai à me reprocher, c'est d'avoir fait le malheur du prince quoique sans le vouloir; car comme il avoit à dix-neuf ans une envie étrange de savoir qui il estoit, et comme il voyoit en moi la résolution de le lui taire, me montrant à lui plus ferme quand il m'accabloit de prières, il résolut dès lors de me cacher sa curiosité et de me faire accroire qu'il pensoit qu'il estoit mon fils né d'amour

L'HOMME AU MASQUE DE FER.

illégitime ; je lui dis souvent là-dessus, quand il m'appeloit son père, quand nous étions seuls, qu'il se trompoit ; mais je ne lui combattois plus ce sentiment, qu'il affectoit peut-être pour me faire parler, le laissant accroire, moi, qu'il estoit mon fils, sans combattre en lui ce sentiment, et lui se reposant là-dessus, mais cherchant des moyens de reconnoître qui il estoit. Deux ans s'estoient écoulés, quand une malheureuse imprudence de ma part, de quoy j'ay bien à me reprocher, lui fit connoître qui il estoit. Il sçavoit que le roy m'envoyoit depuis peu de temps des messagers, et j'eus le malheur de laisser ma cassette, des lettres de la reyne et des cardinaux : il lut une partie et devina l'autre par sa pénétration ordinaire, et il m'a avoué dans la suite qu'il avoit enlevé la lettre la plus expressive et la plus marquante sur sa naissance.

« Je me souviens qu'une habitude hargneuse et brutale succéda à son amitié et à son respect pour moi, dans lequel je l'avois eslevé, mais je ne pus d'abord reconnoître la source de ce changement, car je ne me suis advisé jamais comment il avoit fouillé dans ma cassette, et jamais il n'a voulu m'en advouer les moyens, soit qu'il aye esté aidé par quelques ouvriers qu'il n'a pas voulu faire connoître ou qu'il ait eu d'autres moyens.

« Il commit un jour cependant l'imprudence de me demander les portraits du feu roy Louis XIII et du roy régnant : je lui répondis qu'on en avoit de si mauvais, que j'attendois qu'un ouvrier en eût fait des meilleurs pour les avoir chez moi.

« Cette réponse, qui ne le satisfit pas, fut suivie de la

demande d'aller à Dijon. J'ai sçu dans la suite que c'estoit pour y aller voir un portrait du roy, et partir pour la cour qui estoit à Saint-Jean-de-Lus, à cause du mariage avec l'infante, et pour s'y mettre en parallèle avec son frère et voir s'il en avoit la ressemblance. J'eus connoissance d'un projet de voyage de sa part, et je ne le quittai plus.

« Le jeune prince alors estoit beau comme l'amour, et l'amour l'avoit aussi très-bien servi pour avoir un portrait de son frère, car depuis quelques mois une jeune gouvernante de la maison estoit de son goût, et il la caressa si bien et la contenta de même, que malgré la défense à tous les domestiques de ne rien lui donner que par ma permission, elle lui donna un portrait du roy. Le malheureux prince se reconnut, et il le pouvoit bien, puisqu'un portrait pouvoit servir à l'un et à l'autre; et cette vue le mit en une telle fureur, qu'il vint à moi en me disant : Voilà mon frère, et voilà qui je suis, en me montrant une lettre du cardinal Mazarin qu'il m'avoit volée ; la scène fut telle dans ma maison.

« La crainte de voir le prince s'échapper et accourir au mariage du roy, me fit craindre un pareil événement. Je despêchai un messager au roy pour l'informer de l'ouverture de ma cassette et du besoin de nouvelles instructions. Le roy fit envoyer ses ordres par le cardinal, qui furent de nous renfermer tous les deux jusqu'à des ordres nouveaux, et lui faire entendre que sa prétention estoit la cause de notre malheur commun. J'ai souffert avec lui dans notre prison jusqu'au moment que je crois que

L'HOMME AU MASQUE DE FER.

l'arrêt de partir de ce monde est prononcé par mon juge d'en haut, et je ne puis refuser à la tranquillité de mon âme, ni à mon eslève, une espèce de déclaration qui lui indiqueroit les moyens de sortir de l'estat ignominieux où il est, si le roy venoit à mourir sans enfants. Un serment forcé peut-il obliger au secret sur des anecdotes incroyables qu'il est nécessaire de laisser à la postérité? »

Voilà le mémoire historique que délivra le régent à la princesse, et qui doit occasionner une foule de questions. On demandera quel était ce gouverneur du prince? Était-il Bourguignon? ou simplement propriétaire d'une maison ou d'un château en Bourgogne? A quelle distance de Dijon? C'était sans contredit un homme remarquable, puisqu'il jouissait à la cour de Louis XIII d'une confiance intime, par charge ou en qualité de savori du roi, de la reine et du cardinal de Richelieu. Le nobiliaire de Bourgogne pourrait-il nous dire quel personnage dans cette province disparut de la société après le mariage de Louis XIV, avec un jeune élève d'environ vingt ans, inconnu, et dont il avait soin dans sa maison ou dans son château? Pourquoi ce mémoire, qui paraît avoir près d'un siècle d'existence, est-il anonyme? A-t-il été dicté par le moribond et sans pouvoir être signé par lui? Comment ce mémoire est-il sorti de la prison? etc., etc.

Il est certain que toutes ces questions restent sans réponse, et, pour ma part, je n'ai garde d'affirmer l'authenticité de cette relation. L'abbé Soulavie raconte qu'il pressa un jour le maréchal de questions sur ce sujet, et qu'il lui dit : « N'est-il pas vrai, monsieur le maréchal, que ce prisonnier était le frère aîné de Louis XIV, né à l'insu de Louis XIII ? » — Le maréchal parut embarrassé, il ne voulait pas s'expliquer, il ne voulait pas refuser entièrement une réponse ; il avoua que ce grand personnage n'était ni *le frère adultérin de Louis XIV*, ni le duc de Monmouth, ni le comte de Vermandois, ni le duc de Beaufort, etc., etc., comme il a plu à tant d'écrivains de le dire. » Il appela tous leurs écrits des rêveries ; mais il ajouta que ces auteurs avaient la plupart rapporté des anecdotes très-véritables : il dit que l'ordre en effet était donné de faire périr le prisonnier s'il se faisait connaître. Enfin le maréchal avoua qu'il connaissait le secret de l'état, et dit en propres termes : — « Tout ce que je puis vous dire, monsieur l'abbé, sur cet objet, c'est que le prisonnier n'était plus aussi intéressant quand il mourut au commencement de ce siècle, très-avancé en âge ; mais qu'il l'avait été beaucoup quand, au commencement du règne de Louis XIV, par lui-même, il fut renfermé *pour de grandes raisons d'état.* »

L'anecdote fut écrite sur-le-champ sous les yeux du maréchal, et comme l'abbé Soulavie le suppliait encore d'ajouter quelques autres observations qui, sans dévoiler le secret directement, pourraient satisfaire la curiosité sur ce personnage, le maréchal répondit : — « Lisez ce que monsieur de Voltaire a publié en dernier lieu sur ce Masque, ses dernières paroles surtout, et réfléchissez. »

A l'exception de Dulaure, les savans ont toujours traité la relation de Soulavie avec le plus profond mé-

L'HOMME AU MASQUE DE FER.

pris : il faut convenir qu'elle serait une monstruosité si elle était fausse, et que l'abbé serait un abominable homme s'il avait inventé le fameux billet chiffré : *le voilà le grand secret ; pour le savoir, il m'a fallu me laisser 5, 12, 17, 15, 14, 1, trois fois par 8, 3.* Mais, malheureusement pour les champions de mademoiselle de Valois, il est difficile de calomnier ses mœurs, celles de son amant et de son père ; et ce qu'on sait de tous les trois autorise à penser que plus l'infamie qu'on leur impute est énorme, plus elle est probable. Quant à cette objection : — Est-ce au sujet d'un fils de Louis XIII ou d'un bâtard d'Anne d'Autriche que Louvois aurait écrit à Saint-Mars, en 1687: « Il n'y a point d'inconvénient de changer le chevalier de Thézut de la *prison* où il est, pour y mettre votre *prisonnier*, jusqu'à ce que celle que vous lui faites préparer soit en état de le recevoir, » nous avouons que nous n'en comprenons nullement la valeur. On ajoute : Est-ce en parlant d'un prince que Saint-Mars aurait dit la même année, à l'exemple du ministre : « jusqu'à ce qu'il soit logé dans la *prison* qu'on lui prépare ici, où il y aura joignant une chapelle. » — Pourquoi Saint-Mars ne se serait-il pas exprimé ainsi ? Est-ce un relâchement d'égards envers le *prisonnier*, que de dire qu'il est prisonnier, et que d'appeler une *prison* par son nom ?

Un M. de Saint-Mihiel publia en 1791, à Strasbourg et à Paris, un vol. in-8°, intitulé : *Le véritable homme dit au Masque de fer*, ouvrage dans lequel on fait connaître, sur preuves incontestables, à qui le célèbre infor-

CRIMES CÉLÈBRES.

tune dut le jour, quand et où il naquit. La rédaction du titre peut donner une idée du style baroque et barbare dans lequel l'ouvrage tout entier est écrit. On s'imaginerait difficilement le degré d'orgueil qui anime ce nouveau *devineur* d'énigmes : il aurait trouvé la pierre philosophale, fait une découverte destinée à changer la face du monde, qu'il ne se montrerait pas plus fier et plus heureux. A tout prendre cependant, les preuves *incontestables* de son système ne décident pas plus la question d'une manière définitive, et à l'abri d'une réfutation, que celles sur lesquelles s'appuient les systèmes qui ont précédé et suivi. Mais ce qui lui a manqué surtout, c'est le talent nécessaire pour mettre en œuvre et disposer ses matériaux. Avec l'habileté la plus vulgaire, il eût créé un système qui aurait résisté à la critique aussi bien que tout autre, et qui se serait appuyé, sinon sur des preuves sans réplique (personne n'a pu en produire), au moins sur des présomptions morales, qui sont d'un grand poids dans un sujet où tout est mystère et ténèbres, et où il faut toujours expliquer les marques de respect de Louvois parlant debout et découvert au prisonnier.

Selon M. de Saint-Mihiel, *l'homme au masque de fer était un fils légitime d'Anne d'Autriche et de Mazarin.*

Il établit d'abord que Mazarin était de l'ordre des cardinaux diacres, et non prêtre, ni même engagé dans les ordres, d'après le témoignage de la princesse palatine, épouse de Philippe Ier, duc d'Orléans ; que dès lors il a pu épouser secrètement Anne d'Autriche.

— « La vieille Beauvais, qui était première femme

L'HOMME AU MASQUE DE FER.

de chambre de la reine-mère, a le secret du ridicule mariage : cela obligeait la reine à faire tout ce que voulait sa confidente. C'est cette aventure qui a donné lieu dans ce pays-ci à l'étendue des droits des premières femmes de chambre. (Lettre de la duchesse d'Orléans, 13 septembre 1713.)

« La reine-mère, femme de Louis XIII, avait encore bien fait pis que d'aimer Mazarin, elle l'avait épousé, car il n'était pas prêtre : il n'était pas même dans les ordres, qui auraient pu l'en empêcher. Il fut horriblement las de la bonne reine-mère, et vivait mal avec elle; ce qui est la récompense que l'on mérite par de pareils mariages. » (Lettre de la duchesse d'Orléans, 2 novembre 1717.)

« Elle (la reine) était tranquille sur le cardinal Mazarin : il n'était pas prêtre; ainsi ils pouvaient se marier ensemble. Le passage secret par lequel il se rendait toutes les nuits chez elle est encore au Palais-Royal. » (Lettre de la duchesse d'Orléans, 2 juillet 1719.)

« La reine gouverne tout selon la passion qui la tyrannise. Dans ses entretiens avec le cardinal, on voit dans leurs regards, dans leurs yeux, dans leur façon de procéder, qu'ils s'affectionnent si passionnément, qu'ils ne peuvent sans grande violence se séparer l'un de l'autre. S'il est vrai, ce que l'on dit, qu'ils sont liés ensemble par un mariage de conscience, et que le père Vincent, de la mission, ait ratifié leur contrat, ils peuvent tout ce qu'ils font, et davantage que nous ne voyons pas. » (Requête civile contre la conclusion de la paix, 1649.).

L'*homme au masque* dit à l'apothicaire de la Bastille qu'il croyait avoir environ soixante ans (Questions sur l'Encyclopédie). Il serait né alors en 1644, époque où la puissance royale était entre les mains d'Anne d'Autriche, mais exercée de fait par Mazarin.

Trouve-t-on dans l'histoire quelque anecdote qui donne une probabilité à un accouchement d'Anne d'Autriche, accouchement qui dut être tenu secret comme le mariage ?

« En 1644, Anne d'Autriche quitta le Louvre, parce que son appartement ne lui plaisait pas : elle vint loger au Palais-Royal, que Richelieu en mourant avait légué au feu roi. Dans le commencement qu'elle occupa ce logis, elle fut fort malade d'une jaunisse effroyable, qui fut jugée par les médecins ne provenir que de chagrin et de tristesse, et de l'occupation des affaires, qui lui donna beaucoup d'embarras. (Mémoires de madame de Motteville, 4 vol. in-12, t. I, p. 194.)

Ce prétendu chagrin, causé par l'embarras des affaires, n'est sans doute invoqué que pour donner un prétexte à une maladie feinte. Les grands chagrins et les grands embarras d'Anne d'Autriche n'eurent lieu qu'en 1649 : elle ne commença à se plaindre du despotisme de Mazarin que vers la fin de 1645. (Mémoires de Motteville, t. I, p. 272 et 273.) Elle fréquenta le spectacle pendant l'année du grand deuil de Louis XIII ; aussi avait-elle soin de se cacher dans sa loge. » (*Id. ibid.* p. 342.)

L'abbé Soulavie, dans le tome VI des *Mémoires de Richelieu*, publié en 1793, combattit l'opinion de M. de

L'HOMME AU MASQUE DE FER.

Saint-Mihiel, et appuya de nouveaux raisonnemens celle qu'il avait produite quelque temps auparavant.

L'inutilité des recherches faites dans les archives de la Bastille et l'importance des événemens politiques détournèrent pendant quelques années l'attention de ce sujet. En 1800, le Magasin encyclopédique publia (6° année, t. VI, p. 472) un article intitulé : *Mémoires sur les problèmes historiques, et la méthode de les résoudre, appliquée à celui qui concerne l'homme au masque de fer*, signé C. D. O. L'auteur anonyme adoptait l'identité du *Masque* et du premier ministre du duc de Mantoue, qu'il appelle Girolamo Magni.

Dans la même année 1800, M. Roux-Fazillac fit paraître un in-8° de 142 pages, intitulé : *Recherches historiques et critiques sur l'homme au Masque de fer, d'où résultent des notions certaines sur ce prisonnier*. Ces recherches étaient fondées sur des correspondances secrètes relatives aux négociations, aux intrigues et à l'enlèvement d'un secrétaire du duc de Mantoue, nommé Matthioli et non Girolamo Magni.

En 1802, un anonyme (peut-être le baron de Servière) publia une *Véritable clef de l'histoire de l'Homme au masque de fer*, in-8° de 11 pages, sous la forme d'une lettre signée Reth, adressée au général Jourdan et datée de Turin, où l'on trouve des détails historiques sur la personne et la famille de Matthioli. Le pseudonyme Reth démontre que le secrétaire du duc de Mantoue a été enlevé, masqué et emprisonné par ordre de Louis XIV, en 1679, mais il ne prouve pas que ce secrétaire et *l'homme au masque de fer* sont une seule et même personne sous deux noms différens.

En 1809, M. Crawfurd, qui, en 1798, avait déjà dit: « Je ne puis douter que *l'homme au masque* n'ait été le fils d'Anne d'Autriche, mais sans pouvoir décider s'il était le frère jumeau de Louis XIV, et s'il était né pendant le temps que la reine n'habitait pas avec le roi ou pendant son veuvage (*Histoire de la Bastille*, 1798, in-8° de 474 pages), » réfuta le système de Roux-Fazillac, dans les *Mélanges d'histoire et de littérature tirés d'un portefeuille*, 1809, in-4°; 1817, in-8°.

En 1825, M. Delort découvrit dans les archives plusieurs lettres relatives à Matthioli, et publia l'*Histoire de l'Homme au masque de fer*, in-8°. Cet ouvrage, traduit en anglais par George-Agar Ellis, fut retraduit de l'anglais en français, en 1830, sous le titre de *Histoire authentique du prisonnier d'état connu sous le nom du Masque de fer*. C'est dans cette histoire qu'on lit l'anecdote relative au second fils d'Olivier Cromwell. En 1826 parut le système de M. de Taulès, qui reconnaissait dans le prisonnier masqué le patriarche des Arméniens. Six ans après, le grand succès du drame représenté à l'Odéon rallia presque toutes les opinions à la version présentée par Soulavie. Le bibliophile Jacob se trompe quand il dit que j'ai suivi une tradition conservée dans la famille du duc de Choiseul : ce fut M. le duc de Bassano qui me remit une copie faite sous ses yeux, dans le temps où Napoléon avait donné ordre de faire des recherches sur l'*homme au masque*. Le duc de Bassano me

L'HOMME AU MASQUE DE FER.

dit que l'original de cette relation (conforme à celle des mémoires du duc de Richelieu), existait aux Archives des affaires étrangères. En 1834, le journal de l'*Institut historique* publia une lettre de M. Auguste Billiard, qui déclara avoir copié la même relation par ordre de feu M. le comte de Montalivet, ministre de l'intérieur sous l'empire.

M. Dufey, de l'Yonne, fit paraître la même année une *Histoire de la Bastille*, et pencha à croire que le prisonnier était un fils de Buckingham.

Parmi les personnages d'une importance historique réelle ou supposée qu'on pourrait affubler du fameux masque, il y en avait un auquel personne n'avait encore songé, quoique son nom eût été prononcé par le ministre Chamillart : c'était le célèbre surintendant Fouquet. En 1837, le bibliophile Jacob, armé de textes et de citations, s'appliqua de nouveau à cette espèce de casse-tête chinois qui avait exercé tant d'imaginatives et dont jusque alors on n'avait pu mettre en ordre toutes les pièces. A-t-il été plus heureux que ses devanciers ?

Sa prétention étonne au premier abord. Il semble étrange de faire ressusciter Fouquet condamné à la prison perpétuelle en 1664, enfermé à Pignerol sous la garde de Saint-Mars, et dont la mort aurait été faussement annoncée au 23 mars 1680. Ce que l'on cherche d'abord dans l'histoire du *Masque*, c'est une raison d'état suffisante pour que les traits d'un prisonnier fussent si obstinément cachés jusqu'à sa mort : c'est aussi l'explication des respects de Louvois, renversement de position si extraordinaire en tous temps, et plus encore sous le règne de Louis XIV, où les courtisans se seraient bien gardés de rendre hommage au malheur d'un homme disgracié par leur maître. Quel qu'ait été le vrai motif de la colère de Louis XIV contre Fouquet, jalousie du pouvoir que s'arrogeait le surintendant, rivalité de prétentions amoureuses sur le cœur des maîtresses royales, ou même soupçon fondé sur quelques tentatives plus audacieuses encore, la vengeance du roi n'était-elle pas satisfaite par la ruine complète de son ennemi, par une condamnation éclatante à une captivité perpétuelle? Que voulait-il de plus? Pourquoi cette colère, assouvie en 1664, se serait-elle réveillée avec plus d'ardeur, seize ans plus tard, pour inventer un nouveau supplice? Suivant le bibliophile, le roi, importuné des demandes en grâce que lui adressait la famille du surintendant, aurait imaginé de le faire passer pour mort, afin de se débarrasser de toutes ces supplications. La haine de Colbert, dit-il, a tout conduit; mais si cette haine a pu précipiter la catastrophe de Fouquet, peut-on supposer qu'elle l'ait poursuivi au-delà du jugement, au-delà d'une longue captivité, et qu'elle ait passé, en redoublant d'énergie, dans l'esprit du roi et de ses conseillers? Alors comment expliquer, encore une fois, les respects de Louvois? Ce n'est pas Colbert qui aurait salué Fouquet prisonnier; son collègue a-t-il pu le faire?

Cependant il faut avouer que de tous les systèmes, celui-ci (grâce à l'érudition immense du bibliophile) est peut-être celui qui réunit en sa faveur le plus de textes

L'HOMME AU MASQUE DE FER.

et d'interprétations, le plus grand luxe de dates et de savantes recherches.

Il est certain, 1° que les précautions apportées dans la garde de Fouquet à Pignerol ressemblent en tout point à celles qu'on déploya plus tard pour l'*homme au masque* à la Bastille, comme aux îles Sainte-Marguerite;

2° Que la plupart des traditions relatives au *prisonnier masqué* peuvent se rattacher à Fouquet;

3° Que l'apparition du *masque de fer* a suivi presque immédiatement la prétendue mort de Fouquet, en 1680;

4° Que cette mort de Fouquet en 1680 n'est point certaine.

L'arrêt du 20 décembre 1664, de la chambre de justice, bannit Fouquet à perpétuité du royaume. Mais *le roi jugea qu'il pouvoit y avoir grand péril à laisser sortir ledit Fouquet hors du royaume, vu la connoissance particulière qu'il avoit des affaires les plus importantes de l'État.* En conséquence, la peine de bannissement perpétuel fut *commuée* en celle de la prison perpétuelle. (*Recueil des défenses de M. Fouquet.*) L'instruction, datée du 24 décembre, signée par le roi, et remise à Saint-Mars, défend que *Fouquet ait communication avec qui que ce soit, de vive voix ni par écrit; ni qu'il sorte de son appartement pour quelque cause ou sous quelque prétexte que ce puisse être, pas même pour se promener.* La défiance de Louvois, dans ses lettres à Saint-Mars, se porte sur tout. Les précautions qu'il recommande n'auraient pas été plus grandes pour l'*homme au masque de fer*.

CRIMES CÉLÈBRES.

L'anecdote de la chemise couverte d'écriture et trouvée par un frater, au dire de l'abbé Papon, peut se rapporter à ces passages de deux lettres de Louvois à Saint-Mars : « Votre lettre m'a été rendue avec le nouveau mouchoir sur lequel il y a de l'écriture de M. Fouquet. » (18 décembre 1665.) — « Vous pouvez lui déclarer que, s'il emploie encore son linge de table à faire du papier, il ne doit pas être surpris si vous ne lui en donnez plus. » (21 novembre 1667.) Le père Papon rapporte qu'un valet de chambre du *prisonnier masqué* mourut dans la chambre de son maître ; un valet de chambre de Fouquet, emprisonné comme lui à perpétuité, mourut au mois de février 1680. (Lettre de Louvois à Saint-Mars, 12 mars 1680). Les faits qui s'étaient passés à Pignerol purent avoir un écho aux îles Sainte-Marguerite, lorsque Saint-Mars y transféra son *ancien prisonnier*. Les beaux habits, le linge fin, les livres, tout ce qu'on prodiguait au *prisonnier masqué*, n'étaient pas refusés à Fouquet. L'ameublement de sa seconde chambre à Pignerol coûta plus de 1,200 livres. (Lettre de Louvois, 20 février 1665.) Les habits et le linge que Saint-Mars lui fournit en treize mois coûtèrent d'une part 1,042 livres, et de l'autre 1,646 livres. (Lettres de Louvois, 12 décembre 1665 et 22 février 1666.)

On sait aussi qu'avant l'année 1680, Saint-Mars ne gardait à Pignerol que deux prisonniers importans, Fouquet et Lauzun. Cependant *l'ancien prisonnier qu'il avait à Pignerol*, suivant le journal de Dujonca, dut se trouver dans cette forteresse avant la fin d'août 1681,

L'HOMME AU MASQUE DE FER.

époque du passage de Saint-Mars au fort d'Exilles. Ce fut donc dans l'intervalle du 23 mars 1680, date supposée de la mort de Fouquet, au 1er septembre 1681, que le *Masque de fer* parut à Pignerol, d'où Saint-Mars n'emmena que *deux* prisonniers à Exilles. L'un de ces deux prisonniers était probablement l'*homme au masque*; l'autre, qui était sans doute Matthioli, mourut avant l'année 1687, puisque Saint-Mars, ayant eu, au mois de janvier de cette année-là, le gouvernement des îles Sainte-Marguerite, ne conduisit qu'un *seul* prisonnier dans cette forteresse. « Je donnerai si bien mes ordres pour la garde de mon prisonnier, que je puis bien vous en répondre pour son entière sûreté. » (Lettres de Saint-Mars à Louvois, 20 janvier 1687.)

La correspondance de Louvois avec Saint-Mars fait bien mention de la mort de Fouquet, à la date du 23 mars 1680; mais dans des lettres postérieures, Louvois n'écrit plus *feu M. Fouquet*, mais *M. Fouquet* comme par le passé. La plupart des historiens de Paris ont répété que Fouquet avait été enterré dans le même caveau que son père, en l'église du couvent des filles de la Visitation-Sainte-Marie, dans la chapelle de Saint-François de Sales; mais la preuve existe du contraire. La *cave* de la chapelle de Saint-François de Sales n'avait pas été ouverte depuis l'année 1786, où l'on y enterra la dernière des Sillery, Adélaïde-Félicité Brulart. Le couvent fut supprimé en 1790, l'église concédée au culte protestant en 1802; mais on respecta les tombeaux. En 1836, la cathédrale de Bourges réclama le corps d'un de ses archevêques, inhumé chez les filles de Sainte-Marie, fondées, au commencement du dix-septième siècle, par madame de Chantal. Tous les cercueils furent examinés, toutes les épitaphes relevées avec soin : celle de Nicolas Fouquet manque !

« Ce qui est très-remarquable, dit Voltaire, c'est qu'on ne sait pas où mourut ce célèbre surintendant. » (*Dictionnaire Philosophique*, art. *Ana.*)

Eh bien ! ce système, si laborieusement échafaudé, vient se briser contre une date qui a déjà renversé la supposition du duc de Monmouth et du comte de Vermandois. « LE PRISONNIER QUI EST SOUS VOTRE GARDE DEPUIS VINGT ANS. » (Lettre de Barbézieux, du 13 août 1691.) D'après ce témoignage, dont le bibliophile s'est servi victorieusement contre ses devanciers, le prisonnier que Saint-Mars avait sous sa garde depuis VINGT ANS ne saurait être FOUQUET, car, en 1691, Fouquet aurait compté *vingt-sept* années de captivité depuis sa condamnation, et seulement *onze* années si on datait de sa mort supposée.

Nous avons exposé avec impartialité toutes les opinions qui se sont exercées sur cette redoutable énigme. Nous croyons que l'*homme au masque de fer* était né près du trône. Si ce mystère reste encore sans solution définitive, il résulte au moins de tout ce que nous avons rapporté que partout où se trouva ce *prisonnier masqué*, il lui fut ordonné, sur peine de la vie, de cacher son visage.

Sa figure pouvait donc le faire connaître pendant l'espace d'un demi-siècle, et d'un bout de la France à l'autre !

L'HOMME AU MASQUE DE FER.

Il y eut donc pendant un demi-siècle une tête remarquable et connue dans toutes les contrées de la France, même dans une prison située dans une île, comparable à celle du prisonnier !

Or, quelle était cette figure dont la ressemblance était si frappante, sinon celle de Louis XIV, frère jumeau du *prisonnier masqué?*

Pour détruire cette interprétation si simple et si naturelle il faudrait l'évidence.

Nous avons borné notre tâche au rôle de juge instructeur du procès, et nous sommes certain que le lecteur ne nous saura pas mauvais gré de l'avoir mis à même de choisir entre toutes ces interprétations contradictoires. Quelque roman que nous eussions inventé, il nous semble qu'il n'aurait pu offrir plus d'intérêt que les recherches auxquelles nous nous sommes livré. Tout ce qui se rapporte au *prisonnier masqué* excite au plus haut point la curiosité. Et d'ailleurs, que voulions-nous ici? Dénoncer un grand crime, flétrir la mémoire du bourreau. Les faits que nous avons rapportés parlent assez par eux-mêmes, et sont plus éloquens que toutes les fables et que toutes les combinaisons.

A. Arnould.

NOTES.

NOTES.

¹ Ce livre ne racontait que des faits déjà connus. Il eut cependant un si grand succès en Hollande et en France, à cause d'une anecdote qu'on lançait dans le public pour la première fois, qu'on le réimprima la même année, in-16, format Elzevir, et, l'année suivante, in-18, avec des augmentations. Quel était l'auteur de ces mémoires? Il peut être important de le connaître, comme étant le premier qui ait livré un tel appât à la curiosité de l'Europe. Nous ne saurions mieux faire que d'emprunter ici la discussion lumineuse, et, selon nous, concluante, du bibliophile Jacob, qui nous semble avoir décidé la question par une interprétation habile et raisonnée, et en même temps très-vraisemblable.

« L'auteur serait-il, selon l'opinion commune, le chevalier de Rességuier, qui fut mis à la Bastille vers cette époque? *(Fevret de Fontette, Bibliothèque historique de la France, tome* IV, *page* 424.) Mais le motif de son emprisonnement est mentionné sur les registres de la Bastille : on sait qu'il avait composé des vers contre madame de Pompadour.

» Ne serait-ce pas, comme madame du Hausset l'a consigné dans une lettre inédite, cette madame de Vieux-Maisons, une des plus méchantes femmes de son temps, qui prenait Crébillon fils pour éditeur responsable? Mais Crébillon fils, qui plaçait volontiers en Perse les aventures licencieuses de ses romans, et qui publia même, en 1746, *les Amours de Zéokinisul, roi des Kofirans* (Louis XV, roi des Français), ne se risquait pas dans la haute politique, et se bornait à des récits galans, fort goûtés à la cour.

» Serait-ce plutôt un nommé Pecquet, commis au bureau des affaires étrangères, embastillé, dit-on, à cause de cet ouvrage? Mais le livre pénétrait en France, sans doute, par l'entremise des secrétaires d'ambassade, qui faisaient le commerce des livres défendus, et un seul exemplaire saisi dans les mains de Pecquet avait pu suffire pour motiver contre lui une lettre de cachet.

CRIMES CÉLÈBRES.

» Serait-ce enfin le duc de Nivernais, qui se reposait de ses campagnes en composant des fables dans la compagnie de Voltaire et de Montesquieu? Mais le duc de Nivernais a eu grand soin de recueillir tout ce qu'il a écrit, dans une édition de ses œuvres (Paris, 1796, 8 vol. in-8°), faite dans un temps où la censure qui avait poursuivi les *Mémoires de Perse* n'était plus là pour le forcer à l'anonyme. D'ailleurs, cette histoire allégorique ne présente aucun point d'analogie avec les habitudes littéraires du duc de Nivernais, poète délicat, écrivain spirituel, mais faible, timide et dépourvu d'invention.

» Les preuves font donc faute dans cette déclaration de paternité problématique, et M. Barbier, en offrant plusieurs conjectures à ce sujet dans son *Dictionnaire des Anonymes* (t. II, p. 400, 2me édition), n'a point assez motivé sa préférence en faveur de Pecquet, par la citation d'une note manuscrite en tête d'un exemplaire qu'il possédait. On sait ce que vaut la garantie d'un faiseur de notes marginales, quand il ne se nomme pas Huet, ou La Monnoye, ou Mercier de Saint-Léger.

» Pour moi, je n'avancerai rien de mieux prouvé sur le véritable auteur de ces *Mémoires*; mais aussi ne donnerai-je mon avis que comme une simple présomption. Je pense que les *Mémoires de la cour de Perse* doivent appartenir à Voltaire.

» On y retrouve le style de ses contes avec plus de négligence, et quelquefois son esprit caustique : « Il ne paraît que trop d'ouvrages pour lesquels on demande grâce, dit l'avertissement, et ce, avec d'autant plus de raison, qu'il n'en est presque point qui méritent qu'on la leur fasse. » L'auteur suppose qu'un de ses amis, Anglais de nation, dans un voyage à Paris, eut communication de *quantité de mémoires secrets, manuscrits, conservés dans la bibliothèque d'Ali-Couli-Kan, premier secrétaire d'état, seigneur d'un mérite distingué*, et en treprit de traduire une partie de ceux du règne de *Cha-Saphie* (Louis XV). Voilà bien les *Mémoires* inédits que M. de W... signale dans sa lettre, en invoquant le témoignage de Voltaire (Lettre de M. de W... à M. de G... (initiales supposées), insérée dans le *Journal des Savans*, du mois de juillet, p. 318, de l'édition d'Amsterdam), qui n'avait encore rien écrit sur ce sujet; on reconnaît, en outre, le duc de Richelieu dans l'éloge d'Ali-Couli-Kan, surtout lorsqu'on se rappelle que Voltaire recueillait alors les matériaux de son *Siècle de Louis XIV*, et consultait les souvenirs du maréchal, son ami et son protecteur.

» Dans l'avertissement, l'auteur annonce avoir traduit de l'anglais ces *Mémoires*. — « Je prie le lecteur de considérer que le génie de la

L'HOMME AU MASQUE DE FER.

langue anglaise est bien différent de celui de la langue française. Celle-ci est plus claire, plus méthodique, mais moins abondante et moins énergique que la langue anglaise. » — Voltaire n'a-t-il pas répété vingt fois dans les mêmes termes ce jugement sur les deux langues ?

» En outre, Voltaire était en relation d'affaires avec la compagnie d'Amsterdam, depuis le voyage qu'il avait fait en Hollande, dans l'année 1740, pour surveiller l'impression de l'*Anti-Machiavel* du roi de Prusse. Ce fut dans cette circonstance qu'il eut à se plaindre d'un libraire hollandais, nommé Vanduren, *le plus insigne fripon de son espèce*, disent les *Mémoires* de Voltaire. Il profita de ce voyage pour publier les *Institutions de Physique* de madame Duchâtelet, avec une préface de sa façon, et ce livre parut chez les mêmes libraires associés qui, cinq ans plus tard, mirent au jour les *Mémoires de Perse*. Le portrait satirique de Voltaire, que l'éditeur ajouta dans la seconde édition, fut peut-être une vengeance de Vanduren, qui aurait trouvé plaisant de se moquer, sous le nom supposé de *Coja-Schid*, de l'auteur dans son propre ouvrage... — « Aussi était-il d'un orgueil insoutenable : les grands, les princes mêmes, l'avaient gâté au point qu'il était impertinent avec eux, impudent avec ses égaux, et insolent avec ses inférieurs... Il avait l'âme basse, le cœur mauvais, le caractère fourbe ; il était envieux, critique mordant, mais peu judicieux, écrivain superficiel, d'un goût médiocre... Quoique né avec un bien fort honnête, il avait un si grand penchant à l'avarice, qu'il sacrifiait tout, lois, devoirs, honneur, bonne foi, à de légers intérêts. » — Comment expliquer le silence de Voltaire à l'égard d'une critique aussi sanglante, lui qui rendait coup pour coup à ses ennemis, lui qui ne pardonnait pas la moindre attaque contre ses ouvrages, et qui, en l'année où fut imprimé ce portrait si ressemblant, s'adressait à Moncrif, lecteur de la reine, pour obtenir la permission de poursuivre le poète Roi, qui avait *comblé la mesure de ses crimes* en répandant un libelle diffamatoire, dans lequel l'Académie était outragée et Voltaire *horriblement déchiré* ? (*Correspondance générale, lettre à Moncrif,* mars 1746.)

» Enfin il est incontestable qu'à l'époque de la publication des *Mémoires de Perse* Voltaire travaillait sur des matières analogues : il préparait le *Siècle de Louis XIV*, et traitait en contes des sujets orientaux que les *Lettres Persanes* avaient mis à la mode. *Babone, Memnon, Zadig,* sont contemporains des *Mémoires de Perse*, et Voltaire enviait probablement à Montesquieu la popularité des *Lettres Persanes*.

» Mais, me demandera-t-on, pourquoi Voltaire n'a-t-il pas plus tard

CRIMES CÉLÈBRES.

avoué un ouvrage digne de sa naissance à quelques égards? Si Voltaire eût fait cet aveu, tous les doutes seraient levés, et je n'aurais pas besoin de chercher à déchirer le voile de l'anonyme sous lequel je crois apercevoir l'auteur du *Siècle de Louis XIV*, ouvrant les voies, pour ainsi dire, à un fait nouveau, qu'il voulait tirer de vive force des archives de la Bastille.

» Veut-on une pure supposition, qui a pourtant de quoi satisfaire la vraisemblance? Je suppose que le maréchal de Richelieu, possesseur du secret de l'homme au masque, se laissa surprendre par les prières et les manœuvres adroites de Voltaire, qui fut initié, sous la foi du serment, dans ce ténébreux mystère, que possédaient seuls quelques serviteurs intimes de Louis XIV: c'est là, du moins, ce qu'on peut inférer de ce passage des *Mémoires de Perse*, où il est dit que *le secret a été mal gardé, et que les grands sont exposés à confier leurs secrets à plusieurs gens, parmi lesquels il s'en trouve toujours d'indiscrets.*

» Voltaire, qui était indiscret, n'eut pas plus tôt connaissance de l'énigme, sinon du mot de cette énigme commis à la fidélité de trois ou quatre personnes, qu'il se sentit tourmenté d'un désir immodéré de révéler ce qu'il savait, et peut-être de deviner davantage; mais c'était encourir la vengeance du roi et la haine ou le mépris du duc de Richelieu. D'ailleurs, la Bastille, qui avait retenu si long-temps dans ses entrailles de pierre l'existence et le nom d'un prisonnier d'état, pouvait ensevelir une seconde fois et à jamais l'imprudent écrivain, pour le punir d'avoir ajouté une nouvelle strophe aux *j'ai vu*.

» Or Voltaire trouvait bons tous les moyens capables de faire triompher la vérité et la raison; il ne craignait pas même de recourir au mensonge, et de s'affubler d'un déguisement quelconque, avec la certitude d'être reconnu à son style et à son esprit : ainsi tour à tour il s'intitulait Aaron Mathataï, Jacques Aimon, Akakia, etc.; il créait cent autres pseudonymes plus ou moins transparens; ou bien, gardant l'anonyme dans ses ouvrages les plus importans comme dans les plus minces opuscules, il employait sans cesse les presses clandestines de Hollande.

» On comprend qu'il n'ait pas revendiqué l'honneur d'un livre qui aurait pu le brouiller avec ses protecteurs, le maréchal de Richelieu et madame de Pompadour, dans la plus brillante période de sa fortune de courtisan, lorsque les grâces de Louis XV l'arrêtaient à Versailles, lorsqu'il était l'hôte de la reine d'Étioles, lorsqu'il se prosternait devant le soleil de Fontenoy, et qu'il étalait avec orgueil ses titres de gentilhomme ordinaire du roi et d'historiographe de France.

— 317 —

L'HOMME AU MASQUE DE FER.

» Je pense donc que Voltaire a voulu mettre en circulation, par une voie détournée, l'histoire du Masque de fer, pour avoir le droit de s'expliquer sur un sujet qu'il n'eût point osé aborder en face, si quelqu'un n'avait pris l'initiative. Ce *quelqu'un* ne fut autre que lui-même. Par cette tactique, il devint maître de traiter en public un point historique fort singulier, qu'il n'avait pu aborder encore qu'en particulier avec le duc de Richelieu, sous le sceau du secret le plus inviolable. Voltaire ressemblait beaucoup à ce barbier du roi Midas, que la fable nous représente creusant la terre pour se soulager d'un secret confié et pour répéter dans ce trou : Le roi Midas a des oreilles d'âne ! Voltaire publiait volontiers tout ce qu'il savait, et même souvent ce qu'il ne savait pas, bien différent de Fontenelle, qui, la main pleine de vérités, refusait de l'ouvrir. Dès lors, le prisonnier masqué passa en tradition dans le grand monde, et Voltaire fut peut-être autorisé par Richelieu lui-même à confirmer ce fait extraordinaire au lieu de le démentir. Voilà pourquoi l'auteur des *Mémoires de Perse* ne se dévoila pas.

» Il faut remarquer aussi que Voltaire, sans entrer dans aucune explication, soutint toujours que personne avant lui n'avait publié l'anecdote du Masque de fer. »

[2] Premier volume de l'Histoire de la détention des philosophes et des gens de lettres à la Bastille et à Vincennes, précédée de celle de Fouquet, de Pélisson et Lauzun, avec tous les documens authentiques et inédits, Paris, 1820, 3 vol. in-8°, par J. Delort.

[3] Observations concernant les usages et règles du château royal de la Bastille : première livraison de la Bastille dévoilée.

[4] Cette chambre était au troisième étage. « Les chambres ont toutes leur numéro ; elles portent le nom du degré de leur élévation, comme leurs portes se présentent à droite et à gauche en montant : ainsi la première bazinière est la première chambre de la tour de ce nom, au-dessus du cachot ; puis la seconde bazinière, la troisième, la quatrième et la calotte bazinière. » (*Remarques historiques et Anecdotes sur la Bastille*, 1774.)

[5] L'ameublement ordinaire de chaque chambre de la Bastille consistait en « un lit de serge verte avec rideaux, paillasse et trois matelas, deux tables, deux cruches d'eau, une fourchette de fer, une cuiller d'étain et un gobelet de même métal, un chandelier de cuivre, des mouchettes de fer, un pot de chambre, deux ou trois chaises, et quelquefois un vieux fauteuil. » (*Ibid.*)

CRIMES CÉLÈBRES.

Constantin de Renneville, auteur de l'*Inquisition française*, enfermé dans la seconde chambre de la Bertandière, en 1702, a fait la description de sa prison. — « C'était un petit réduit octogone, large environ de douze à treize pieds en tous sens, et à peu près de la même hauteur. Il y avait un pied d'ordure sur le plancher, qui empêchait de voir qu'il était de plâtre. Tous les créneaux étaient bouchés, à l'exception de deux qui étaient grillés. Ces créneaux étaient, du côté de la chambre, larges de deux pieds, et allaient toujours en diminuant en cône dans l'épaisseur du mur, jusqu'à l'extrémité, qui, du côté du fossé, n'avait pas demi-pied d'épaisseur, et par ce même côté ils étaient fermés d'un treillis de fer fort serré. Comme c'était à travers ce treillis que venait le jour, qu'il était encore obscurci par cette épaisseur de mur, qui, de ce côté, a dix pieds, par la grille et par une fenêtre, qui fermait de la chambre, à volet, garni d'un verre très-épais et très-sale, il était si faible, que, quand il entrait dans la chambre, à peine servait-il à distinguer les objets, et ne formait qu'un faux jour. Les murs de la chambre étaient très-sales et gâtés d'ordure. Ce qu'il y avait de plus propre était un plafond de plâtre très-uni et très-blanc. Pour tout meuble, il n'y avait qu'une petite table pliante, très-vieille et rompue, et une petite chaise enfoncée, de paille, et si disloquée, qu'à peine pouvait-on s'asseoir dessus. La chambre était pleine de puces : cela provenait de ce que le prisonnier qui en venait de sortir pissait sans façon contre les murs. Ils étaient tapissés des noms de quantité de prisonniers. Sur les sept heures on m'apporta un petit lit de camp de sangles, un matelas, un travers de lit garni de plumes, une méchante couverture verte, toute percée et si pleine d'une épouvantable vermine, que j'ai eu bien de la peine à l'en purger. » (*Histoire de la Bastille*, tome 1, page 108.)

FIN DU HUITIÈME VOLUME.

TABLE.

Ali-Pacha (deuxième partie)................................. 1
La Constantin... 147
L'Homme au masque de fer................................. 243

FIN DE LA TABLE.

www.ingramcontent.com/pod-product-compliance
Lightning Source LLC
Chambersburg PA
CBHW060455170426
43199CB00011B/1211